Cycles économiques et management

Miia Parnaudeau

Professeur d'économie et de finances, et directrice de l'Axe de Recherche en Gouvernance à l'ESCEM de Tours-Poitiers, PRES Centre-Val de Loire.

Élisabeth Paulet

Professeur d'économie et de finances, et directrice du département Économie-Droit-Développement durable à l'ESCEM de Tours-Poitiers. Elle est également responsable scientifique du Phd Écricome.

hachette
SUPÉRIEUR

Maquette de couverture : Maogani
Maquette d'intérieur : GRAPH'in-folio
Composition/mise en pages : GRAPH'in-folio
Relecture des textes anglais : Nicholas Sowels

www.hachette-education.com

ISBN : 978-2-01-146255-8

Si l'accumulation de savoirs constitue une richesse sans pareil,
la capacité à transmettre est le plus grand des trésors.

À la mémoire du Pr. Jean-Claude BOUTOU
(1934-2010)

Remerciements

À Anne, Jean-Frédéric et Jean-Christophe, pour leur gentillesse et leur confiance.

Aux professeurs Jean-Yves Saulquin et Richard Soparnot, pour leurs conseils et remarques.

À l'équipe de l'Astrolab, pour leur support graphique.

À Pierre Caro, Léonor Dalibot, Marie Devaux, Anaïs Gallice et Laëtitia Labouré, étudiants de la promotion 2013, pour leurs relectures et les échanges qui ont suivi.

Comment utiliser l'ouvrage ?

Ce manuel a été pensé pour les étudiants intégrant la première année d'un parcours « Grande école ». Il combine à la fois des concepts et des applications simples à des études de textes et exercices plus avancés (schémas ci-dessous). Les différents chapitres sont accompagnés d'un glossaire, afin de faciliter la compréhension. Différents parcours de lecture sont donc possibles, et restent à choisir en fonction des compétences déjà accumulées par les candidats durant l'itinéraire qui a précédé leur intégration. Au sein de chaque chapitre, on peut donner trois exemples de parcours :

CHAPITRE 1 • La découverte du cycle par la mesure

PARCOURS DÉCOUVERTE

- L'induction et l'éco-dormance (p. 19)
- *Économie : un peu de méthode* (ex. 1)
- *Qui a dit ?* (ex. 3)

↓

- *Du PIB aux cycles* (ex. 4)
- *Comprendre la formulation mathématique en économie* (ex. 6)
- *Quelques calculs utiles* (ex. 7)

PARCOURS CLASSIQUE

- *Dogme, théorie et méthode hypothético-déductive* (ex. 2)
- Juglar et le cycle des affaires (p. 19)
- Les baromètres (p. 26)
- Un circuit économique (p. 30)
- Cycle et chômage (p. 36)

↓

- Réaliser une régression linéaire (p. 33)
- *Différentes lectures du cycle* (ex. 5)
- *Les fondamentaux macroéconomiques* (ex. 8)

PARCOURS APPROFONDI

- L'inférence (p. 27)
- La théorie du cycle existe-t-elle ? (p. 41)

↓

- Cycles et taux de croissance (p. 23)
- Corrélations croisées (p. 32)

CHAPITRE 2 • La monnaie et le cycle

PARCOURS DÉCOUVERTE

- L'énigme des cycles économiques (p. 60)
- Des idées simples mais fondamentales (p. 67)
- *Retour sur le monétarisme* (ex. 13)

↓

- *Découvrir les agrégats monétaires* (ex. 9)
- Politique monétaire et économie réelle (p. 76)

PARCOURS CLASSIQUE

- Les avatars du processus cumulatif (p. 69)
- Déflation de la dette et dépression cumulative (p. 64)
- Le cycle économique selon Pigou (p. 66)
- *Les points communs entre Fisher, Keynes et Minsky* (ex. 12)

↓

- *Le petit village des irréductibles gaulois* (ex. 10)
- La théorie de l'agence (p. 58)

PARCOURS APPROFONDI

- Les désaccords de Friedman vis-à-vis de Keynes (p. 71)
- La liquidité incontrôlable, (p. 83)

↓

- *Financement de marché et financement bancaire* (ex. 11)

CHAPITRE 3 • La croissance et le cycle

PARCOURS DÉCOUVERTE	PARCOURS CLASSIQUE	PARCOURS APPROFONDI
• L'analyse du chômage dans la nouvelle macroéconomie classique (p. 95)	• Anticipations rationnelles (p. 97) • L'équivalence néo-ricardienne (p. 100) • La neutralité de la dette publique (p. 103) • Les forces qui causent les fluctuations (p. 109) • La théorie des cycles réels, (p. 109)	• Un étudiant abandonné sur une île déserte (p. 106) • Temps de construction et agrégation des fluctuations (p. 110)
• Définir l'économétrie (p. 113) • *Découvrez votre économiste caché* (ex. 14) • *Prévision, management et contexte économique* (ex. 15)	• Les corrélations qui n'ont pas de sens (p. 115) • Faire de la prévision (p. 114) • *Être gouverneur d'une Banque centrale* (ex. 16) • *Prévisions de chiffre d'affaires* (ex. 18) • *Bip Bip et Vil Coyote* (ex. 19)	• Vers une redirection de l'économétrie (p. 124) • *Au Ministère de l'Économie et des Finances* (ex. 17)

CHAPITRE 4 • Cycles et grandes crises modernes

PARCOURS DÉCOUVERTE	PARCOURS CLASSIQUE	PARCOURS APPROFONDI
• La dette et la crise des *subprimes* (p. 156) • La crise boursière de 1998 (p. 139) • Risque systémique et bulle spéculative (p. 146)	• Crise de 1929 et crise des *subprimes* (p. 142) • L'Asie de l'Est (p. 150) • *Les problèmes engendrés par la dollarisation* (ex. 22) • *Avantages et inconvénients des régimes de change fixe et flottant* (ex. 23)	• Variabilité du change (p. 152) • *Le problème de la croissance des déficits publics des économies développées* (ex. 24)
• *Comparer 1929 et 2007* (ex. 20)	• *Dow Jones : de la crise de 1929 à la crise des subprimes* (ex. 21)	• Le test de Barro (p. 161)

Par la diversité des concepts et des applications qu'il propose, cet ouvrage pourra être utilisé comme manuel de base tant pour des étudiants d'écoles supérieures de commerce et d'universités que pour un public plus généraliste comme celui des IEP. La présentation bilingue tout au long des chapitres permet en outre de donner une interprétation internationale à la notion de cycle et d'intégrer aux outils de management une dimension interculturelle.

Sommaire

Avant-propos

La répétition des crises financières au cours des vingt dernières années a relancé les recherches relatives à la compréhension de l'origine et du mode opératoire des cycles de l'activité économique. Le constat est paradoxal dans la mesure où, traditionnellement, les théories du cycle économique, y compris les plus récentes traitant de la croissance fluctuante, s'attachent à rendre compte du cheminement intertemporel d'une économie dont les structures et les modes de régulation fondamentaux sont considérés comme donnés, alors que la crise est précisément la marque de la remise en cause de leur pérennité.

La distinction entre cycle et crise est du même coup essentielle si l'on veut s'en tenir à une approche strictement fonctionnelle des processus économiques. Dans les approches traditionnelles du cycle d'activité, les retournements de la conjoncture (autrement dit la formation du pic et du creux de l'activité) sont totalement déterminés par le jeu dynamique des variables endogènes au système économique, et ce selon une logique procédant d'automatismes quasiment mécaniques incluant les jeux d'anticipations. *A contrario*, le basculement d'une économie dans la crise, tout comme sa sortie de la crise, relèvent d'une logique de « destruction créatrice », de nature fondamentalement discrétionnaire, impliquant la remise en cause et la refondation des données structurelles du système qui gouvernent les comportements et conditionnent les anticipations des acteurs. Ainsi, l'entrée dans la crise est toujours, d'une manière ou d'une autre, le résultat d'une rupture d'ancrage des anticipations des agents privés alors que le signal de sortie de crise provient en général tôt ou tard d'une impulsion exogène de la part des pouvoirs publics.

L'ouvrage de Miia Parnaudeau et Élisabeth Paulet rend explicitement compte de cette distinction fondamentale entre (théorie des) cycles et (théorie des) crises, même s'il s'agit toujours de comprendre et d'expliquer le pourquoi des évolutions non linéaires d'une économie. Pouvoir rendre compte de l'occurrence des profils heurtés de la croissance est évidemment une tâche essentielle de l'économiste dans la mission de cadrage de l'environnement macroéconomique qu'il assume en général auprès du dirigeant d'entreprise.

Le premier chapitre sensibilise fort justement le lecteur à la notion de cycle d'activité. Les deux chapitres qui suivent rendent compte de manière volontairement synthétique des différentes voies d'approche théorique du cycle économique conçu comme processus de gravitation autour d'un équilibre : processus dont l'origine est à dominante monétaire pour les unes, les autres privilégiant plutôt l'explication à partir des facteurs réels. Le quatrième chapitre enfin, aborde la question des grandes crises contemporaines, à dominante financière dans leur manifestation première et pour le moins redoutables en termes de « destruction créatrice ».

La grille de lecture de cet ouvrage, simple et délibérément pédagogique, est néanmoins riche en contenu : au-delà de l'analyse théorique des cycles et des crises, elle traite du positionnement de l'entreprise par rapport à ces configurations tout en abordant également la question de la mesure et de la prévision des variables qui doivent être considérées comme stratégiques pour son développement.

Au total, donc, un outil complet régulièrement assorti de jeux de questions qui conduisent utilement le lecteur à faire le point sur le savoir acquis.

Jacques LÉONARD
Professeur émérite des Universités
Doyen honoraire de la Faculté de Sciences Économiques de Poitiers

Introduction générale

Le management d'entreprise s'inscrit dans le contexte économique global. Des facteurs comme l'inflation, le chômage, le crédit seront déterminants pour justifier des choix en matière de croissance interne et externe d'une firme. Sans capital et sans crédit, une entreprise est incapable de se développer et d'engager les investissements nécessaires au maintien de sa position concurrentielle. À l'inverse, un crédit trop bon marché conduit les entrepreneurs à s'orienter vers des choix risqués en matière de croissance externe. La dernière crise des subprimes illustre parfaitement les deux phases de ce mécanisme et la difficulté pour les entrepreneurs à adopter une attitude face à la disponibilité des capitaux. Cette attitude doit en effet être à la fois juste, pour ne pas mettre en péril leur équilibre financier, mais aussi audacieuse, pour maintenir voire accroître la position concurrentielle de l'entreprise.

L'étude du PIB sur la longue période est donc indispensable à la compréhension de l'évolution des choix stratégiques pris dans l'entreprise. Chaque cycle économique comporte des phases d'expansion ou de stagnation, de crises puis de dépression. Ces différents épisodes sont autant d'obstacles que le manager doit affronter. Les plus douloureux se traduiront par la disparition de certaines entreprises, remplacées par d'autres plus performantes.

Cette approche, moins orthodoxe que celle présentée dans les manuels d'économie traditionnels, a donc pour objectif principal de rendre compte de la dynamique à la fois factuelle et conceptuelle de la vie d'une entreprise. Les étudiants seront mieux à même de projeter les visions stratégiques entrepreneuriales dans un contexte plus large. Oscillant sans cesse entre la recherche de la taille critique et les stratégies de niches, les managers doivent arbitrer entre suivre le trend économique global ou se positionner à contre-courant et anticiper des stratégies gagnantes pour le futur.

Ne l'oublions pas, l'homme est au cœur de ce processus en constante évolution. Par ses actions sur le marché et les anticipations qu'il élabore, il est l'acteur principal des succès et des ruptures des systèmes économiques globaux. Comprendre les cycles, c'est donc également apprécier les actions individuelles des agents. La régulation n'a d'autre but que de remédier aux comportements « irrationnels » et de rétablir la stabilité des systèmes en privilégiant les dynamiques collectives.

Globalement, cycles économiques et stratégies entrepreneuriales sont indissociables pour apprécier l'évolution de notre monde globalisé. L'apport d'éléments théoriques donnera aux étudiants les outils pour être maîtres de leur décision managériale de demain.

Chapitre 1

La découverte du cycle économique par la mesure

Chapitre 1

La découverte du cycle économique par la mesure

Introduction

Le concept de cycle économique est issu d'une réflexion intriquée entre la théorie statistique et la théorie économique du cycle des affaires. C. Juglar (1862) est souvent considéré comme le premier économiste à avoir prouvé l'existence du cycle. Cependant, bien avant la naissance du concept de cycle des « affaires », de nombreux épisodes d'instabilité financière et commerciale avaient déjà été observés. S. J. L. Overstone (1837) avait en effet proposé le concept de cycle économique à plusieurs phases, sans pour autant rencontrer écho auprès de la communauté scientifique de l'époque. Dans ses premières expressions, le cycle économique est ainsi davantage présenté comme un instrument de mesure temporel. Mais du baromètre de Persons aux premières datations du NBER, du cycle Kitchin au cycle Kondratieff, trouver une définition unique n'est pas une chose aisée. Les auteurs cherchent davantage à identifier empiriquement différents faits stylisés dans les phases d'expansion et de récession, ou encore à repérer les points de retournements. Dans cette optique, **le cycle économique apparaît surtout comme un phénomène empirique fondé sur l'expérience des événements passés.**

L'objet de ce premier chapitre est de revenir sur quelques-unes des techniques de mesure utiles à la délimitation du cycle économique. Dans une première section, nous introduirons le concept de « cycle des affaires », à partir des travaux de C. Juglar. Dans une deuxième section, nous nous intéressons davantage à l'élaboration d'un baromètre économique, en nous appuyant notamment sur le travail de W. M. Persons. Puis, afin de proposer une dimension sectorielle à la mesure du cycle, nous partirons des travaux d'A. Burns et W. C. Mitchell.

SECTION I • Le cycle « des affaires » et les écarts de la spéculation

C. Juglar (1862), dans son ouvrage traitant des crises commerciales et de leur retour périodique en France, en Angleterre et aux États-Unis, a été un des premiers économistes à proposer une vérification de l'existence du cycle « des affaires ». Mais c'est probablement L. Overstone (1837) qui restera le premier à avoir proposé le concept de cycle économique à plusieurs phases. La prédominance de la tradition classique, au XIXe siècle, a cependant relégué au second plan la problématique du cycle économique.

➥ A MULTI-STAGE CYCLE OF TRADE

> "We find [the state of trade] subject to various conditions which are periodically returning: it revolves apparently in an established cycle. First we find it in a state of quiescence, next improvement, growing confidence, prosperity, excitement, overtrading, convulsion, pressure, stagnation, distress, ending again in quiescence", Lord Overstone, 1837.

Considéré comme le premier cycle découvert, le cycle Juglar, ou cycle classique, est né du constat d'une régularité dans l'apparition des crises, sur une période d'environ dix ans. Distinguant alors les crises commerciales et financières des crises générales résultant du progrès technique, **C. Juglar décompose le cycle en trois phases : *la prospérité, la crise et la liquidation*.**

Les crises trouvent avant tout une explication monétaire. Pour spécifier « les causes fondamentales » des crises, Juglar focalise son analyse sur le « développement de l'escompte et des avances, la situation de la réserve métallique, la circulation des billets », et les « dépôts et comptes courants ». M. Wolowski, rapportant en 1861 sur les travaux de C. Juglar, souligne la responsabilité donnée aux institutions de crédit, tout en remarquant qu'aucune ligne de conduite ne leur est proposée. Ce rapport a été effectué dans le cadre du concours de l'Académie des Sciences Morales et Politiques, dont le sujet était : « Rechercher les causes et signaler les effets des crises commerciales survenues en Europe et dans l'Amérique du Nord durant le cours du XIXe siècle ».

Ainsi, pour C. Juglar, même si les banques « apportent quelques obstacles au commerce au milieu de la crise », elles n'en sont pas responsables. La crise est liée aux « écarts de la spéculation ».

➥ LES ÉCARTS DE LA SPÉCULATION

> « L'extension de la spéculation amène la hausse des prix et des salaires ; le luxe se propage ; on règle la dépense non sur l'accroissement des revenus, mais sur l'augmentation du cours nominal des valeurs. Le développement exagéré des escomptes et la diminution des réserves métalliques précèdent les crises, de même que la diminution des escomptes et l'abondance de l'encaisse en marquent la guérison. Les périodes croissantes et décroissantes se suivent avec une grande régularité (…), et l'auteur, sans en tirer une loi nouvelle, y voit plus qu'une coïncidence. Le retour régulier des crises commerciales lui semble une des conditions du développement de la grande industrie. On peut en atténuer les effets, mais on ne saurait les prévenir complètement. » M. Wolowski, 1861.

Les banques ne sont pas considérées directement responsables de la crise : pour C. Juglar, « ce n'est pas l'élévation du taux d'intérêt, ni la diminution de la durée de l'escompte qui peuvent apporter une perturbation sensible aux affaires ». Mais ces dernières peuvent atténuer les effets de la crise, en limitant leur offre de crédit.

A • Définir la crise

Dans son étude de la récurrence des crises, C. Juglar s'étonne des excès d'enthousiasme qui accompagnent les périodes de boom, et de la durée plus longue des « périodes prospères » (de six à sept ans en moyenne), face aux « embarras commerciaux » (d'un ou deux ans tout au plus). Il définira finalement la crise comme un « moment maximum du flux économique ». La crise est un moment d'arrêt, de renversement d'une tendance, se reproduisant à différents intervalles.

Figure 1. Une représentation du cycle long à la Juglar (7-11 ans)

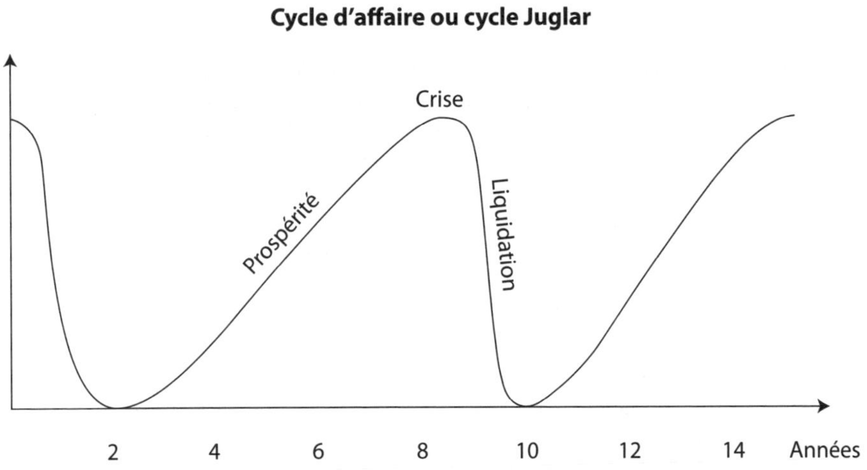

L'analyse du cycle proposée par C. Juglar repose avant tout sur des faits. C'est parce qu'il y a répétition périodique des événements qu'il a pu démontrer l'existence même des cycles dans les pays qu'il a étudiés. Son travail est en cela en parfaite rupture avec l'approche des classiques. En effet, C. Juglar ne développe pas une démarche déductive, mais inductive : c'est à partir de ce qu'il a effectivement mesuré qu'il tire ses conclusions.

Dans l'objectif de développer une vision déterministe des crises, C. Juglar a donc avant tout focalisé son attention sur la périodicité et la synchronisation des crises. Pour lui, ces crises ne peuvent être des phénomènes ponctuels. Elles font partie intégrante d'un long processus conjoncturel qui n'est autre que le « cycle des affaires ». La démonstration de l'existence de ce cycle dans les pays qu'il a étudiés a ainsi nécessité l'utilisation d'outils statistiques. Cette démarche de travail est révolutionnaire pour l'époque, car si elle s'oppose à l'approche classique, elle souligne aussi l'importance jouée par la dimension financière (capitaliste) dans la propagation des boucles de l'activité.

➥ A DETERMINISTIC APPROACH FOR BUSINESS FLUCTUATIONS

In his attempt to define long term business fluctuations, C. Juglar brought together theory, economic facts and history. The periodical repetition of economic and financial events was then taken as evidence of business cycles. Crises were seen as part of these cyclical loops. His approach was innovative, and pinpointed the usefulness of statistical tools.

Encadré 1. La définition d'une crise

Depuis quelques années, l'attention se trouve appelée par les circonstances sur ce qu'on est convenu de nommer crises commerciales, crises monétaires, sans trop se rendre compte de la différence que l'on semble attacher à ces deux dénominations. **Qu'est-ce donc qu'une crise commerciale ? Pourrait-elle exister sans crise monétaire ou réciproquement ? Dans quelles conditions les observe-t-on ?**

Après une période de grande prospérité, 6 à 7 années en moyenne, et une hausse continue de toutes les valeurs et marchandises, sans que rien semble changé dans les apparences extérieures, tout à coup, *par suite des besoins du commerce et de l'immobilisation d'un capital supérieur à celui que pouvait fournir l'épargne*, les demandes d'escompte se succèdent aux banques d'une manière inusitée, le portefeuille se gonfle, à vue d'œil, en même temps les billets émis en échange du papier de commerce escompté se présentent de suite au guichet des remboursements et la réserve métallique diminue avec la même rapidité que le portefeuille se remplit. *Les banques, pour enrayer ce mouvement, élèvent le taux d'escompte avec une précipitation* qui vient augmenter l'inquiétude générale, sans modérer d'une manière sensible les exigences du commerce. Enfin, quand les demandes affluent toujours, non seulement l'élévation du taux de l'escompte, mais les refus complets opposés par les banques rendent la continuation des affaires et les renouvellements de la spéculation impossibles ; il faut se liquider et vendre en baissant les prix : aussitôt les faillites, les suspensions paraissent.

Par suite de cette liquidation forcée, le portefeuille des banques diminue, l'encaisse se reconstitue et le taux de l'escompte se trouve presque aussi rapidement ramené aux conditions ordinaires qu'il s'en était écarté.

Le marché des affaires, aussi brusquement interrompu, produit une perturbation générale qui empêche toute reprise, avant qu'une liquidation plus ou moins complète et sérieuse ait permis à la confiance de revenir, avant qu'on ait pu se rendre compte des maisons qui ont résisté à l'ébranlement, ou dont le crédit n'a pas été atteint.

Une crise commerciale est donc un dérangement dans le marché des affaires, suivi du discrédit et de la dépréciation des marchandises, de la suspension, des faillites, de la déconfiture des maisons de commerce imprudemment engagées. Cette secousse se fait sentir au loin (...). L'élévation du prix de l'argent, par suite des changes défavorables, détermine la baisse des fonds publics. Les ateliers suspendant le travail, les prix fléchissent, et dans le désarroi général les consommations diminuent.

Tout cet ensemble de phénomènes est passager ; leur durée ruinerait les nations. (...) Mais si les temps modernes en sont plus affectés, cela tient à ce que le crédit est plus étendu.

Source : Extrait de *Crises commerciales*, C. Juglar, 1863.

➥ Questions de compréhension et de réflexion : induction et « éco-dormance »

- Différenciez approche déductive et approche inductive.
- Une démarche inductive est-elle toujours déterministe ?
- Comment peut-on relier le concept d'« éco-dormance » (quiescence) d'Overstone avec l'analyse développée par Juglar (encadré 1) ?

Box 2. "Clément Juglar and his Contemporaries on the Cause of Commercial Crises", D. Besomi

Juglar's Place in the Transition from Crises to Cycles Theories

(…) The partial survey of the state of crisis theories at around Juglar's time has shown that scarcely any of the ingredients of his approach were new. They were instead all widely discussed in the literature dealing with these phenomena, sometimes even held as commonplace. Long before Juglar published the first edition of his book, several of the ideas it contains had already circulated among writers interested in economic disturbances: that crises recur with some approximate regularity, following a recurrent path of succession of recognizable phases, and that they do play a necessary and helpful (albeit painful) part in the process of economic advance, to be explained in terms of the internal dynamics of the system rather than by reference to external events.

These views were subject to further discussion by the time the second edition of Juglar's book appeared almost three decades later. (…) I see, however, his most important contribution in the explicit setting of some of the problems of business cycle theory: in particular, the necessity of identifying causal links between successive phases. The same problems were indeed discussed by others before him, and some had even provided better articulated and more complete answers than he did, but had not always expounded the problem as clearly as Juglar. He began his treatment with a discussion of the epistemic requisite for a good theory (…), and carefully laid the principle that the explanation of the recurrence of crises should be based on the chaining of the different phases of the cycle. He was not himself capable of solving this problem but he has the merit of having clearly posed it.

This was a fundamental step for the development of the first theories of crises, concerned with the causes of each individual instance, into theories of recurring crises, concerned instead with crises as a class of related phenomena. These, in turn, later evolved into the modern theories of business cycle to which, in this sense at least, Juglar gave an important contribution by channeling the efforts of a multitude of writers in the right direction (…).

Source: "Clément Juglar and his Contemporaries on the Cause of Commercial Crises", D. Besomi, *Revue européenne des sciences sociales*, n° XLVII-143, 2009.

➥ Questions for discussion: Juglar and the business cycle (box 2)

- What was finally the main focus of Juglar in his work?
- If "scarcely any of the ingredients of his approach were new", why do authors like Schumpeter present Juglar as the "founding father of business cycle theory"?

Si le rôle de Clément Juglar dans la découverte du cycle « des affaires » peut encore aujourd'hui faire l'objet de discussions, la démarche de travail qu'il a privilégiée reste quant à elle résolument novatrice.

B • Extraire une tendance

On peut repérer le cycle « des affaires » (ou cycle classique) sur l'évolution temporelle du PIB. C'est la relative stabilisation des fluctuations de l'activité économique dans les années 1945 qui a mené les macro-économistes à travailler davantage en termes de cycles de « croissance » (encadré 3). Ces cycles de croissance permettent une analyse plus fine des mouvements conjoncturels. Ils nécessitent cependant une étape de calcul intermédiaire, puisqu'il faut mesurer en premier lieu la déviation du PIB à sa tendance. Une fois le cycle de croissance obtenu, l'analyse pourra être affinée : il sera notamment possible de repérer les périodes où une expansion perd de la vitesse. À ces méthodes couramment employées par les économistes, on peut ajouter celle retenue par les conjoncturistes : elle consiste tout simplement à étudier le taux de croissance du PIB.

Encadré 3. Cycles classiques et cycles de croissance : deux lectures de la conjoncture

• **Un cycle « classique »** peut être observé sur l'évolution temporelle du PIB :

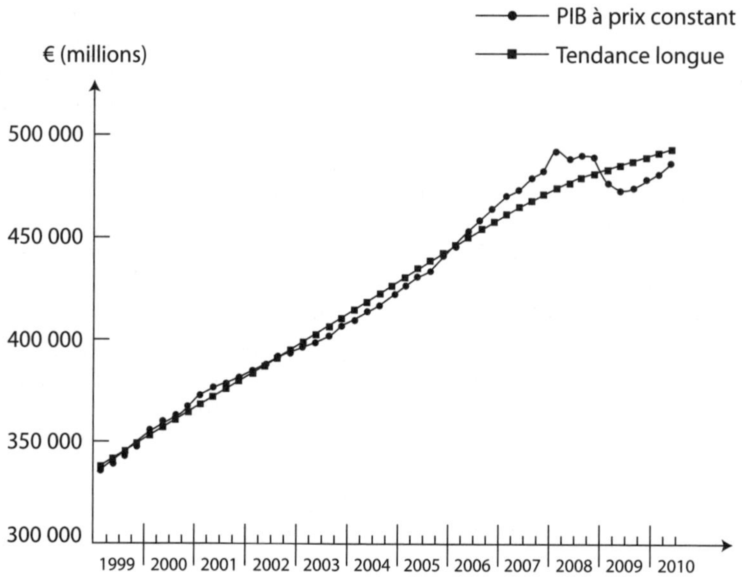

Comme on peut le voir sur ce premier graphe, le PIB français (PIB à prix constant, données trimestrielles, source Eurostat) est peu volatile. L'occurrence de la crise économique se fait cependant ressentir par un premier ralentissement au début de l'année 2008 puis par une récession démarrant au premier trimestre 2009.

• • •

• • •

- **Un cycle de croissance** (long) est donné par la différence entre le PIB observé et sa tendance de long terme :

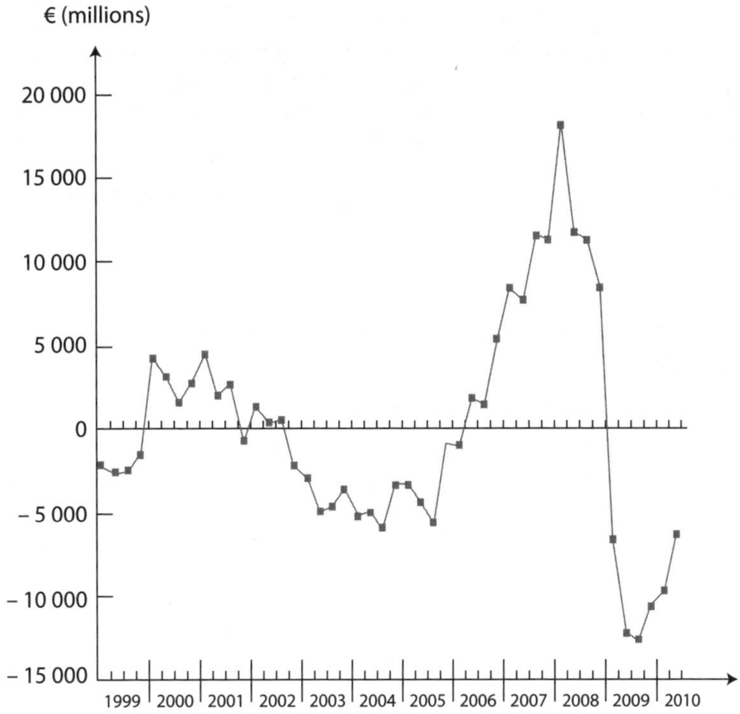

Comme il s'agit de la déviation du PIB à sa tendance, l'interprétation que l'on peut faire de la conjoncture est plus fine. On s'aperçoit notamment qu'à partir du troisième trimestre 2002 et jusqu'au premier trimestre 2006, la croissance du PIB français s'est considérablement ralentie.

Pour obtenir la tendance à long terme de la série chronologique du PIB, on peut par exemple mesurer une moyenne mobile en choisissant avec soin le nombre de périodes sur lesquelles portera le calcul : plus le nombre de périodes est grand, plus le lissage est important.

➥ Business cycles according to Artis (2003)

> (...) The business cycle can be defined as a broadly-based movement of economic variables in a sequentially oscillatory manner. The term "cycle" is a misnomer to the extent to which it suggests a regular periodicity; one of its features is that the length and depth (duration and amplitude) of the cycle seems to vary. (...) The literature recognizes two broad definitions of the cycle, the so-called classical cycle and the growth or deviation cycle.

➥ La moyenne mobile au sens de l'INSEE[1]

Une moyenne mobile permet de « lisser » une série de valeurs exprimées en fonction du temps (**série chronologique**). Elle permet d'éliminer les fluctuations les moins significatives. On calcule des moyennes mobiles d'ordre 1, d'ordre 2, d'ordre 3, etc. L'ordre est le nombre de périodes (années, trimestres, mois...) sur lesquelles la moyenne mobile est calculée. Ainsi, calculer la moyenne mobile d'ordre 3 pour une série mensuelle sur la période janvier 2001-janvier 2007 consiste à calculer, pour chaque mois *m*, la moyenne sur les trois mois $m - 1$, m et $m + 1$. Le calcul n'est possible qu'à partir du deuxième mois de la série (ici février 2001) et jusqu'à l'avant dernier mois (décembre 2006).

Un outil très largement utilisé par les macro-économistes est aussi le filtre de Hodrick-Prescott (encadré 4). Si l'on souhaite extraire la tendance à long terme sur des données trimestrielles, la valeur la plus souvent retenue pour le coefficient de lissage λ est 1 600. Une telle valeur revient à donner un poids à la tendance d'un huitième de point par trimestre. Le cycle de croissance à long terme français a été extrait selon cette méthode (encadré 3).

Ces deux lectures de la conjoncture proposées par les économistes peuvent être confrontées à la méthode retenue par les conjoncturistes : l'étude de l'évolution temporelle du PIB, lorsque ce dernier est exprimé sous forme de taux de croissance. Les conjoncturistes, au moment d'élaborer leurs prévisions à court ou moyen termes, utiliseront eux aussi les techniques de lissage précédemment décrites. Ces lissages leur serviront en revanche à « prolonger » l'évolution du taux de croissance du PIB.

Encadré 4. Extraire une tendance :
la méthode de filtrage de Hodrick & Prescott

La méthode de filtrage de Hodrick et Prescott permet de mesurer le PIB tendanciel d'une économie : il s'agit d'**une moyenne mobile de longueur infinie**. Le PIB à prix constant y_t comprend une composante tendancielle, et une composante conjoncturelle :

$$y_t = \bar{y}_t + \tilde{y}_t \quad (1)$$

Où y_t est le PIB exprimé en logarithme, $\bar{y}_t$ est sa composante tendancielle et $\tilde{y}_t$ sa composante conjoncturelle.

Le partage du PIB entre ces deux composantes est obtenu grâce à la résolution d'un programme d'optimisation. On minimise une somme pondérée de la variance des écarts conjoncturels et de la variance des changements de rythme de la croissance potentielle, ce qui s'écrit de la façon suivante :

$$\underset{[\bar{y}^t]}{Min} \left[\sum_{t=1}^{T} \tilde{y}_t^2 + \lambda \sum_{t=3}^{T} (\Delta \bar{y}_t - \Delta \bar{y}_{t-1})^2 \right] \quad (2)$$

$$\text{S.C.} \quad y_t = \bar{y}_t + \tilde{y}_t$$

Lorsque $\lambda = 0$ ou $\lambda \mapsto \infty$, la composante conjoncturelle est nulle ($\bar{y}_t = y_t, \forall_t$), et le PIB s'égalise au PIB tendanciel.

1. http://www.insee.fr/fr/methodes/default.asp?page=definitions/liste-definitions.htm

➥ The growth cycle: a renewed concept

Since the end of the World War II, the average duration of growth periods has increased in most industrialised countries, while the length of recessions has considerably shortened. This imbalance in the favour of prosperous phases has given validity to the idea that classical cycles are a thing of the past. The analysis of economic fluctuations is then more often posed in terms of **growth cycles**.

In fact, the study of growth cycles makes it possible to highlight the points at which growth gains **momentum** (when the business level is considerably higher than its trend). It also makes it possible to determine whether business slowdowns (when the business level is slightly lower than its trend) actually result in a recession.

Since **growth cycles** are defined by a difference between the level of activity and its trend, **their relevance depends above all on the method used to calculate the trend**.

Three methods can be used for trend extraction from series retained for analysis: the moving average calculation (Hooker proposed it in 1891)[2], the **ordinary least squares method** (Yule rehabilitated this method in 1897)[3], and finally the **variate difference method** (Hooker used it in 1905, and Pearson in 1914)[4].

CHAPITRE 1

➥ Learning by doing: cycle de croissance et taux de croissance

- Procurez-vous les données **trimestrielles** des PIB allemands et français (Eurostat).
- Calculez une moyenne mobile **d'ordre 4** sur ces séries chronologiques, puis calculez les **cycles de croissance** associés.
- Calculez les taux de croissance trimestriels des PIB allemands et français.
- Représentez graphiquement les résultats obtenus :
  - comparez les cycles de croissance allemands aux cycles de croissance français : ces pays ont-ils été frappés de la même façon par la crise 2007 ?
  - mêmes questions pour les taux de croissance trimestriels.
- **Comparez** le cycle de croissance français avec son taux de croissance trimestriel, calculé sur la même période :
  - expliquez les différences entre l'approche conjoncturiste courante (taux de croissance) et l'approche macro-économiste (cycle de croissance) ;
  - quelle est la lecture la plus adaptée, selon vous, à la crise 2007 ?

2. Section I, B, Encadré 3.
3. Section II, B.
4. See Armatte (1992), page 126.

SECTION II • Les baromètres économiques

Les préoccupations que posent, à la fin du XIXe siècle, la mesure des crises et cycles ont très largement influencé l'élaboration des outils statistiques de l'époque. Cette période illustre même de façon criante la nature intriquée de la réflexion portant sur le cycle économique : théories du cycle et théories statistiques progressent de concert, sans qu'il soit toujours possible de donner à l'une l'antériorité sur l'autre.

S'il semble naturel de comprendre pourquoi et comment se forme un cycle, tout en proposant dans le même temps des méthodes de mesure adaptées, il n'en reste pas moins vrai que l'utilité même du concept de cycle soulève des interrogations. S'agit-t-il d'un simple instrument de mesure, ou peut-il constituer la base d'une théorie économique adaptée ?

La réponse à cette question a mené les économistes de l'époque à s'orienter vers les **baromètres économiques**. Le baromètre serait ce pont nécessaire entre statistique et théorie, et permettrait ce faisant un réel pilotage prévisionnel de la conjoncture.

Parmi les premiers à proposer ce genre d'étude des « symptômes » économiques, ou ***sémiologie statistique***, il y a Franz Xaver Von Neumann-Spallart et Alfred de Foville. Ces deux statisticiens ont sélectionné une série d'indicateurs qu'ils jugeaient pertinents pour l'étude du « mouvement des affaires ». Ces baromètres, essentiellement descriptifs (à bandes colorées pour Alfred de Foville, dans son essai de météorologie économique et sociale paru en 1888) ont rapidement progressé.

➥ Statistical semiology

Conducting statistical semiology (or semiotics) is to study statistical signs. The general idea of semiology is that it is an interdisciplinary mode for examining phenomena. Applied to economics, it is intended to help with describing and interpreting business fluctuations, once a series of indicators considered to be significant has been selected.

Au-delà de la constitution d'une liste d'indicateurs considérés *a priori* comme les meilleurs représentants de la santé économique et sociale d'un pays, on a également cherché à déterminer la nature du lien existant entre ces déterminants. Les mesures de la co-variation, puis de la corrélation sont donc venues enrichir une démarche initialement descriptive : la synthèse inductive était désormais possible.

Mais ce passage à l'inductif n'est pas sans susciter des controverses. ***Post hoc, ergo propter hoc***[1] : il y a nécessité pour certains économistes de justifier encore davantage la nature de ces liens, autrement que par de simples calculs de corrélation.

Car **la corrélation n'est pas la causalité** ; il faut donc, au moment de la synthèse, et avant la prévision, apporter la preuve que ces déterminants motivent réellement les fluctuations de l'activité économique.

1. À la suite de cela, donc à cause de cela.

➥ *Post hoc, ergo propter hoc*

This latin expression means "**after this, therefore because of this**". It stresses the need to establish proof of a real causal link between two specific events when they are correlated. Applied to economics, it is a way of recalling that correlation does not always mean causality. In other words, there can be **coincidental correlation** between two events. It is not because one economic event follows another, that the former is caused by the latter!

C'est dans ce contexte controversé que les baromètres ont pris leur envol. Un des plus reconnus a sûrement été le baromètre de Harvard, proposé par Warren Milton Persons en 1916. La démarche de Persons s'appuie avant tout sur de l'analyse graphique, ainsi que sur la corrélation mesurée entre différentes séries supposées résumer la situation économique et sociale d'un pays. Une fois établi, le graphique doit permettre aux industriels et aux spéculateurs de prévoir l'évolution de la production et des échanges, entre six et neuf mois à l'avance. Mais ce baromètre ne constitue pas pour autant le fameux pont recherché entre statistique et théorie. Persons ira même jusqu'à rejeter la théorie économique, expliquant qu'une démarche purement empirique lui permet de s'affranchir de rigidités théoriques incompatibles avec l'étude des mouvements conjoncturels.

A • Construire un pont entre la statistique et la théorie économique

Un premier grand tournant dans l'utilisation des techniques relatives à l'analyse des cycles économiques est celui offert en 1916 par Persons. C'est à partir d'un « référent » cyclique que Persons propose d'élaborer des indices qui, exprimés sous forme graphique, permettront l'analyse et la prévision de la conjoncture. Le cycle s'obtient après retrait de la tendance et des variations saisonnières. C'est ensuite par l'étude de corrélations croisées que l'analyse est développée.

Trois séries chronologiques ont ainsi été retenues comme significatives des fluctuations de l'activité économique de l'époque et ont permis l'élaboration du baromètre de Harvard[2].

"Index of General Business Conditions"
W. M. Persons, *The Review of Economic Statistics*

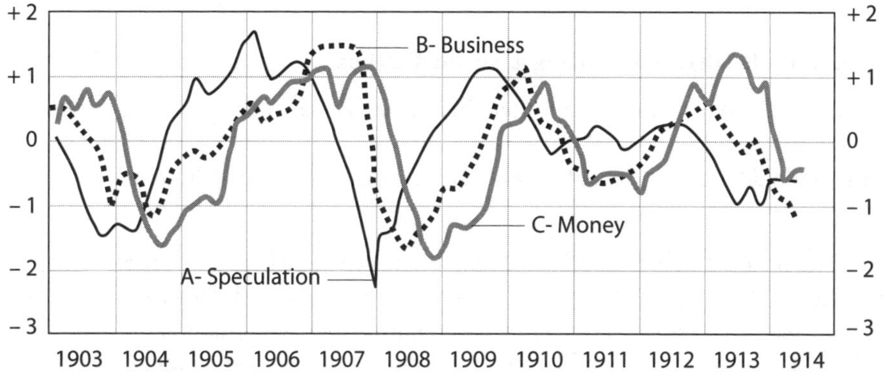

2. http://www.economics.harvard.edu/about/views

On retrouve **les activités de spéculation** (A), où l'auteur se focalise sur les bilans des banques new-yorkaises, et le cours des actions du secteur industriel. Une seconde série (B) regroupe quant à elle **les bilans de 140 autres banques et l'indice des prix** (cette série est censée illustrer l'évolution de la production et des échanges). Enfin, la dernière série (C) concerne **les activités sur le marché monétaire**, puisqu'on y retrouve différents taux d'escompte (différentes échéances ayant été retenues).

Box 5. "The Construction of a Business Barometer Based upon Annual Data", W. Persons

(...) Statement of the Problem

A barometer showing the fluctuations of business and industrial activity may be put to many uses:

- Economists and sociologists need such a barometer when dealing with the phenomena of a dynamic society.
- Government officials when handling the problem of unemployment or when considering the advisability of inaugurating large government undertakings.
- Manufacturers and dealers when considering the desirability of making extensions to their plants or of contracting or expanding their purchases, sales or commitments.
- Bankers need a business barometer to guide them in extending or calling their loans and discounts.
- And investors need one to direct their purchases and sales of securities.

Source: W. Persons, *The American Economic Review*, vol. VI, n° 4, december 1916.

➥ Questions for discussion: using a barometer (box 5)

- Is a barometer a temporal measurement instrument or can it be also a basis for adapting economic theory?
- Why would it be more relevant to rely only on empirical methods to make forecasts?

Pour Persons, c'est bien parce que certains faits ont tendance à se répéter que seule l'induction statistique est à même de permettre une analyse adaptée des mouvements conjoncturels. Et, dans ce cadre, parce qu'il peut vérifier statistiquement la significativité des seuils de corrélation qu'il obtient entre ses séries, il estime pouvoir s'affranchir de la théorie économique pour tirer ses conclusions.

Encadré 6. L'analyse des baromètres économiques de Persons et Wagemann

(…) Néanmoins, il est intéressant de remarquer que sa position change radicalement en 1921 avec l'ouvrage de Keynes, *A Treatise on Probability*. Persons, tout en rejetant désormais l'approche inférencielle fréquentiste, s'inspire de l'ouvrage de Keynes pour poursuivre son objectif de prévision en utilisant toujours le baromètre de Harvard tout en refusant l'aide de la théorie économique.

En 1923 a lieu une conférence de *The American Statistical Association* dont le thème porte sur la prévision économique. C'est lors de cette occasion que Persons [1924] fait état de son rejet de l'induction statistique qu'il avait auparavant acceptée en construisant le baromètre de Harvard. En s'inspirant de Keynes [1921], il récuse la méthode de l'inférence statistique (…).

L'argument sous-jacent de Persons est le même que celui utilisé par Keynes et qui est la non homogénéité dans le temps des événements économiques et sociaux. Aussi, si la prévision économique se base sur des périodes passées, on ne fait aucune hypothèse concernant les conditions d'apparition de ces événements. Il se peut que l'environnement change radicalement et alors, cela invalide totalement l'induction statistique fréquentielle (…).

(…) Cependant, la possibilité de prévoir - toujours sans avoir recours à la théorie économique – demeure en adoptant un point de vue méthodologique différent, en particulier, un regard plus descriptif et historique sur les mouvements des courbes du baromètre de Harvard. La prévision se fonde sur des bases plus subjectives qui relèvent plus d'un niveau de croyance que d'une certitude statistique. (…)

Source : E. Chancellier, *Revue d'économie politique*, vol. 116, page 620, 2006.

CHAPITRE 1

➥ Questions de compréhension et de réflexion : l'inférence (encadré 6)

- Qu'est-ce que l'inférence statistique ? Pourquoi cette technique dépend de la fréquence d'apparition de faits conjoncturels ?
- En quoi fonder sa prévision sur une certitude statistique constituerait une base « objective » de travail ?

Le baromètre de Harvard ne constitue donc pas ce pont tant recherché entre statistique et théorie économique. C'est plutôt en Europe que cette préoccupation prendra toute sa dimension : les baromètres qui y seront construits vont être focalisés sur les fondamentaux théoriques du cycle économique.

Mais cette démarche européenne n'est pas liée, comme parfois cela est avancé, à l'incapacité du baromètre de Harvard à prévoir la survenance de la crise de 1929. Comme le remarque E. Chancellier (2006), des problèmes « méthodologiques » sérieux étaient en effet survenus bien avant cette crise : la spéculation financière (courbe A) s'avérait pour lors déconnectée des fluctuations de la production et des échanges (courbe B), ainsi que de celles observées sur le marché monétaire (courbe C).

Les prévisions développées par Persons reposant sur le degré de corrélation observée entre ces trois indicateurs, il y avait là matière à débattre de la méthodologie employée... D'où le renouveau d'intérêt pour l'explication théorique. Il ne s'agit pas là de rejeter la corrélation au profit de l'étude de la causalité. Il s'agit bien de relayer les techniques de l'induction statistique au second plan.

➥ Persons' business barometer: when statistical inference is irrelevant

Persons' approach essentially relies on a graphic analysis of three key indicators: financial speculation, production and exchange, and lastly money market rates. The cross-correlations obtained between these three time series are then the basis of Persons' methodology. Once statistical significance is verified, correlation thresholds are supposed to be relevant tools for forecasting. Manufacturers and speculators are then supposed to be able to predict production and exchange, six to nine months in advance.

However, the statistical induction developed by Persons with his barometer neglects economic theory. In the period before the 1929 Crash, a serious disconnection between financial speculation and the two others indicators rendered forecasts inaccurate. Consequently, European barometers, directly inspired by Persons' work, emphasized theoretical explanations instead.

Un des principaux baromètres européens est celui proposé par Wagemann. Dans la même veine que Persons, il s'attache à l'étude des « symptômes » économiques. Mais cette étude est avant tout influencée par la théorie économique (box 7).

Et, dans ce cadre, Wagemann préférera distinguer dans ses séries chronologiques ce qui tient des fluctuations périodiques (les cycles, qu'ils soient saisonniers ou non) de ce qui tient des fluctuations non périodiques (les perturbations ou les changements de rythme).

Box 7. The "Circuits of Payments" in Wagemann Analysis

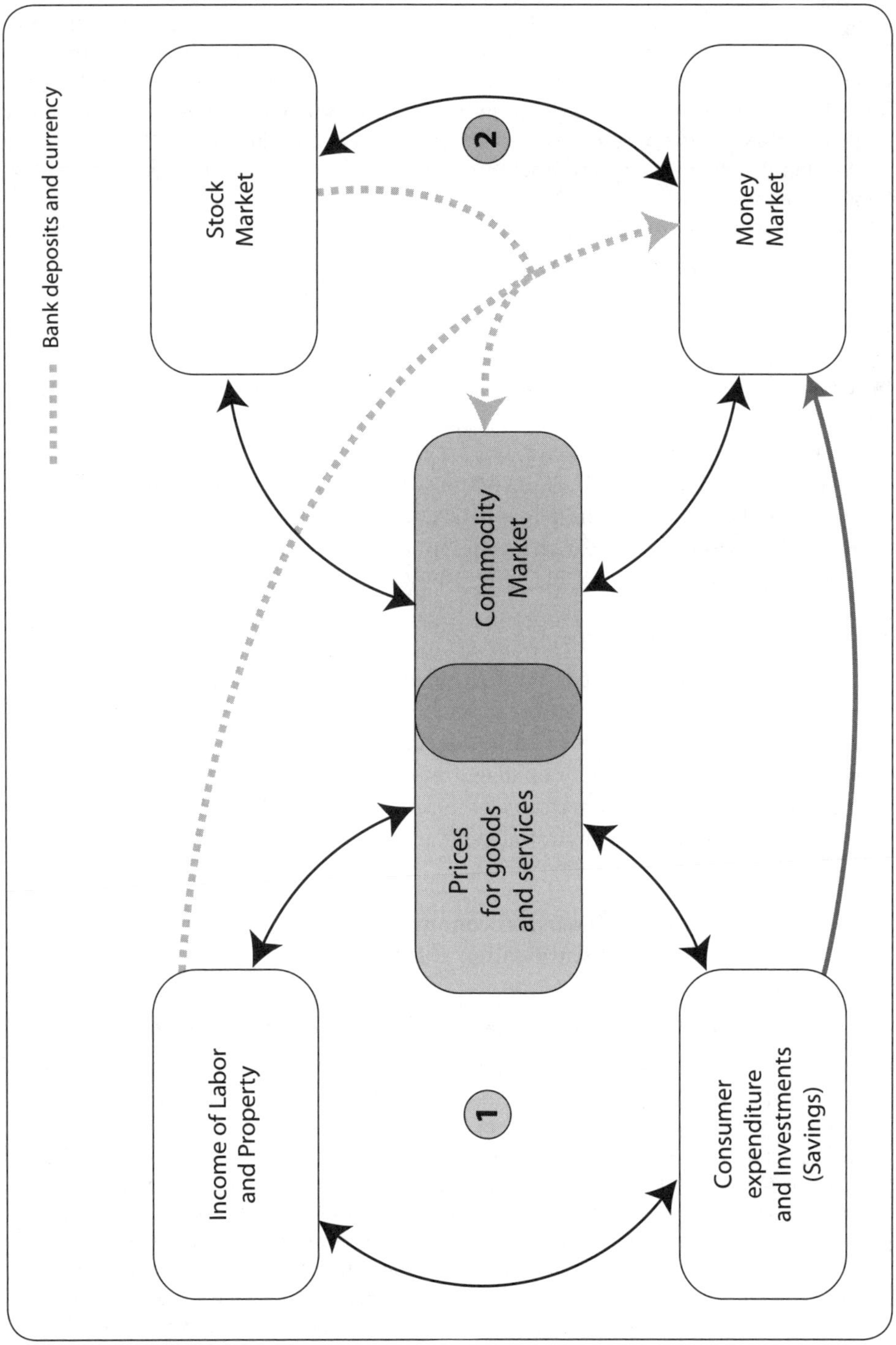

➥ Wagemann's theoretical analysis of business fundamentals (box 7)

Two main circular flows are supposed to explain business fluctuations in Wagemann's analysis: the circular flow of income (loop 1), and the circular flow of finance capital (loop 2). The prevailing business fundamental in this diagram is consumption: business loops start when demand is increased. In the first loop, the consumption level is based on Incomes (from labor and property) and Savings. In the second loop, Savings flow from the money market and are redistributed to entrepreneurs, and have an impact on the commodity market. In this scheme, Savings are supposed to equal investments: the loans provided by banks to firms give them:

- the opportunity to buy more commodities;
- the occasion to expand their productive processes;

Speculative activities on the stock market thus influence both the commodity market and the money market.

➥ Questions for discussion: Persons versus Wagemann on business fundamentals (box 7)

- According to Persons' barometer, the prevailing business fundamentals are speculative activities (curve A). In Wagemann's theoretical analysis, the fundamental is assumed to be consumption (demand). Explain this difference.
- Present the various steps by which business fluctuations are unfold, using Wagemann's diagram. Is this analysis linkable to the 2007/2008 crisis?

B • *Post hoc, ergo propter hoc*

Malgré les limites induites par l'utilisation d'un baromètre conjoncturel, il existe encore à l'heure actuelle bon nombre de « tableaux de bords » de la conjoncture à partir desquels sont proposées des prévisions de court terme. Si la mesure de corrélations croisées ne suffit pas pour établir un diagramme solide des enchaînements à la base des fluctuations du PIB, cette démarche a le mérite d'offrir une première illustration des réalités qui se jouent dans l'environnement économique, social et financier d'un pays (encadré 8).

Encadré 8. La science économique comme ingénierie, quantification et modélisation

La défiance s'installe quant à la méthode des corrélations

Dès 1925-26, il est devenu évident pour de nombreux analystes que la méthode barométrique se détraque. Le graphique des trois séries A, B, C de Harvard ne reproduit plus du tout les mêmes évolutions que celles qui ont été observées depuis 1919. Karsten (1926) propose carrément une interprétation différente du fonctionnement du baromètre de Harvard : c'est la courbe B qui serait à l'origine des fluctuations et qu'il faut prendre comme indicateur des cycles, la courbe A n'étant qu'un cumul de B, et C un cumul de A et B. Ce qui jette le doute sur le mécanisme en jeu derrière le baromètre et sur la signification de la corrélation. Un commentateur averti comme Aftalion note en 1928 avec humour que : « le comité de Harvard n'a découvert la coïncidence entre les mouvements de la bourse et du taux d'escompte que quand elle a cessé d'être conforme aux faits ».

• • •

• • •

Et il note que : « les régularités statistiques observées ont surtout un caractère descriptif et ne permettent pas de prolonger avec toute certitude dans le futur ce qui a été reconnu vrai pour le passé ».

C'est le même argument que reprennent les conjoncturistes dès le lendemain du krach. Les critiques de Mourre, Dessirier, Lescure s'en prennent à la fois aux divers traitements statistiques des séries et au « mécanisme automatique » de prévision subrepticement réintroduit dans les baromètres. Wagemann (1930) a une réaction du même type : « On a abouti à un fiasco complet lorsqu'on a prétendu juger l'économie américaine pendant la période de hausse de 1927-1929. (...) **Il ne faut pas en conclure que la méthode des baromètres multiples exposée plus haut soit désormais périmée ; mais seulement que l'application purement mécanique de cette méthode ne peut suffire ; elle constitue seulement une aide pour la solution des problèmes**, tout comme le diagnostic médical ne fournit que les bases pour juger l'état du malade ».

Source : M. Armatte, *Presses des Mines*, collection Sciences sociales, page 91, 2010.

Avant de proposer une application au cas français sur la période (1999-2010), il nous faut revenir sur certaines définitions clés. La première de ces définitions concerne bien entendu le calcul du coefficient de corrélation linéaire.

Mesurer la corrélation linéaire entre deux séries

Le calcul de la corrélation entre les séries X et Y revient à mesurer le rapport de la covariance entre X et Y au produit de leurs écarts types respectifs, soit la formule suivante :

$$r_{x,y} = \frac{\sum_{i=1}^{n} (x_i - \overline{x})(y_i - \overline{y})}{\sqrt{\sum_{i=1}^{n} (x_i - \overline{x})^2} \sqrt{\sum_{i=1}^{n} (y_i - \overline{y})^2}}$$

La démarche de travail proposée par Persons ne se limite pas au calcul des corrélations croisées entre les séries A, B, C. Il va également chercher si cette corrélation n'est pas le fait du hasard, en faisant un test de significativité (voir Chapitre 3, Section III)[1] :

Vérifier la significativité statistique

Pour vérifier la significativité de la corrélation obtenue entre X et Y, on réalise **un test paramétrique de Student**. L'hypothèse nulle est l'hypothèse pour laquelle la corrélation est le fait du hasard, et l'hypothèse alternative est son contraire.

Ce qui s'écrit :

$H_0 : r = 0$ Il y a indépendance entre X et Y.

$H_a : r \neq 0$ La corrélation est statistiquement significative.

1. Voir aussi *L'essentiel de la statistique pour l'économie et la gestion*, Jean-Louis Boursin, coll. « Les Carrés », Gualino Éditeur, 2000.

➥ **Learning by doing: corrélations croisées des fondamentaux, France (1999-2010)**

- Procurez-vous les données **trimestrielles désaisonnalisées** suivantes :
  - le PIB et l'indice des prix à la consommation harmonisés ;
  - la consommation finale ;
  - la formation brute de capital fixe ;
  - la variation des stocks.
- Calculez les corrélations croisées.
- Vérifiez la significativité statistique des corrélations précédemment obtenues.
- Quelle lecture pouvez-vous faire du cycle des affaires français ?
- Dans le graphique ci-dessous, sont représentées les corrélations (retardées, puis avancées) entre **la formation brute de capital fixe** et le **PIB à prix constant**. La corrélation entre ces deux variables économiques est de 98,2 %. On peut remarquer cependant que lorsque le calcul de corrélation confronte la FBCF retardée d'un trimestre au PIB, celle-ci est de 93 %. Enfin, lorsque ce calcul lie la FBCF avancée d'un trimestre au PIB, la corrélation est de 93,5 %. Interprétez ces résultats.

Corrélations croisées (PIB à prix constant/FBCF)

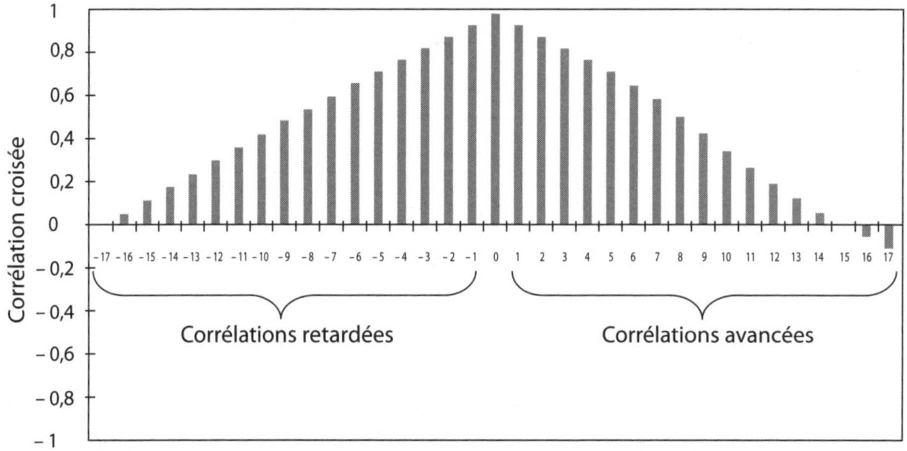

L'étude des corrélations croisées des fondamentaux macroéconomiques que sont la consommation, l'investissement ou même les variations de stocks peut nous donner une première idée sur ce qui peut annoncer ou découler des mouvements du PIB. Lorsqu'une variable mesurée au trimestre précédent (un décalage) est très fortement corrélée au PIB du trimestre courant, il va être possible de faire de la prévision. En effet, la variable va annoncer trois mois à l'avance ce que sera l'évolution du PIB.

Une autre démarche de prévision possible du PIB est d'en prolonger la tendance (voir section précédente), ou de réaliser une régression linéaire (encadré 9, voir également Chapitre 3, Section III).

Encadré 9. Réaliser une régression linéaire

Exprimons graphiquement Y en fonction de X :

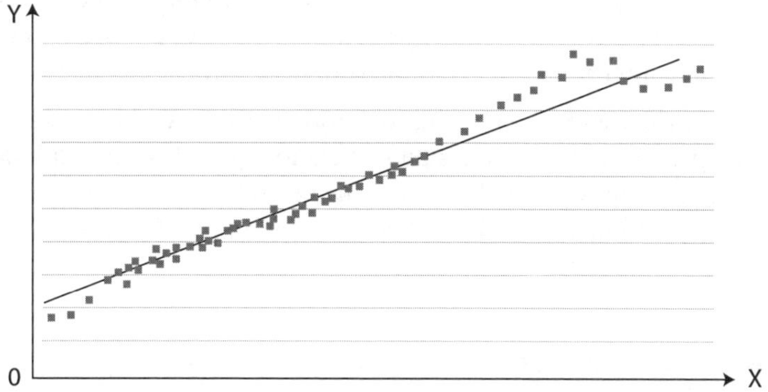

L'équation de la droite de régression linéaire (en pointillés) s'écrit $y_i = ax_i + b$

Avec :

- $a = \frac{cov_{x,y}}{\sigma_x^2}$ où la covariance entre x et y et la variance de x s'écrivent respectivement

$$cov_{x,y} = \sum_{i=1}^{n} (x_i - \overline{x})(y_i - \overline{y}) \quad \text{et} \quad \sigma_x^2 = \frac{1}{n}\sum_{i=1}^{n} (x_i - \overline{x})^2$$

- $b = \overline{y} - a\overline{x}$

➥ Learning by doing: une régression linéaire liant PIB et consommation, France

- Reprenez les données du PIB et de la consommation.
- Sur la période la plus récente (1999-…), calculez les coefficients de la droite de régression linéaire suivante : $\widehat{PIB}_i = a\widehat{C}_i + b$.
- Sur la base de cette droite, quelles valeurs prendra le PIB dans les deux trimestres à venir ?
- Afin de vérifier la qualité de votre modèle :
  - vérifiez la significativité statistique des coefficients a et b ;
  - calculez puis étudiez l'écart entre les valeurs observées du PIB et celles issues du modèle, à savoir : $\varepsilon_i = PIB - \widehat{PIB}_i$;
  - vérifiez la qualité de l'ajustement en mesurant le coefficient de détermination tel que :

$$R^2 = \frac{\sum_{i=1}^{n} (\widehat{PIB}_i - \overline{PIB})^2}{\sum_{i=1}^{n} (PIB_i - \overline{PIB})^2} = \frac{\sum_{i=1}^{n} \varepsilon_i^2}{\sum_{i=1}^{n} (PIB_i - \overline{PIB})^2}$$

  - calculez le coefficient de corrélation entre le PIB et la consommation. Que constatez-vous ?

CHAPITRE 1

Ce genre de démarche inductive est assujetti à de sérieuses limites. En effet, la sélection des fondamentaux économiques ne découle d'aucune théorie économique spécifique, si ce n'est d'un choix *a priori* arbitraire formulé par le statisticien. Dans ce cadre, des divergences d'analyses sont incontournables : lorsque l'économie est en passe d'aborder un point de retournement conjoncturel, mais aussi et surtout parce que chaque spécialiste se base sur une interprétation personnelle des phénomènes qu'il étudie.

La nécessité de justifier encore davantage la nature des liens établis entre les variables, autrement que par de simples calculs de corrélation (*post hoc, ergo propter hoc*), est donc un premier pas, mais il faut aller plus loin et trouver le juste équilibre entre l'outil statistique et l'apport indéniable de la théorie économique. En cela, le baromètre de Wagemann constitue une première tentative.

SECTION III • Offrir une dimension sectorielle à l'analyse

En 1920, Wesley Clair Mitchell fonde le National Bureau of Economic Research[1] (NBER). Cinq principes de fonctionnement sont clairement annoncés. La recherche doit se concentrer sur des « faits déterminants » et leur possible connexion. Ces faits sont dits « déterminants » car essentiels à la compréhension « des problèmes majeurs de l'économie politique ». La connaissance tirée de l'étude de ces faits doit tant que possible rester quantitative et ce en accord avec des « principes scientifiques ». La communication sur les recherches entreprises doit rester impartiale. Enfin, aucune recommandation de nature politique ne peut être faite.

Dans ce cadre, les projets poursuivis par les membres du NBER n'étaient pas uniquement orientés sur l'étude de la distribution du PIB. La taille, mais aussi la composition industrielle de ce revenu, tout comme ses fluctuations et sa croissance, se trouvaient au cœur des préoccupations. Certains chercheurs ont même proposé d'étendre les indices de prix déjà existants, afin d'exprimer le revenu national plus uniquement en terme nominal, mais aussi en terme réel.

➥ Les espoirs poursuivis par Mitchell, résumés par Burns en 1948

> « Ici des investigations empiriques pourront être entreprises, plus loin et de façon plus fondamentale que n'importe quelle tentative déjà menée par les économistes. Ici des compétences techniques complémentaires pourront être regroupées, et le procès de développement d'une nouvelle connaissance n'en sera que plus efficace. (…) Ici les hypothèses seront vérifiées par les données statistiques, les données statistiques stimuleront de nouvelles hypothèses, et les hypothèses de nouvelles données. (…) Si un groupe ainsi constitué comme le Bureau National des Directeurs peut travailler de façon harmonieuse et accepter les investigations de son personnel sur des questions controversées comme la proportion de revenu national redistribuée sous forme de salaires ou encore source de profits, la raison ne triomphera-t-elle pas sur la passion au sein d'un cercle sans cesse accru d'hommes ? »

1. **http://www.nber.org/** and http://www.nber.org/cycles/cyclesmain.html

Les chronologies proposées par le NBER ont débuté dès 1792 pour la Grande-Bretagne, en 1834 pour les États-Unis, en 1840 pour la France, et en 1866 pour l'Allemagne. Le tableau ci dessous est une synthèse des datations du NBER. Sur l'ensemble des périodes d'observations (délimitées de pics en pics ou de creux en creux dans les deux premières colonnes de ce tableau), différents cycles ont donc été observés. La durée moyenne des expansions et des récessions est calculée à partir de leurs datations (les datations excluent la période couvrant la première Guerre Mondiale, ainsi que celle de la guerre civile aux États-Unis).

Tableau 1. Premières datations du NBER

	Phases et durée totale des cycles (en mois)					
	Périodes totales d'observation		Durée moyenne des :		Cycle complet en mois	
Pays	De creux en creux	De pics en pics	Expansions	Récessions	De creux en creux	De pics en pics
États-Unis	1854-1938	1857-1937	26	22	48	48
	1790-1938	1790-1938	28	23	50	50
Grande-Bretagne	1854-1938	1757-1937	37	26	63	64
	1790-1938	1796-1937	39	22	60	62
France	1865-1938	1867-1937	29	22	51	52
Allemagne	1879-1932	1882-1929	37	27	64	63

Mesurés de pics en pics ou de creux en creux, ces cycles s'avèrent relativement bien synchronisés entre eux. Ce résultat a marqué de nombreux domaines de recherches, pour qui la preuve de l'existence de cycles économiques (courts et longs) était désormais apportée.

➥ Giving evidence for business cycles, V. Zarnowitz (1991)

> "That many contemporaries were able to diagnose business conditions rather well, even in the face of great limitations of public data on the economy, is a remarkable fact, which is a testimony to the persistence and pervasiveness of business cycles."

A • Co-mouvements sectoriels et tendance

La persistance et la diffusion des mouvements cycliques dans les économies industrialisées ont alors amené une question centrale : celle de la nature intrinsèque de ces fluctuations. Dans la définition d'A. Burns et de W. Mitchell (1946), le point le plus important concerne les co-mouvements observés entre différentes variables économiques.

➥ Le cycle économique, selon Burns et Mitchell (1946)

> « Un cycle est composé d'expansions qui se produisent à peu près en même temps dans de nombreuses branches, suivies de récessions, de contractions et de reprises tout aussi généralisées qui se rejoignent dans la phase d'expansion du cycle suivant ».

En tendance, une majeure partie des secteurs d'activités est censée subir conjointement des phases haussières et baissières, pour que l'on puisse vérifier l'existence d'un cycle d'activité.

Dans ces conditions, quelles sont les variables les plus significatives d'un mouvement d'ensemble de l'économie, et quels indicateurs proposer ?

Si la plupart des économistes s'accorde sur le rôle clé joué notamment par le crédit, l'investissement en capital fixe, les variations de stocks, le niveau des prix, ou encore le taux d'intérêt, ces derniers ne s'accordent pas, en revanche, sur les modalités des interactions qui s'opèrent entre ces variables.

Ainsi, pour A. Burns et W. Mitchell, il faut également s'interroger sur la façon dont le système économique fonctionne dans son ensemble, et prendre en compte non seulement les agrégats économiques (façade des relations entre les agents), mais également retracer les procès psychologiques, institutionnels, et technologiques sous-jacents.

➥ How business cycles come about, Burns (1952)

> "The problem of how business cycles come about is (...) inseparable from the problem of how a capitalist economy functions. (...) Not content to focus analysis on the fluctuations of one or two great variables, such as production and employment (...), it sought to interpret the system of business as a whole... to penetrate the facade of business aggregates and trace the detailed processes – psychological, institutional, and technological – by which they are fashioned and linked together."

Replacée dans le contexte de la mesure, l'approche du NBER est plutôt abductive. En effet, on part du constat de l'existence d'un cycle, pour ensuite en expliquer les mécanismes sous-jacents. Dans ce cadre, on raisonne en élaborant différentes hypothèses explicatives, censées permettre d'aboutir à de nouvelles théories.

Cette démarche de travail n'a cependant pas fait l'unanimité auprès des chercheurs. Ainsi Koopmans en 1947 avait formulé à son sujet une très vive critique, arguant que cette méthode n'était avant tout qu'une simple « collecte » de données.

Box 10. "From Business Cycles and Unemployment", Mitchell (1923)

CHAPTER 1. Business Cycles

(...) Longer experience, wider knowledge of business in other countries, and better statistical data have gradually discredited the view that crises are "abnormal" events, each due to a special cause. The modern view is that crises are but one feature of recurrent "business cycles". Instead of a "normal" state of business interrupted by occasional crises, men look for a continually changing state of business – continually changing in a fairly regular way.

• • •

A crisis is expected to be followed by a depression, the depression by a revival, the revival by prosperity, and prosperity by a new crisis. Cycles of this sort can be traced for at least one century in America, perhaps for two centuries in the Netherlands, England, and France, and for shorter in Austria, Germany, Italy, Spain, and the Scandinavian countries. Within a generation or two similar cycles have begun to run their courses in Canada and Australia, South America, Russia, British India, and Japan.

At present it is less likely that the existence of business cycles will be denied than that their regularity will be exaggerated. In fact, successive cycles differ not only in length, but also in violence, and in the relative prominence of their various manifestations.

(…) These differences among business cycles arise from the fact that the business situation at any given moment is the net resultant of a complex of forces among which the rhythm of business activity is only one. Harvest conditions, domestic politics, changes in monetary and banking systems, international relations, the making of war or of peace, the discovery of new industrial methods or resources, and a thousand other matters all affect the prospects of profits favorably or adversely and therefore tend to quicken or to slacken the pace of business.

The fact that the rhythm of business activity can be traced in the net resultants produced by these many factors argues that it is one of the most constantly acting, and probably one of the most powerful, factors among them.

To give a sketch of the business cycle which be applicable to future cases, it is necessary of course to put aside the complicating effects of the various special conditions which at any given time are influencing profits, and to concentrate attention upon the tendency of the modern business system to develop alternate periods of activity and sluggishness.

(…). Every business establishment is supposed to aim primarily at making money. When the prospects of profits improve, business becomes more active. When these prospects grow darker, business becomes dull. Everything from rainfall to politics which affects business exerts its influence by affecting this crucial factor – the prospects of profits.

➥ Questions for discussion: from business cycles and unemployment, Mitchell in 1923 (box 10)

- Why is the modern vision according to which crises are but one feature of recurrent "business cycles" innovative for this period?
- What does the fact that cycles "differ not only in length, but also in violence" imply for further research?
- What is Mitchell's prevailing business fundamental, and is this fundamental quite different from Persons' proposition, relying on financial activities (curve A)?

Le débat sur ces démarches inférentielles n'est toujours pas clos. De nouvelles techniques ont été depuis lors développées, mais il subsiste toujours cette question du lien à faire entre l'empirique et le théorique. Parmi les nouveaux indicateurs existants à l'heure actuelle pour l'analyse de la conjoncture, on peut aussi se tourner du côté européen. Les principaux indicateurs économiques européens diffusés par Eurostat[1] génèrent eux aussi de nombreuses analyses (table 2).

1. http://epp.eurostat.ec.europa.eu/portal/page/portal/euroindicators/peeis

Table 2. Principal European Economic Indicators – Eurostat[1]

PEEI	Frequency
Gross Domestic Product	Quarterly
Private Final Consumption	Quarterly
Investments	Quarterly
External Trade Balance	Monthly
Balance of Payments – Current Account	Monthly (euro area)
Inflation (HICP)	Monthly
Unemployment Rate	Monthly
Employment	Quarterly
Labour Cost Index	Quarterly
Industrial Producer Prices	Monthly
Industrial Import Prices (for euro area)	Monthly
Industrial Production	Monthly
Industrial New Orders	Monthly
Production in Construction	Monthly
Retail Trade Turnover	Monthly
Government Deficit/Surplus	Annually
General Government Gross Debt	Annually
Economic Sentiment Indicator	Monthly
Three-month Interest Rate	Monthly
Long Term Government Bond Yields	Monthly
Euro Exchange Rates	Monthly
Sector Accounts	Quarterly
Turnover Index For Other Services	Quarterly
Service Producer Prices	Quarterly
Job Vacancy Rate	Quarterly

1. http://epp.eurostat.ec.europa.eu/portal/page/portal/short_term_business_statistics/quality

➥ PEEIs (TABLE 2)

Among the infra-annual economic statistics produced by Eurostat, a list of indicators called Principal European Economic Indicators (PEEIs) has been identified by users as being of prime importance for the conduct of monetary and economic policy of the euro area.

B • Quatre cycles clés

En 1939, Joseph Aloïs Schumpeter estimait lui aussi que « l'étude des cycles », plutôt que celle « des procès économiques dans la période capitaliste », devait forcément réorienter l'économiste vers une analyse plus « inclusive ». Sans donner pour autant une définition unique au cycle économique, il a précisé les interactions qui ce sont exercées entre de nombreuses « vagues » simultanées. Ces vagues ont été ensuite baptisées des noms de ceux qui les ont découvertes. **Kitchin** pour les vagues comprises entre 3 et 4 ans, **Juglar** pour les cycles d'environ 10 ans, et **Kondratieff** pour les vagues entre 48 et 60 ans.

Le cycle de Kitchin a été dégagé de séries chronologiques portant sur la période 1807-1937 aux États-Unis. Trente-sept cycles successifs apparaissent, et leur durée moyenne est d'environ 40 mois. Ce cycle, dont le mouvement est difficile à repérer encore aujourd'hui en Europe, existe aux États-Unis et dispose d'un lien de corrélation avec les variations des stocks des entreprises.

Box 11. "Cycles and Trends in Economic Factors", Joseph Kitchin

The movements of economic factors – whether made up of price or volume – are, it is suggested mainly composed of:

I. a) minor cycles averaging 3 ½ years (40 months) in length;
   b) major cycles, or so-called trade cycles, which are merely aggregates usually of two, and less seldom of three, minor cycles.

II. Fundamental movements or trends which are largely straight line movements.

(...) It is not of course suggested that the business cycle is of invariable duration. The contrary is shown by the facts which are nakedly given in this statement. But it is suggested that business cycles average 3 ½ years in length (...).

Source: "Cycles and Trends in Economic Factors", Joseph Kitchin, *Review of Economic Statistics*, 1923.

Un autre cycle, un peu plus long que celui de Juglar puisqu'il est censé durer entre 15 et 20 ans, a été découvert par Simon Kuznets. Ce travail publié en 1930 n'a cependant pas marqué la communauté scientifique, peut-être parce que ce cycle dit de durée moyenne n'a pas été repéré facilement par les économistes. Le cycle long (ou cycle Kondratieff) a été découvert quant à lui par N. D. Kondratieff en 1925.

Figure 3. Main Business Cycles: Kondratieff, Kuznets, Juglar and Kitchin

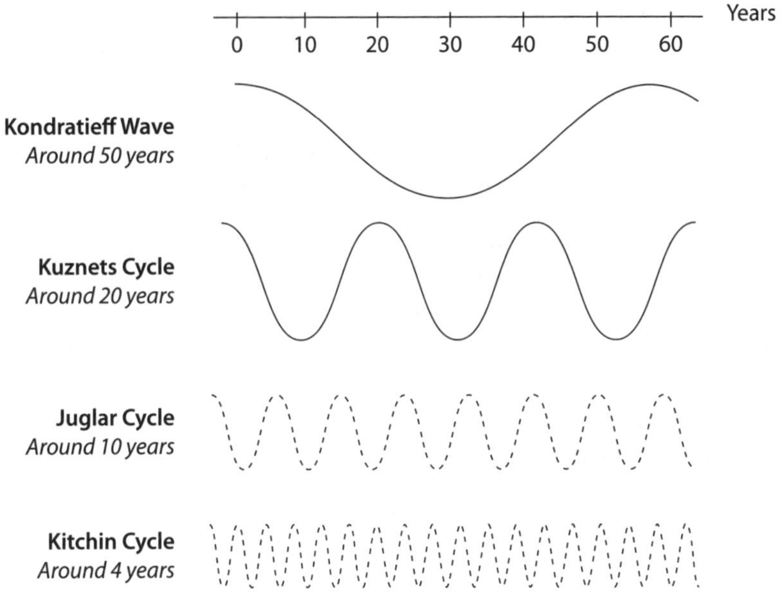

Box 12. How is Business Cycle Theory Possible at All?, Adolf Löwe

Business cycle research is in a curious state. It has become a fashionable field of inquiry and it arouses the general interest of politicians and of the practical business community. Its topic as well as its newly developed methods have predestined it for this role. To depict exactly the current market situation as a whole as well as in all its details and, according to the pronouncements of the audacious innovators, even to determine it in advance – what would bring economics, often scolded as an unrealistic science, closer to the men of business than such promises?

The business cycle researcher of today refuses to think in terms of the abstractions of the elder crisis theories. The realistic knowledge of the last generation has taught him the insight into complicated relationships which are not exhausted by the twin notion of boom and crisis.

(…) When American researchers, following some European developments of the last century, finally applied the statistical laws of "time series" with undoubted success to the empirical data of the business cycle and developed a new branch of business cycle statistics with "barometers" from it, business cycle research seemed finally to have succeeded in constructing a bridge between theory and reality – a project, which had occupied generations of scholars in the sphere of economic inquiry.

(…) One must still conclude that our insight into the theoretical interconnections of economic cycles and into the structural laws of circulation has not been enriched at all by all these phase descriptions and calculations of correlation. Business cycle theory has in principle not advanced a single step in the last decade. (…)

• • •

• • •

The theorems of pure economic theory have of course only hypothetical relevance *vis-à-vis* reality, in so far as their validity is bound up with specific data, the selection and the ordering of which cannot be decided by means of economic theory. The propositions, however, which are deduced from these data in a logically unassailable way can neither be proved nor disproved by empirical findings in their theoretical validity.

Nevertheless, social economics, as opposed to mathematics, is of course an empirical science. It must therefore react to contradictions between its propositions and economic reality. It does not do this, however, if in such a case it simply changes the data combination, always supposing, of course, that no formal errors have been committed. (...)

For our specific subject this means that even the most assiduous empirical research cannot resolve a theoretical dispute, since, contrary to Mitchell's hypothesis, "a theory of the business cycle" can never be a "descriptive analysis". The logical relationship is just the reverse (...).

Source: *How is Business Cycle Theory Possible at All?*, Adolf Löwe, 1926.

➥ Questions for discussion: how is business cycle theory possible at all? (box 12)

- Why does Adolf Löwe consider that the "business cycle researcher of today refuses to think in terms of the abstractions of the older crisis theories"?
- In this short extract, do business barometers constitute this bridge between theory and reality, why?
- Why is social economics essentially an empirical science?
- Would it be at all possible to fill this gap between theory and reality?

La méthodologie des modèles macroéconomiques a également connu une avancée considérable grâce à la Commission Cowles. Cette commission (fondée par A. Cowles en 1932) avait pour objectif affiché de lier la théorie économique aux mathématiques et aux statistiques. Ce faisant, elle a joué un rôle pivot dans le développement des mathématiques économiques et de l'économétrie.

Parallèlement à ces activités, la découverte du cycle économique est également passée par la prise en compte des perturbations périodiques d'origine naturelle. Pour W. S. Jevons et M. Moore, ces perturbations expliquent la régularité des cycles économiques. Les tâches solaires de W. S. Jevons viennent ainsi expliquer le cycle du prix des céréales. Et les aléas climatiques sont pour M. Moore un moyen d'expliquer les fluctuations de l'activité.

Conclusion
Synthèse du premier chapitre

Le cycle économique apporte aux économistes un ensemble plus ou moins systématisé de données, issues de l'action humaine, et décrivant les entreprises de l'homme, à la fois dans leur multiplicité et leur variété au sein d'un environnement concret. Si dans ses premières constructions, le cycle s'avérait davantage être une mesure technique vouée à des fins descriptives sans cesse renouvelées, sa mesure n'a jamais cessé de soulever les interrogations : s'agit-il uniquement d'un instrument de mesure temporel, peut-il constituer la base d'une théorie économique adaptée ?

Sa découverte en 1862 par Juglar a ouvert une première voie d'étude, essentiellement orientée vers la mesure. C'est aux États-Unis qu'ont été développés les premiers indicateurs (Persons), ainsi que les premières datations (Thorp). Mais, même si les démarches employées s'avèrent avant tout empiriques, les normes statistiques proposées par les chercheurs ne sont pas neutres. Qu'il s'agisse de cycles courts dits de Kitchin, de cycles d'investissement à la Juglar, ou de cycles longs Kondratieff, l'étude des fluctuations conjoncturelles ne peut alors plus que se tourner vers une analyse théorisée.

The main elements developed within this first chapter can be summarized in a chronological diagram (figure 4). The following figure recalls a basic concept, namely the definition of GDP.

Figure 4. Defining GDP, according to Eurostat

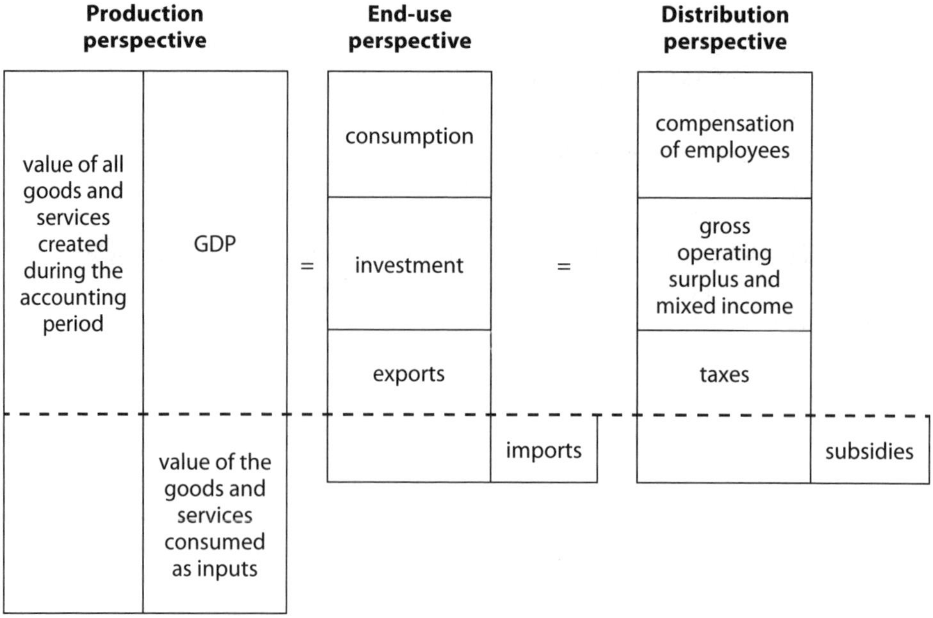

Figure 5. Discovering the Business Cycle using Measurement

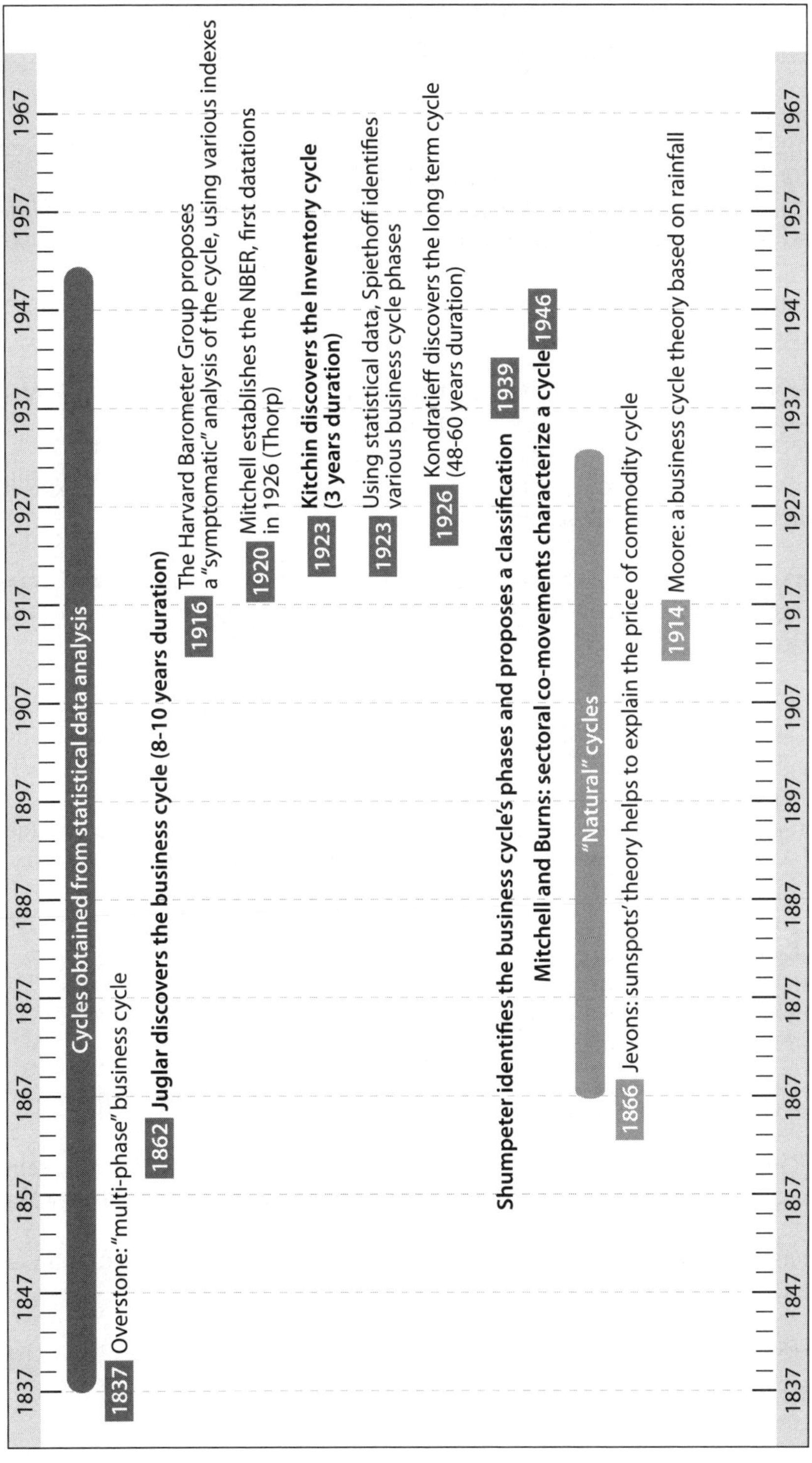

Références

M. J. Artis, M. Marcellino et T. Proietti, 2003, « Dating the Euro Area Business Cycle », Centre for Economic Policy Research, DP 3696.

M. Armatte,
- 1992, « Conjonctions, conjoncture, et conjecture. Les baromètres économiques (1885-1930) », *Histoire et Mesure*, vol. 7, n° 1-2 ;
- 2010, *La science économique comme ingénierie ; quantification et modélisation*, Presses des Mines, collection Sciences sociales.

D. Besomi, 2009, « Clément Juglar and his Contemporaries on the Cause of Commercial Crises », *Revue européenne des sciences sociales*, n° XLVII - 143.

A. Burns, 1952, « Wesley Clair Mitchell: the economic scientist », New York, National Bureau of Economic Research, publication 53.

A. Burns et W. Mitchell, 1946, « Measuring Cusiness Cycles », New York, National Bureau of Economic Research, Studies in Business cycles n° 2.

E. Chancellier, 2006, « L'analyse des baromètres économiques de Persons et Wagemann : instrument de prévision – instrument de théorisation », *Revue d'économie politique*, vol. 116, page 620.

C. Juglar,
- 1862, « Des crises commerciales et de leur retour périodique en France, en Angleterre, et aux États-Unis », Éditions Guillaumin, http://gallica.bnf.fr/ark:/12148/bpt6k1060720.
- 1863, « Crises commerciales », extrait du dictionnaire général de la politique par M. Maurice Block, http://gallica.bnf.fr/ark:/12148/bpt6k83714z.

J. Kitchin, 1923, « Cycles and Trends in Economic Factors », Joseph Kitchin, *Review of Economic Statistics.*

A. Löwe, 1997, « How is Business Cycle Theory Possible at All? », *Structural Change and Economic Dynamics*, 8 (1997) translation from his 1926 article.

W. Mitchell, 1923, *From Business Cycles and Unemployment*, Mc Graw-Hill.

S. J. L. Overstone, 1837, « Reflections suggested by a perusal of Mr. J. Horsley Palmers » pamphlet on the Causes and Consequences of the Pressure on the Money Market.

W. Persons, 1916, « The construction of a business barometer based upon annual data », *The American Economic Review*, vol VI, n° 4, December.

V. Zarnowitz, 1991, « What is a business cycle? », Working Paper 3863, National Bureau of Economic Research.

Sitographie

- **Baromètre de Harvard**
http://www.economics.harvard.edu/about/views

- **Eurostat**
http://epp.eurostat.ec.europa.eu/portal/page/portal/euroindicators/peeis
http://epp.eurostat.ec.europa.eu/portal/page/portal/short_term_business_statistics/quality

- **National Bureau of Economic Research**
http://www.nber.org/
http://www.nber.org/cycles/cyclesmain.html

Chapitre 2

La monnaie et le cycle économique

La monnaie et le cycle économique

2

Introduction

C'est au travers de ses différentes fonctions qu'il est possible de comprendre quel impact peut avoir **la monnaie** sur le cycle économique. Plus précisément, pour bien analyser l'influence de la **quantité de monnaie en circulation** sur les fluctuations conjoncturelles, il faut revenir sur ce qui fait la spécificité de la monnaie. Parce que les agents économiques font face à une **incertitude plus ou moins marquée** vis-à-vis de l'avenir, ils vont chercher à **conserver plus ou moins de monnaie** : ainsi échangée sur les marchés bancaires et financiers, celle-ci devient un bien à part entière (Section I).

Bien le plus monnayable (ou le plus liquide), sa spécificité ne s'arrête pas là : elle se trouve au cœur d'arbitrages qui vont conditionner les mécanismes à la base des mouvements de l'activité économique. Si la **théorie économique** s'est clairement attachée à décrypter ces arbitrages, elle n'accorde pas pour autant la même importance à l'épargne, ou encore au crédit dans la propagation des boucles conjoncturelles. La **principale contrainte** à laquelle font face ces écoles de pensée concerne le **contexte d'incertitude** dans lequel sont placés les agents économiques au moment de prendre leurs décisions (Section II). Le pilotage de la croissance par des instances monétaires telles que la Banque centrale européenne ou la Réserve fédérale américaine n'est donc en rien aisé (Section III).

SECTION I • Définir la monnaie

Pour comprendre le rôle joué par la monnaie dans la propagation des boucles suivies par l'activité économique, il faut dans un premier temps revenir sur sa définition. En effet, si son utilisation facilite les échanges, la monnaie n'est pas qu'un intermédiaire. Une fois présenté l'ensemble des fonctions qu'elle peut revêtir, il sera alors plus facile de comprendre dans quelle mesure la quantité de monnaie en circulation peut influencer la lecture que l'on peut faire du cycle économique (A). Dans cet objectif, l'étude du fonctionnement du système bancaire est essentielle : c'est dans cette zone de circulation monétaire que la liquidité parvient aux agents économiques (B). Les banques, en créant et en détruisant de la monnaie dans cet espace, constituent alors le premier vecteur de cette circulation (C).

A • La monnaie et ses moyens de paiement

Au-delà de la confiance qu'ils accordent à leur monnaie, les agents économiques peuvent aussi désirer la détenir pour trois raisons fondamentales :

- **Parce qu'elle est un intermédiaire des échanges** : la monnaie possède pour première fonction d'être universellement acceptée contre tous les biens marchands. Elle permet de faire le lien entre la vente d'un bien et l'achat d'un autre dans les échanges.
- **Parce qu'elle est unité de compte ou étalon de valeur** : avec la fonction précédente, la monnaie possède la propriété d'être la valeur de référence de tous les autres biens. Chaque bien voit alors son prix évalué non pas en fonction des autres biens (prix relatif), mais grâce à la monnaie.
- **Parce qu'elle est réserve de valeur** : entre deux dates d'échange, comme la monnaie est supposée garder sa valeur d'échange (la même quantité de monnaie permet d'acheter le même nombre de biens), elle permet, contrairement au troc, de décaler dans le temps l'acte de vente et d'achat.

La monnaie est également **la réserve de valeur la plus liquide** : elle peut être utilisée sans délai, alors que les autres actifs, réels ou financiers, doivent d'abord être convertis en monnaie. Par ailleurs, elle ne peut pas être refusée par un créancier.

➥ DEFINING MONEY

Money is defined as being **any generally accepted means of payment for the delivery of goods and services, or for debt settlements.** From this point of view, money is first of all a medium of exchange (ending the need for barter). It is also a store of value (consumption is foregone in order to save money). Finally money is a unit of account.

Pour autant, la monnaie n'est pas la seule réserve de valeur. Mais c'est la seule sans risque de détention. S'il existe d'autres actifs sans risques, la monnaie reste spécifique dans la mesure où c'est le seul actif sans risque parfaitement liquide.

Encadré 13. Qu'est-ce que la liquidité ?

On crée de la *liquidité* lorsque l'on transforme un actif en moyen de paiement. De ce fait, il existe différentes formes de liquidité :

- **la liquidité d'un produit financier** est la plus courante : on transforme un actif en moyen de paiement, et la rapidité avec laquelle il aura été transformé reflétera son degré de liquidité (plus il est échangé rapidement, plus il est liquide, et inversement) ;
- **la liquidité de marché** décrit la vitesse avec laquelle le marché va absorber les requêtes formulées par les acteurs : il va absorber ces transactions (achats – ventes), qui représentent un volume plus ou moins important d'actifs, et parce que cette absorption se fera rapidement, il n'y aura pas d'effet sur les cours des actifs ;
- **la liquidité monétaire** représente l'ensemble des actifs disponibles (et transformables) qui circulent dans l'économie. On le verra un peu plus loin, cette dernière peut être mesurée par un agrégat monétaire.

En bref, la liquidité traduit avant tout la capacité à *monétiser* un actif ou plusieurs actifs.

2 CHAPITRE

Au total, il existe différentes formes de monnaie (ou différents moyens de paiements) :
- la **monnaie fiduciaire**, qui regroupe les billets de banque et la monnaie métallique ;
- la **monnaie scripturale**, qui regroupe la monnaie électronique, les chèques, les virements.

Box 14. Measuring the Amount of Money in Circulation, according to the ECB

Based on conceptual considerations and empirical studies, and in line with international practice, the Eurosystem has defined a narrow aggregate (M1), an "intermediate" aggregate (M2) and a broad aggregate (M3).

These aggregates differ with regard to the degree of "moneyness" of the assets included.

Table 1 shows the definitions of the euro area monetary aggregates using the definition of liabilities issued by the MFI sector, as well as by entities belonging to the central government sector (Post Offices, Treasuries) of the euro area.

Table 1: Definitions of euro area monetary aggregates

	M1	M2	M3
Currency in circulation	✗	✗	✗
Overnight deposits	✗	✗	✗
Deposits with an agreed maturity up to 2 years		✗	✗
Deposits redeemable at a period of notice up to 3 months		✗	✗
Repurchase agreements			✗
Money market fund (MMF) shares/units			✗
Debt securities up to 2 years			✗

Certains éléments ne font pas partie des agrégats monétaires, ce sont les placements des agents non financiers trop durables ou représentant un trop grand risque de perte en capital pour être jugés voisins de la monnaie : ils font partie des agrégats de placement. À titre d'exemple, citons les OPCVM en actions ou en obligations.

B • Le système bancaire

Étudier le système bancaire et son fonctionnement permet de mieux comprendre le lien existant entre d'un côté le crédit distribué et, de l'autre, l'offre de monnaie. Le système bancaire regroupe deux grands types de circuits monétaires et s'organise donc selon une hiérarchie à deux échelons.

Définir un circuit monétaire

Il s'agit d'une zone de circulation de la monnaie dans laquelle ne se pose pas le problème de conversion d'une forme de monnaie en une autre. À chaque circuit correspond une forme de monnaie : monnaies centrale, divisionnaire et scripturale.

Pour passer d'un circuit monétaire à un autre, il a été nécessaire d'établir une hiérarchie en deux échelons :

- le règlement des transactions des agents non financiers est assuré par les banques commerciales de second rang ;
- le règlement des transactions interbancaires (banques secondaires et Trésor) s'effectue par l'intermédiaire de la Banque centrale (BC). Tous les établissements de crédit ont obligatoirement un compte à la BC, grâce auquel ils effectuent entre eux des transferts de monnaie. Ce compte doit être approvisionné, faute de quoi, ils doivent se refinancer auprès de la BC.

➡ DEFINITIONS AND CONCEPTS OF BANKING INSTITUTIONS

Financial transactions between non-financial agents are carried out by commercial banks. When banking institutions face liquidity problems, they can refinance themselves by asking money from the Central Bank. Hence each banking institution possesses a current account at the Central Bank, which permits money to be transferred between both institutions (i.e. the Central Bank and the Commercial bank). However this refinancing facility has a cost: the interest rate fixed by the Central Bank. As a whole, all banking institutions are dependent on the Central Bank with regard to the amount of money they can provide to non-financial agents: they cannot create central bank money and need the refinancing facility to meet their interbank operations.

La Banque centrale joue un rôle décisif dans le processus de création monétaire en disposant d'une forme supérieure de liquidité : la monnaie centrale. Elle dispose du monopole d'émission, de façon à satisfaire la demande des agents en liquidité, et effectuer différents règlements interbancaires. Pour comprendre comment ces relations s'établissent avec les banques de second rang, les banques commerciales, on peut dans un premier temps se pencher sur le bilan proposé dans l'encadré ci-après.

Encadré 15. Le bilan d'une banque « de second rang »

Le bilan nous informe sur la situation du patrimoine de la banque. Du côté du passif, on va retrouver l'ensemble de ses ressources. Du côté de l'actif, on va savoir comment la banque les emploie. Lorsqu'il est question d'étudier plus particulièrement les relations que la banque commerciale (de second rang, secondaire...) entretient avec la Banque centrale, il faut s'attarder, du côté de l'actif et du passif, aux postes suivants :

Du côté de l'actif

- Caisse et Banque centrale. Ces postes regroupent les caisses en billets et devises ainsi que les avoirs en monnaie Banque centrale à moins de 24 heures ;
- les créances des établissements financiers au titre d'opérations bancaires.

Du côté du passif, il faudra s'intéresser :

- aux opérations Banque centrale, à savoir les dettes exigibles inférieures à 24 heures ;
- aux dettes des établissements de crédit au titre d'opérations bancaires.

Le bilan : structure

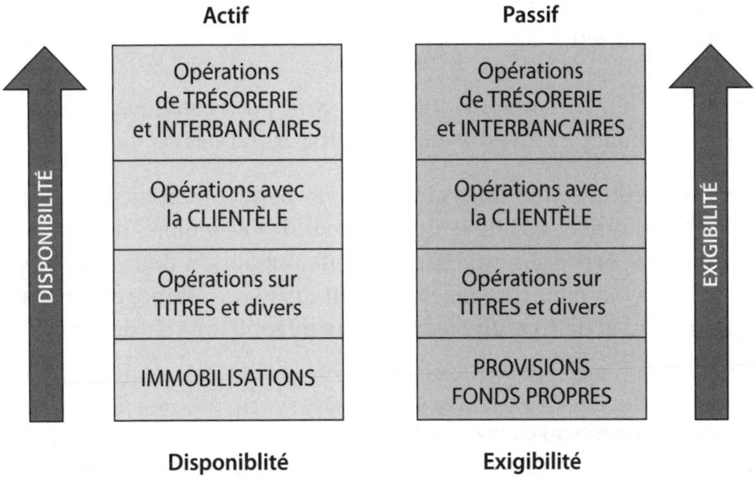

Tous les établissements de crédit, y compris le Trésor public, disposent donc d'un compte courant à la Banque centrale. Ce compte leur permet de régler leurs dettes, et on peut le trouver au passif du bilan de la Banque centrale. Du côté de l'actif du bilan de la Banque de premier rang, on va trouver l'ensemble des créances que cette dernière peut accorder : à l'économie, au Trésor Public, mais aussi à l'étranger. La Banque centrale fonctionne donc de la même manière qu'une banque de second rang. Mais son rôle n'est pas identique. Les banques commerciales créent notamment de la monnaie en alimentant le compte de leurs clients. La Banque centrale va surtout « refinancer » les banques, le trésor. Elle n'accordera que très rarement des crédits aux ménages ou aux entreprises (les créances dites « à l'économie »).

➥ THE CORE FUNCTIONS OF THE CENTRAL BANK

• The Central Bank must guarantee the cohesion of the banking system by:
- monitoring the activities of banking institutions;
- organizing interbank operations;
- acting as the lender-of-last-resort for banking institutions.

• The Central Bank controls the creation of money by:
- issuing money;
- providing facilities for refinancing operations of banking operations.

La Banque centrale, au moment de réaliser des opérations de refinancement, va fixer le prix de la monnaie centrale. En effet, quelle que soit la quantité de monnaie offerte, c'est son prix qui va déterminer la demande des banques et la capacité des banques à créer de la monnaie (et accorder des crédits).

La Banque centrale accepte de satisfaire la demande exprimée par le système bancaire, mais au prix qu'elle détermine en fonction de ses objectifs de politique monétaire. Elle fixe pour cela des taux d'intérêt que l'on appelle **taux directeurs**. Ceux-ci influencent les **taux à court terme sur le marché monétaire** sur lequel les banques prêtent et empruntent à court terme. En augmentant les taux directeurs, la Banque centrale augmente le coût du refinancement et limite les capacités de création monétaire des banques en renchérissant le coût du crédit. Il s'agit alors d'une politique monétaire restrictive visant à limiter l'inflation. Elle peut avoir pour conséquence soit de limiter la croissance en limitant les investissements, soit d'attirer des capitaux.

Inversement, en réduisant les taux directeurs, la Banque centrale réduit le coût du refinancement bancaire et facilite le financement de l'économie. Il s'agit alors d'une politique monétaire expansionniste. Ce genre de politique a pour but de soutenir la croissance et peut avoir pour conséquence de stimuler la croissance en facilitant le coût des investissements, et de conduire à des sorties de capitaux vers des pays où les taux d'intérêts sont plus élevés.

Un refinancement, comment ça marche ?
Le refinancement est une opération d'échange entre d'un côté la Banque centrale et de l'autre la banque commerciale. La Banque centrale va acheter un **effet représentatif de crédit** à la banque commerciale. Cette opération ne sera (en général) pas gratuite pour la banque commerciale, car **la Banque centrale va acheter cet effet en dessous de sa valeur** de remboursement. Si l'effet vaut 100 euros, que le crédit est censé durer 40 jours, à un taux annuel (*i*) de 9 %, le prix payé par la Banque centrale sera le suivant :

$$\text{Prix} = \text{Effet}\left(1 - \frac{i - \text{jours}}{360}\right), \text{ soit } 100\left(1 - \frac{0{,}09 \times 40}{360}\right) = 99$$

La Banque centrale va accepter de refinancer la banque commerciale en achetant son effet représentatif de crédit. Mais ce *refinancement coûtera* à la banque commerciale 1 euro. Il y a donc une **relation inverse entre le prix du titre et le taux d'intérêt** :

lorsque le prix du titre baisse, cela veut dire que le taux d'intérêt fixé par la Banque centrale a augmenté. Le refinancement coûte plus cher. Une **dépréciation du prix des actifs** traduit donc bien une politique monétaire restrictive, du fait d'un rehaussement du taux d'intérêt.

C • La création de monnaie

Une banque commerciale crée de la monnaie lorsqu'elle monétise diverses catégories d'actifs réels ou financiers (immeubles, terrains, opérations d'escompte, achats de devises, opérations de prêts…) et qu'en échange, elle crédite le compte de son client. La banque peut par exemple réaliser une opération de création monétaire lorsqu'un exportateur dépose des devises au guichet d'une banque et demande en échange d'être crédité sur son compte en euros. Et, dans ce cas, l'accroissement de la masse monétaire a pour contrepartie une augmentation des créances sur le système bancaire extérieur.

➡ Defining money creation

Bank deposits expand through a process of credit creation. While granting credit, banks increase the amount of liquidity available for the economy. This increase in money demand raises interest rates, which in turn increases the quantity of money supplied.

En général, on peut dire que **le processus de création monétaire est un jeu d'écriture** qui permet de monétiser une créance par l'émission d'une autre créance sur un établissement bancaire (encadré 16).

Encadré 16. La création de monnaie : la banque accorde un prêt d'une valeur de 100 000 €

Banque « B »		Société « Béta »	
Actif	**Passif**	**Actif**	**Passif**
Étape n° 1 : créance client : 100 000 €			Étape n° 1 : dette bancaire : + 100 000 €
	Étape n° 2 : DAV société « Béta » : + 100 000 €	Étape n° 2 : compte courant à la banque « B » : + 100 000 €	

À l'actif, la banque fait figurer la créance qu'elle possède désormais sur l'entreprise. Au passif, la banque crédite le compte de l'entreprise d'un montant équivalent sous forme de DAV.

Actif = Passif (création monétaire de 100 000 €)

En résumé, **un acte de création monétaire consiste à transformer une créance en moyen de paiement**. Ce pouvoir est exclusivement détenu par les institutions financières (banques secondaires, Trésor public et Banque centrale).

Encadré 17. La création monétaire comme contrepartie du crédit bancaire

Pour bien comprendre le caractère de la création monétaire, nous allons considérer le cas d'une banque unique. La forme monétaire (billets, dépôts...) n'étant pas fondamentale pour cette analyse, nous pouvons par exemple considérer que la monnaie est constituée uniquement de dépôts dans le système bancaire. Le bilan du système bancaire montre que pour qu'il y ait création monétaire, c'est-à-dire augmentation du passif, il faut que l'actif de la banque augmente. Supposons que les entreprises ou l'État demandent un crédit d'un million (...) au système bancaire. Si la banque accorde ce crédit (remboursable par exemple dans cinq ans), elle créditera le compte des entreprises d'un million (...). Les dépôts augmenteront du même montant et la masse monétaire aura donc augmenté d'un million (...). Cette création est temporaire puisque, lorsque le crédit aura été remboursé, la monnaie créée sera détruite. C'est donc l'augmentation des crédits accordés à l'économie qui engendre la création monétaire ou en d'autres termes « **les crédits font les dépôts** ».

Cependant, pour qu'il y ait création monétaire, **il faut qu'il y ait une demande de crédit de la part d'un agent non financier**, c'est-à-dire soit une augmentation des dépenses qui conduit à un besoin de financement de l'agent, soit une diminution de l'offre de titres qui conduit à une substitution titres-crédit et donc titres-monnaie.

Source : P. A. Muet, *Théories et Modèles de la Macroéconomie*, Economica, 1992.

La création monétaire a un impact direct sur le financement de l'économie. Deux sources de financement existent : le financement par ressources d'épargne et le financement par création monétaire. Les banques accordent des prêts à la fois sur ressources d'épargne provenant des dépôts des agents économiques et par création monétaire. Dans la section qui suit, nous verrons que ces deux types de financement jouent un rôle essentiel dans l'interprétation à faire du cycle économique, notamment dans les théories du surinvestissement.

SECTION II • Monnaie, épargne, crédit : les lectures théoriques possibles du cycle

L'intermédiation financière décrit des situations par lesquelles les agents économiques accèdent aux capitaux, que ce soit en passant par le marché, ou par les institutions financières. Un premier moyen d'illustrer à quel point ces pratiques d'intermédiation peuvent influencer le sens pris par le cycle économique est d'étudier la relation qui lie l'emprunteur à son prêteur : la relation d'agence (A). En effet, derrière cette relation clé, se cache un problème fondamental : celui de l'asymétrie informationnelle. Il existe toujours un certain degré d'incertitude associé à l'engagement que prennent ensemble prêteurs et emprunteurs. Et c'est cette petite part de hasard qui vient enrayer le processus et par là même générer l'instabilité dans l'économie. Si, comme le disait déjà Schumpeter en 1911, s'endetter appartient à l'essence de l'entreprise et n'a rien d'anormal, dans la théorie (B, C, D et E), c'est bien là que l'on va trouver l'essence même du cycle économique. Dès lors, la véritable difficulté commune à l'ensemble des théories économiques plaçant la monnaie, l'épargne et le crédit au cœur de la dynamique cyclique, reste encore et toujours la prise en compte de cette incertitude.

A • Le financement de l'économie

Les agents à besoin de financement, en général les entreprises et l'État, recherchent des financements auprès des agents à capacité de financement qui disposent d'un excédent d'épargne.

Une entreprise dispose de trois moyens de se financer :

- **Par autofinancement** : en utilisant ses propres réserves (*cash-flows*) provenant des bénéfices non distribués aux actionnaires. Selon les périodes et la situation conjoncturelle, les entreprises disposent de capacités de financement qui couvrent plus ou moins bien leurs besoins d'investissements. En période de ralentissement de la croissance, les entreprises ont tendance à moins investir et à augmenter leurs réserves. Inversement, en période de croissance, les entreprises ont tendance à investir davantage et leurs réserves ne suffisent pas toujours à financer leurs investissements. Elles peuvent donc recourir à du financement « externe ».
- **Par financement externe** :
  - **indirect** : le financement externe indirect consiste en un recours au financement auprès des institutions financières et bancaires. Il s'agit de l'intermédiation au sens strict. La banque collecte de l'épargne auprès des agents à capacité de financement et la redistribue sous forme de prêts bancaires aux agents à besoin de financement. La banque gère alors des échéances et des risques. Elle gère des échéances entre des exigences de retraites à court terme sur les dépôts et des exigences de remboursement à moyen et long terme. Elle gère des risques entre des retraits de dépôts certains et des risques de défaut des emprunteurs.
  - **direct** : il s'agit du recours aux marchés de capitaux pour se financer. L'entreprise émet des titres (actions, obligations…) sur les marchés financiers acquis directement par les agents à capacité de financement.

C'est au travers d'une relation d'agence que les agents à besoin de financement rencontrent les agents à capacité de financement. On dit qu'il existe une relation de mandat entre deux personnes lorsque l'une d'entre elles appelée le *mandataire* (ou *agent*) agit au nom d'une autre personne comme représentant, appelée le *mandant* (ou *principal*).

Une relation d'agence rend donc compte de la différence d'information existant entre le manager de l'entreprise ayant un besoin de financement (l'agent) et ses investisseurs (ici la banque). L'asymétrie informationnelle ajoute une dimension stratégique à l'étude des comportements entre mandataires et mandants. Elle est représentée par l'incertitude dans laquelle se conclut le contrat de dette et le risque auquel banquier et manager doivent faire face.

Cette notion de risque permet d'expliquer la présence d'équilibres anormaux pour les marchés financiers et bancaires. À titre d'exemple, on peut se référer à la désorganisation de l'intermédiation financière provenant directement d'une crise du crédit bancaire (voir le chapitre 4). Ces processus peuvent entraîner des phénomènes de sous-évaluation des risques, du surendettement, une fragilité financière des banques. Ce qui justifie le contrôle mis en place et exercé par la Banque centrale (Section III).

Box 18. European Banking

CHAPTER 1.

Agency Theory and the Monitoring Role of Banking Structures: a Theoretical Empirical Interpretation

In order to discuss the validity of bank finance towards market finance we need to present financial systems as institutions which reduce or eliminate problems of moral hazard or asymmetric information in relations between firms and financiers. Financiers typically have less information about firms than entrepreneurs or managers. Moreover, they are subject to various types of moral hazard: moral hazard concerning managerial effort, moral hazard concerning the riskiness of the firms' strategies and moral hazard concerning reported return realization *ex post*. These problems of moral hazard and asymmetric information cause difficulties for the provision of finance to industry (Jensen and Meckling 1976). Intermediaries are taken to reduce these difficulties by engaging in monitoring and control activities. Diamond (1984) presents an explicit example in which intermediation successfully reduces the agency costs of outside finance under moral hazard. In his analysis, the feasibility of financial intermediation rests on two key propositions:

- Monitoring and control of a firm involve natural scale economies: a single intermediary can monitor and control the firm at least as effectively as thousands of shareholders – but much more cheaply.
- If the intermediary has a well-diversified portfolio of firms that he finances then relations between himself and his own financiers – the final investors – are not much affected by moral hazard and asymmetric information because his own return is approximately riskless, so for him, fixed interest debt finance is feasible and does not involve any moral hazard.

On the basis of these two propositions, Diamond shows that under certain circumstances incentive-efficient allocations cannot be made without intermediation.
(…) As emphasized by Mayer, bank initiative and bank participation in entrepreneurial planning may be a way to obtain enough information and control to reduce the moral and informational hazards of finance to a tolerable level. (…)
Then according to this approach supervision seems to be profitable for both the bank and the shareholders which are ensured to obtain higher profit by reducing the agency costs. It will be interesting to analyze which type of contract is induced to exert such a control. In other words, are long term commitments necessarily needed to control firms.

Source: Elisabeth Paulet, *European Banking, historical roots and modern challenges*, Ed. Hermès, 2005.

➥ Questions for discussion: the agency theory (box 18)

- Explain the difference between bank finance and market finance.
- Why is it so important to counteract the moral hazard underlying each financial relationship?
- What would be the solutions for successful intermediation?
- Is financial supervision relevant in our actual financial system?

B • Quelques théories du surinvestissement

Dans la période 1898-1946, le cycle économique trouve une première source d'explication dans des approches théoriques définitivement tournées vers l'étude des processus de production et des processus monétaires. Dès 1898, K. Wicksell donne pour point de départ au cycle un choc exogène de nature monétaire : la baisse du taux d'intérêt du marché. Son analyse, en termes de processus cumulatifs (caractérisés par un mécanisme d'impulsion, de propagation et de bouclage), donne une grande importance aux concepts de stabilité et d'équilibre. Dans cette analyse, la responsabilité de la propagation du choc à l'ensemble de l'économie repose sur les banques commerciales. Cet argument a également été avancé par C. Juglar, lorsqu'il s'attachait à justifier la raison de la périodicité des crises commerciales.

Figure 6. Les fluctuations macroéconomiques dans l'analyse de Wicksell

<table>
<tr><th></th><th>1898
Processus cumulatif</th><th>1902/1905
Crises</th><th>1907
Cycles d'affaires</th></tr>
<tr><td>Impulsion</td><td colspan="3">Artificielle
(baisse du taux nominal)</td></tr>
<tr><td>Propagation</td><td>• Expansion du crédit
• Inflation</td><td>• Expansion du crédit
• Inflation
• Expansion de la production</td><td>• Distorsion de l'activité réelle (court terme)
• Distorsion de la répartition des revenus (long terme)</td></tr>
<tr><td>Perspectives de profit</td><td>Correctes</td><td>Fausses</td><td>Correctes</td></tr>
<tr><td>Coordination</td><td>Excès de demande de crédit éliminé par les réserves</td><td>Excès de demande de crédit qui se transforme en excès d'offre de crédit</td><td>Excès d'offre de crédit capté par la demande de crédit</td></tr>
</table>

Le cycle économique (ou processus cumulatif – figure 5) démarre suite à une baisse du taux d'intérêt du marché monétaire, qui perturbe les arbitrages individuels. **Ces arbitrages sont issus du différentiel établi par l'ensemble des agents économiques, dans leurs secteurs d'activité, entre le taux d'intérêt réel et son niveau naturel.**

Cette divergence de taux d'intérêt permet de retracer les fluctuations économiques. Un autre aspect essentiel à prendre en compte concerne alors la nature des anticipations des acteurs, et ce aux différentes phases du cycle.

Box 19. The Enigma of Business Cycles

(...) I have come to the conclusion that the decisive criterion for judging the tenability of various theories of crises must be obtained from experience, and from experience in a field where, unfortunately, official economic statistics give us no enlightenment. (...)

If we turn to more well-known theories of crises, then doubtless the most popular among these, in fact the only one ever to have enjoyed any real popularity is the familiar so-called overproduction theory. In scientific economics, it seems to me, a rather purposeless controversy has been carried on for a long time about whether or not general overproduction is possible or conceivable. If we take the concept of overproduction in its original, simple meaning, namely of a temporary condition when more is produced than is simultaneously consumed (...) then we must admit that overproduction, far from being impossible, belongs, on the contrary, to the every day and necessary phenomena of economic life. (...)

To my mind there is no question that the latter type of overproduction is closely related to crises and "bad times".

The contradictions only arise when, as is usually the case, one views or considers overproduction as the effective cause of bad times. In that case one usually reasons that during so-called good times production in all its branches is so greatly stepped up that after a while it exceeds society's capacity to consume, the inventories thereby accumulated being kept liquid for a time by speculation and with the aid of credit.

But at last the latter fails to do further service, and bankruptcies, deflation, lay-offs and mass unemployment are then the consequence. Economic life drags itself through a number of "bad" years until the commodity surplus has had time to vanish, prices begin rising once more, and the same cycle begins all over again.

Source: *The Enigma of Business Cycles*, Knut Wicksell, Statsokonomisk Tidsskraft, 21, 1907.

➥ Questions for discussion: the enigma of business cycles (box 19)

- If, according to Wicksell, over-production "belongs to the everyday economic life", does it occur during "good times" (expansions) or during "bad times" (recessions)?
- Turning to figure 5 and reading box 19, where would you place over-investment: during the expansionary or recessionary phases of the cumulative process?
- Is inflation a cause or a consequence of business cycles fluctuations?

L. Von Mises, dès 1912, mais surtout en 1940, proposera une lecture des cycles économiques basée sur la prise en compte de la nature avant tout subjective des processus décisionnels. Dans un monde d'incertitude, où les anticipations ne peuvent être rationnelles (au sens des nouveaux classiques, voir Chapitre 3, Section I, B), l'économie construit en elle-même un potentiel d'instabilité dont il devient de plus en plus difficile de cerner les limites.

L. Von Mises a été le premier à proposer une représentation théorique des canaux d'influence de la monnaie sur l'économie réelle. Les fluctuations de l'activité économique trouvent leur explication dans les effets générés par la création monétaire sur la structure des prix relatifs, et une part importante est donnée aux décisions d'investissement élaborées, en situation d'incertitude, par les agents.

Pour D. H. Robertson (1915), la monnaie est l'instrument d'amplification et de propagation du cycle économique.

Et pour R. G. Hawtrey, les périodes d'expansions sont avant tout caractérisées par une croissance marquée de la production de capital fixe, et inversement dans les périodes de récession. Selon lui, le cycle économique est donc surtout lié à la production manufacturière, et au niveau général des prix. L'expansion est provoquée par l'accroissement du crédit, qui résulte d'une baisse du taux d'escompte. Il s'ensuit une augmentation du niveau général des prix.

➥ DEFINING THE TRADE CYCLE, ACCORDING TO HAWTREY (1927)

> "The trade cycle is above all a periodical fluctuation in manufacturing activity and in the price level, the two fluctuating together."

Puis, remettant au premier plan les motivations d'investissements des acteurs au sein de l'accordéon subi par le processus de production caractérisant le cycle économique, F. A. Von Hayek propose l'hypothèse d'une dispersion du savoir.

S'appuyant sur les travaux fondateurs de L. Von Mises, F. A. Von Hayek tente en effet de résoudre le problème de l'incertitude à laquelle se trouvent confrontés les agents économiques au moment de leur prise de décision. Dans l'objectif d'expliquer les booms d'épargne volontaire, mais aussi et surtout les booms du crédit qui caractérisent selon lui les fluctuations de l'activité, il supposera donc que les acteurs n'ont, en situation d'incertitude, qu'un accès limité à l'information.

L'effet « Concertina » s'explique alors avant tout par le fait que les acteurs réajustent leurs plans d'investissements au fur et à mesure du temps. La dynamique cyclique repose dans cette approche sur l'alternance de phases de surinvestissement et de sous investissement, lorsqu'il est fait usage d'une monnaie de crédit.

Figure 7. Un boom du crédit selon Hayek

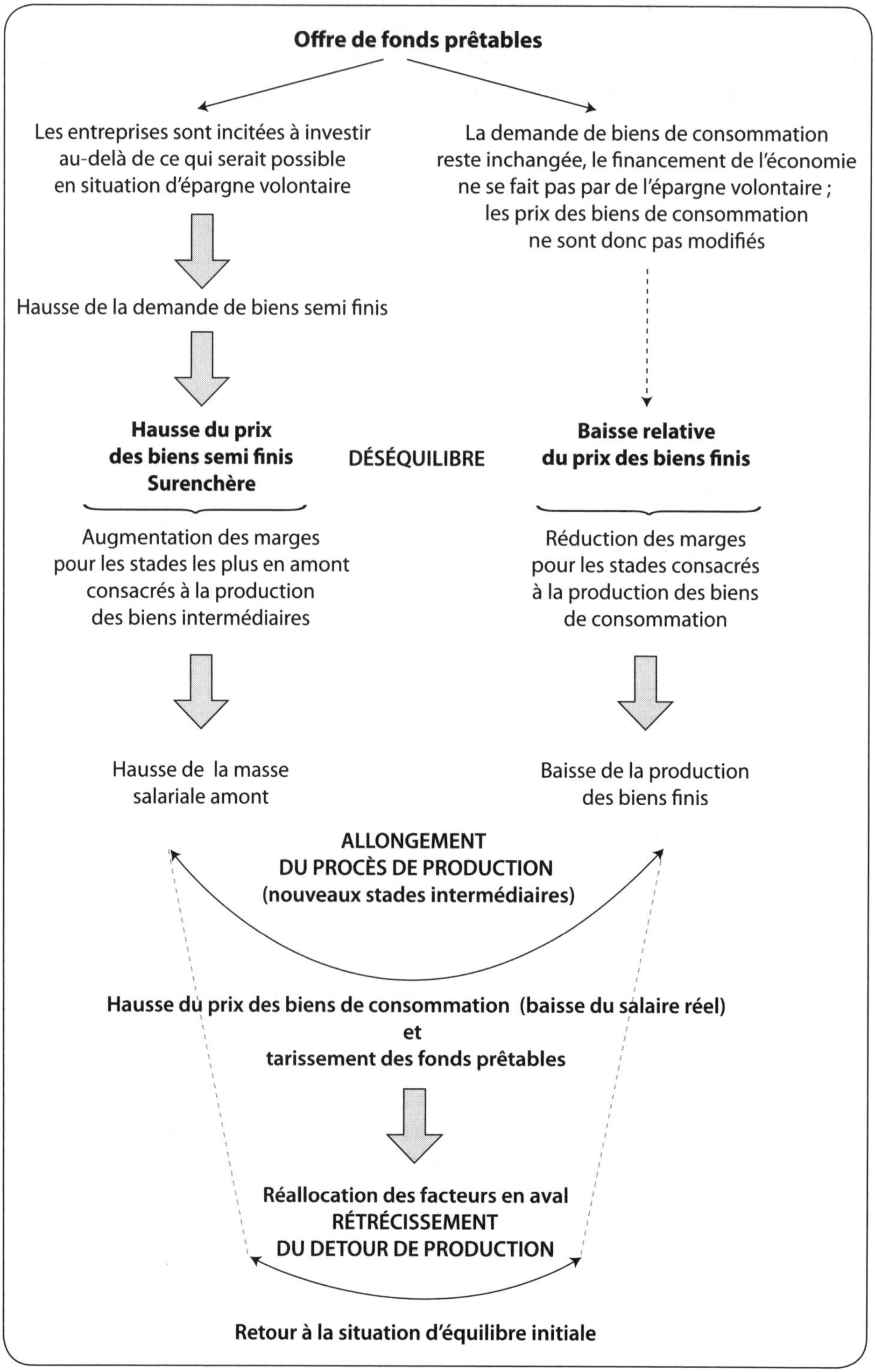

C • L'analyse des classiques

Historiquement, les premières analyses qui développent le concept de demande de monnaie naissent dans l'interprétation de l'équation quantitative de la monnaie.

L'analyse de Fisher : l'équation quantitative de la monnaie

L'analyse de Fisher (1911) repose sur l'équation des échanges suivante :

$$M V = PT \quad (1)$$

Dans laquelle (M) est la masse monétaire de l'économie, c'est-à-dire la quantité de monnaie disponible, (P) est le niveau général des prix, (T) le nombre de transactions et (V) la vitesse de circulation de la monnaie dans l'économie : c'est-à-dire le nombre de fois qu'une unité monétaire est utilisée pour des achats et pour une période donnée.

La vitesse de circulation de la monnaie dépend donc des habitudes des individus, au travers des moyens de paiements que ceux-ci préfèrent utiliser au quotidien. Le cadre dans lequel ces échanges s'exercent joue également un rôle sur la vitesse de circulation de la monnaie. En effet, si le règlement des transactions est facilité ou s'exerce dans un cadre flexible (la synchronisation entre les décaissements réalisés d'un côté et les encaissements de l'autre est essentielle), la circulation de la monnaie sera d'autant plus rapide. Dans l'univers des classiques, lorsque l'économie est à l'équilibre, la vitesse de la monnaie restera constante et le volume des transactions ne se modifiera pas (il aura atteint son maximum). En conséquence, toute augmentation de la quantité de monnaie (M) se caractérisera par une hausse des prix d'égale proportion (P) : on parle de neutralité de la monnaie à long terme.

Box 20. The Debt Deflation Theory of Great Depressions, Irving Fisher

(…) "Cycle Theory" in General

1. The economic system contains innumerable variables – quantities of "goods" (physical wealth, property rights, and services), the prices of these goods, and their values (the quantities multiplied by the prices). Changes in any or all of this vast array of variables may be due to many causes. Only in imagination can all of these variables remain constant and kept in equilibrium by the balanced forces of human desires, as manifested through "supply and demand".

2. Economic theory includes a study both of (a) such imaginary, ideal equilibrium – which may be stable or unstable – and (b) disequilibrium. The former is economic statics; the latter, economic dynamics. So-called cycle theory is merely one part of the study of economic disequilibrium.

(…)

18. In particular, as explanations of the so-called business cycle, or cycles, when these are really serious, I doubt the adequacy of over-production, under-consumption, over-capacity, price dislocation, mal-adjustment between agricultural and industrial prices, over-confidence, over-investment, over-saving, over-spending, and the discrepancy between saving and investment.

•••

• • •

19. I venture the opinion, subject to correction on submission of future evidence, that, in the great booms and depressions, each of the above-named factors has played a subordinate role as compared with two dominant factors, namely over-indebtedness to start with a deflation following soon after (...). In short, the big bad actors are debt disturbances and price – level disturbances. (...)

24. Assuming, accordingly, that, at some point of time, a state of over-indebtedness exists, this will tend to lead to liquidation, through the alarm either of debtors or creditors or both. Then we may deduce the following chain of consequences in nine links:

(1) ***Debt liquidation leads to distress selling*** and to (2) ***Contraction of deposit currency***, as bank loans are paid off, and to a slowing down of velocity of circulation. This contraction of deposits and of their velocity, precipitated by distress selling, causes (3) ***A fall in the level of prices***, in other words, a swelling of the dollar.

Assuming, as above stated, that this fall of prices is not interfered with by reflation or otherwise, there must be (4) ***A still greater fall in the net worths of business***, precipitating bankruptcies and (5) ***A like fall in profits***, which in a "capitalistic", that is, a private-profit society, leads the concerns which are running at a loss to make (6) ***A reduction in output, in trade and in employment*** of labor.

These losses, bankruptcies, and unemployment, lead to (7) ***Pessimism and loss of confidence***, which in turn lead to (8) ***Hoarding and slowing down still more the velocity of circulation***. The above eight changes cause (9) ***Complicated disturbances in the rates of interest***, in particular, a fall in the nominal, or money, rates and a rise, in the real, or commodity rates of interest.

Source: *The Debt Deflation Theory of Great Depressions*, Irving Fisher, *Econometrica 1*, 1933.

➥ Questions for discussion: Debt deflation and great depressions (box 20)

- Why does Irving Fisher use the term "equilibrium" in the first section?
- Why in this analysis is business cycle theory the study of "economic disequilibrium"?
- Summarize Fisher's interpretation of a business cycle.
- What are the two main elements Fisher focused on?

Dans un tel contexte, les anticipations des agents sont formées à partir des informations disponibles.

Le taux d'intérêt de Fisher

Fisher formulera en 1930 la relation suivante :

$$1 + i = (1 + r)\,(1 + \pi^a) \quad (2)$$

Où i est le taux d'intérêt nominal, r le taux d'intérêt réel et π^a l'inflation anticipée par les agents dans l'économie.

Sous certaines conditions, on peut approximer la relation précédente de sorte que :

$$r = i - \pi^a \quad (3)$$

Le taux d'intérêt nominal est le taux d'intérêt proposé sur le marché. Le taux d'intérêt réel est le taux d'intérêt corrigé du niveau de l'inflation (taux de croissance des prix). Si l'on s'intéresse à la relation (3), on voit que ce taux d'intérêt réel, pour Fisher, est le taux d'intérêt corrigé de l'inflation à laquelle s'attendent les agents économiques.

Dans l'analyse quantitative, on suppose la neutralité de la monnaie, ce qui implique qu'une augmentation de monnaie n'aura pas d'impact sur le taux d'intérêt réel *r*. Ainsi pour Fisher, à long terme, la variation de l'inflation se caractérisera par une variation proportionnelle du taux d'intérêt nominal.

L'équation de Cambridge

Marshall (1922) et Pigou (1917) proposeront ensuite de mettre en évidence la demande de monnaie. Pour cela, ils se proposent de réinterpréter l'équation des échanges en ne raisonnant, non plus sur un volume de transactions (T), mais sur le revenu des agents (Y) :

$$MV = PY \quad (4)$$

Et la vitesse de circulation de la monnaie devient alors une vitesse-revenu, c'est-à-dire le nombre de fois qu'une unité monétaire est transformée en revenu au cours d'une période choisie.

Mais l'école de Cambridge privilégiant une analyse en termes réels de la monnaie et non en termes nominaux, l'équation précédente sera surtout utilisée sous la forme suivante :

$$M / P = kY \quad (5)$$

Le terme de gauche représente l'encaisse monétaire réelle, c'est-à-dire le pouvoir d'achat de la monnaie (M). Le paramètre (k) est un coefficient d'utilisation de la monnaie : il permet de calculer la proportion de revenu que les agents décident de conserver sous forme de monnaie et ce de façon permanente. Le terme de droite représente en conséquence la demande de monnaie. Puis, au moment d'étudier le cycle économique, Pigou soulignera la prédominance du facteur monétaire (box 21).

Box 21. "Correctives of the Trade Cycle", A. C. Pigou

1. Any attempt to understand fully the process of events that make up any particular trade cycle is baulked by lack of relevant statistics. We are familiar with the general notion of depression passing into revival, revival into boom, and boom again into depression, but we have no adequate information about what happens either to production in the aggregate, or to the consumption of different classes of people, or to the stocks of goods of various kinds stored up in shops and warehouses. For want of information on these and other vital matters we cannot test and control our analysis in the way that we should wish to do. We can make for ourselves a rough picture of a typical trade cycle; and we know enough to be sure that this picture is not wildly out of drawing. But about the details and even about some of the broad lines there is, and, until the statistical data at our disposal are greatly improved, there must remain a distressingly large measure of uncertainty. This necessary insecurity of diagnosis makes difficult the task of prescription and treatment. **We are moving in a half light**, in which dogmatic assertion is out of place and a cautious and tentative spirit is alone appropriate.

2. On the surface the trade cycle appears as a movement of money prices and money profits. "Every business establishment is supposed to aim primarily at making money. When the prospect of profit improves, business becomes more active. When the prospect grows darker, business becomes dull" (Mitchell, *Business Cycles and Unemployment*, p. 6).

• • •

The framework of modern industrial life being a monetary framework, this is inevitable. But it would be a gross fallacy to infer, as is sometimes done, that, because the trade cycle always presents itself in a money garment, therefore the forces that underlie its movement necessarily reside in the money system. (…)

4. If the life of industry was steady and continuous, the rates of flow and the volume of all these various streams of things would always be the same; or, more exactly, since the numbers of the population are not constant, they would change gradually in proportion as population changed. In the actual world, however, instead of this kind of constancy, we find that **succession of wave-like movements which constitutes the trade cycle**. As has already been indicated, existing statistics do not enable us to depict these wave-like movements at all adequately. One thing, however, is quite clear. The aggregate amount of work done, the volume of goods of all sorts that flow into the lake at the producer's end, and the volume of consumable goods that flow out of it at the consumer's end, all expand in the upward phase of the cycle, and all contract in the downward phase. It is, indeed, in these successive general expansions and general contractions that the trade cycle essentially consists. (…)

9. We have then, in **rough summary**, this result. Even in a community in which the level of general prices was stabilized there would be some tendency towards the occurrence of trade cycles, due, in the main, to a **rhythmical recurrence of errors of optimism and errors of pessimism among business men**, the interval between the two sorts of error being partly dependent on the time that it takes for business ventures to yield their fruit and partly upon the intervention of specially good or bad harvests or other external accidents. In the actual world, where the general level of prices is not stabilized, the processes set up on the side of money and banking by upward and downward in business confidence react in a powerful way both to enhance these movements of business confidence and also, apart from that, through bounties to business men in good times and imposts upon them in bad times, to enlarge the scale of industrial fluctuations. (…)

Source: "Correctives of the Trade Cycle", A. C. Pigou, *Is Unemployment Inevitable?* Ed. W. Layton, London Macmillan, 1923.

➥ Questions for discussion: Pigou's vision of business fluctuations (box 21)

- According to Pigou, why are we "moving in a half light"?
- Re-state Pigou's analysis of the business cycle.
- How can the concepts of "errors of optimism" and "errors of pessimism" finally explain business fluctuations?

Comme Mises et Hayek, Pigou s'interroge sur l'incertitude à laquelle sont confrontés les agents au moment d'élaborer leurs prévisions. Cette incertitude pousse les agents à constituer une encaisse de précaution. Et cette encaisse de précaution dépendra notamment du niveau du taux d'intérêt dans l'économie, et de la possibilité que les agents ont ou non d'accéder facilement au crédit. Pour Pigou, les agents pourront également décider de réaliser des placements monétaires : en cela, il devance Keynes.

D • L'analyse keynésienne

L'analyse faite par Keynes de la monnaie a évolué tout au long de ses écrits. On distingue ainsi trois étapes bien distinctes. Dans un premier temps, Keynes reste attaché à l'équation de Cambridge. Puis, dans sa *Théorie générale*, il modifiera sa conception de la demande de monnaie en introduisant le concept de la préférence pour la liquidité.

Le projet économique de Keynes s'appuie sur l'hypothèse fondamentale que les agents économiques sont confrontés à une situation dite « d'incertitude radicale », c'est-à-dire non quantifiable (probabilisable) au sens de Knight (1921).

Encadré 22. Keynes : des idées simples et fondamentales

(...) Des points fixes

Il semble paradoxal de vouloir bâtir toute une nouvelle vision de l'économie sur un postulat d'incertitude. Que les décisions économiques soient entachées d'incertitude est une évidence pour tout le monde ! Quel est le problème ?

Le débat porte, non pas sur l'incertitude en tant que telle, elle est incontournable, mais sur la manière par laquelle elle est introduite dans le raisonnement économique. L'analyse économique limite généralement son point de vue aux cas où un calcul de probabilité est possible. Keynes s'extrait de ce domaine restreint, quitte à fournir la théorie d'un futur non probabiliste.

Comment traduire, dans les comportements économiques, cette double incertitude ? L'accent est mis sur le rôle des anticipations. « ***Anticiper est l'acte par lequel on prend par avance les mesures et moyens nécessaires pour tirer parti du fait ou de l'événement prévu*** » (Barrère, 1990, p. 46). Il est facile d'admettre que face à un futur incertain, les agents économiques sont amenés à formuler des prévisions desquelles ils tirent leurs propres anticipations. Étant donné la double nature de l'incertitude (probabilisable et non probabilisable), il s'ensuit deux mécanismes d'anticipation, à court terme et à long terme.

Le calcul des agents économiques ne s'appuie pas seulement sur une information certaine fournie par le marché (le constat d'un prix par exemple) mais aussi sur des prévisions totalement incertaines. Comment dans ces conditions asseoir une décision ? Un entrepreneur qui souhaite augmenter sa production n'est amené à le faire que si des revenus supplémentaires apparaissent. Donc, tout producteur isolé n'anticipera une production plus grande que s'il admet que les autres entrepreneurs en feront autant. C'est en ce sens qu'il faut parler d'un comportement conventionnel distinct de la décision « rationnelle », et ajouter au marché un ajustement par la convention.

Au total, **le projet économique de Keynes se déroule ainsi** :

- L'incertitude oblige les agents économiques à formuler des anticipations, rendues cohérentes entre elles par le jeu de la convention. Parallèlement, elle fait naître une préférence pour la liquidité, laquelle conditionne toute la dépense monétaire.
- Au niveau de l'économie globale, il en résulte, sous la forme d'un effet émergeant, une contrainte macroéconomique exprimée dans le principe de la demande effective.
- Le programme de l'économie keynésienne se ramène à la construction et à l'analyse d'un circuit uniquement ou purement monétaire.

Source : « Des idées simples et fondamentales », *Keynes, Les enjeux de la Théorie générale*, Lucien Orio et Jean-José Quilès, Armand Colin, 2009.

➥ Questions de compréhension et de réflexion : des idées simples mais fondamentales (encadré 22)

- Expliquez la définition donnée aux anticipations.
- Qu'est-ce que cela implique en situation d'incertitude radicale ?
- Pourquoi est-ce si paradoxal de faire reposer une analyse du cycle sur une telle hypothèse ?

Pour décrire la demande de monnaie, Keynes utilise donc le terme de préférence pour la liquidité, puisqu'il reprend la définition selon laquelle la monnaie est le seul actif liquide.

Cette préférence pour la liquidité est motivée, à travers les fonctions de la monnaie, par **trois motifs** :

- **Le motif de transaction** : il englobe le besoin de monnaie pour réaliser les échanges courants des agents. Ce motif se décompose en deux autres sous-motifs : le motif dit de revenu pour les dépenses des ménages et le motif dit des entreprises qui recouvre leurs besoins normaux en trésorerie. Comme le nombre de transactions s'élève au fur et à mesure que s'élève le revenu (Y), on considère logiquement que le motif de transaction augmentera avec le revenu. Le besoin de monnaie, c'est-à-dire la demande liée à ce motif, augmentera en même temps que le revenu.
- **Le motif de précaution** : il est lié à l'incertitude portant sur la situation économique future. Keynes repère deux sortes d'incertitude :
  - **au moment des dépenses** : les agents gardent une quantité de monnaie afin de faire face aux dépenses imprévues (maladie par exemple). Plus leur revenu augmentera, plus ils auront tendance à mettre de côté.
  - **au niveau des taux d'intérêt** : pour faire face aux dépenses imprévues décrites ci-dessus, les agents peuvent être obligés de vendre leurs actifs financiers (qu'il s'agisse d'actions, d'obligations ou de produits d'épargne), ce qui peut les priver dans le futur du rendement de ces mêmes actifs. Pour pallier ces situations, les agents pourront choisir de garder de la liquidité, ce qui ne sera pas sans rapport avec le niveau du taux d'intérêt.
- **Le motif de spéculation** : il est lié à la spéculation portant sur l'achat ou la vente d'actifs financiers. Lorsque, par exemple, le prix d'un actif financier est faible (ce qui implique un taux d'intérêt élevé)[1], et que l'agent s'attend à ce que ce prix augmente dans le futur (ce qui implique un taux d'intérêt plus faible), il peut décider de l'acheter aujourd'hui pour le revendre demain.

La demande de monnaie formulée par les agents économiques se justifie donc, dans l'analyse keynésienne, par ces trois motifs. Dans l'économie keynésienne, contrairement aux classiques, la monnaie peut être désirée pour elle-même. Pour les tenants de la théorie quantitative, seul le motif de transaction est pris en considération.

1. La relation inverse existant entre le prix d'un actif et le taux d'intérêt a été présentée dans la Section I, B.

Encadré 23. « Wicksell, Keynes et Hicks ou les avatars du processus cumulatif »

La vision keynésienne du cycle

(...) Citons, brièvement, l'auteur du *Treatise* :

« Comme les variations annuelles du stock de capital exprimé en pourcentage de ce stock sont assez faibles, les fluctuations du taux d'intérêt naturel sont des mouvements de longue période, s'étendant sur des dizaines d'années (...). **Quand un mouvement de longue durée affecte à la hausse le taux d'intérêt naturel, il y a, par conséquent, une tendance prolongée de l'investissement à être inférieur à l'épargne.** (...)
Aussi longtemps que l'investissement suit (ou précède) l'épargne d'un certain montant (il n'est pas nécessaire que l'écart entre les deux s'accroisse) les prix vont continuer à baisser (ou à monter) sans limites ».

Ces quelques lignes illustrent bien la filiation entre la pensée keynésienne de 1930 et la wicksellienne.

Mais Keynes ira plus loin que Wicksell dans l'interprétation des mouvements cycliques des prix et des taux d'intérêt. Certes, pour lui comme pour son prédécesseur, la dynamique économique est commandée par les fluctuations du taux naturel. Mais le mouvement est entretenu par un facteur monétaire : le comportement du système bancaire. C'est dans la prudence des banques, et plus particulièrement des Banques centrales qu'il convient de rechercher l'explication des longs mouvements cycliques.

Citons une nouvelle fois Keynes : « le taux d'intérêt prévalant sur le marché, mesuré par le taux de rendement des obligations à long terme suit avec retard l'évolution du taux naturel (...). Aujourd'hui, le fait que sur la place de Londres **la distribution de crédits bancaires n'obéit pas entièrement aux mécanismes d'un marché parfait** en est sans doute la cause. De plus quand l'épargne nouvelle doit trouver son principal débouché dans des investissements à l'étranger, ce manque de sensibilité de l'un par rapport à l'autre doit être particulièrement marqué (...) ».

(...) Keynes ne critiquait pas, à ce propos, les Banques centrales, observant que leur prudence de bon aloi ne les avait pas empêchées de chercher à contrôler, sur la longue période, l'inflation ; ainsi écrit-il : « le degré de contrôle qui a existé durant les cent dernières années, visant à ajuster l'offre de monnaie au statu quo est généralement sous estimé ; (...) en fait, les Banques centrales ont montré qu'elles s'adaptent généralement bien plus aux variations de l'offre d'or, relativement à sa demande ».

Source : « Wicksell, Keynes et Hicks ou les avatars du processus cumulatif », Thierry Chauveau, *Cahiers d'économie politique*, 2001.

➥ Questions de compréhension et de réflexion : les avatars du processus cumulatif (encadré 23)

- En quoi y a-t-il « filiation » entre la pensée keynésienne et la pensée wicksellienne ?
- Définissez le taux d'intérêt naturel.
- Pourquoi le mouvement cyclique est-il « entretenu » par « le comportement du système bancaire » ?
- Qu'est-ce qu'une « distribution de crédits bancaires » dans un « marché parfait » ?
- Pourquoi est ce que Keynes ne critique pas les Banques centrales ?

E • La demande de monnaie selon Friedman

Contrairement à Keynes qui ne prenait en compte (dans le motif de spéculation) que les actifs financiers et la monnaie, Milton Friedman se propose de réévaluer entièrement cette demande de monnaie en considérant cette fois-ci tous les actifs : actifs financiers, actifs monétaires et actifs réels, autrement dit, tout le patrimoine des agents économiques qui demandent de la monnaie. Dans ce cadre, seul le revenu permanent influence véritablement la demande de monnaie. Dès lors, la demande de monnaie (Md) se réduit à l'expression suivante :

$$Md / P = f(Y/P) \quad (6)$$

Où Y représente ici le revenu permanent, P le niveau général des prix.

Ainsi et contrairement à Keynes, la demande de monnaie n'est plus fonction du taux d'intérêt. La monnaie n'est plus demandée que pour des motifs de transactions et Milton Friedman réhabilite ainsi la théorie quantitative de la monnaie. Il fonde alors un contre-courant des propositions keynésiennes : le monétarisme, qui exprime le versant monétaire de l'analyse classique de la macroéconomie.

Encadré 24. « Les désaccords de Friedman vis-à-vis de l'analyse keynésienne », selon Roger Garrison

Plusieurs de ces désaccords, cités ou sous-entendus par Friedman (1970), figurent dans la liste suivante :

1. Les keynésiens croient que le taux d'intérêt, phénomène selon eux principalement, si ce n'est totalement, monétaire, est déterminé par l'offre et la demande de monnaie. Les monétaristes croient que le taux d'intérêt, phénomène selon eux principalement réel, est déterminé par l'offre et la demande de fonds prêtables, marché qui reflète pleinement les occasions et les contraintes réelles du secteur de l'investissement.

2. Dans l'optique keynésienne, une modification du taux d'intérêt a peu d'effet sur l'investissement (total) ; dans l'optique monétariste, une modification du taux d'intérêt a un effet substantiel sur l'investissement (total). Cette différence reflète, en grande part, l'orientation des keynésiens vers le court terme et celle des monétaristes vers le long terme.

3. Les keynésiens conçoivent un mécanisme étroit par lequel la politique monétaire affecte le revenu national. Plus précisément, la création de monnaie diminue le taux d'intérêt, ce qui stimule l'investissement et donc l'emploi, ce qui engendre à son tour de multiples cercles vertueux de dépenses accrues et d'augmentation du revenu réel. L'attention presque exclusive portée sur ce type d'effet, combinée avec la croyance que l'investissement est inélastique vis-à-vis du taux d'intérêt, rend compte de la préférence keynésienne pour la politique fiscale, au détriment de la politique monétaire, comme moyen de stimuler ou de retarder l'activité économique.

• • •

Les dépenses gouvernementales ont un effet direct sur le niveau d'emploi ; la création de monnaie n'a qu'un effet indirect et faible. Les monétaristes conçoivent, eux, un mécanisme de marché très vaste par lequel la création de monnaie stimule la dépense dans toutes les directions – pour des biens d'investissement anciens comme nouveaux, pour des avoirs réels comme financiers, pour des biens de consommation comme pour des biens d'investissement. Les revenus nominaux augmentent partout comme conséquence de la création de monnaie mais, avec une demande de monnaie stable en termes réels, l'augmentation du niveau des prix est simplement proportionnelle à la croissance nominale de la monnaie, de sorte que les revenus réels restent inchangés.

4. Les keynésiens pensent que les anticipations de profit à long terme, qui selon eux ne se basent jamais sur la réalité, sont sujettes à des changements inattendus. La prospérité économique repose sur un optimisme non fondé ; la dépression économique sur un pessimisme lui aussi sans fondement. Les monétaristes pensent que les anticipations de profits reflètent, pour la plupart, les préférences des consommateurs, les contraintes portant sur les ressources et les facteurs techniques tels qu'ils existent bel et bien.

5. Les keynésiens estiment que les revers économiques sont attribuables aux instabilités caractéristiques d'une économie de marché. Un effondrement soudain de la demande de fonds d'investissement, déclenchée par une perte de confiance irrationnelle et inexplicable de la part du monde des affaires, est suivi par de nombreux cercles vicieux de baisse des dépenses et du revenu. Les monétaristes estiment que les revers économiques sont attribuables à une politique monétaire idiote ou malencontreuse. Une contraction monétaire injustifiée fait pression sur les revenus et sur le niveau de la production pendant la période au cours de laquelle les prix et les salaires nominaux s'ajustent à l'offre réduite de monnaie (...)

Source : « Les désaccords de Friedman vis-à-vis de l'analyse keynésienne », Roger Garrison, *Dissent of Keynes*, chapitre 8, titre original « Is Milton Friedman a Keynesian? », 1992.

2

CHAPITRE

➥ Questions de compréhension et de réflexion : les désaccords de Friedman vis-à-vis de Keynes (encadré 24)

- En quoi est-ce plus pertinent que le taux d'intérêt soit déterminé par l'offre et la demande de fonds prêtables, plutôt que par l'offre et la demande de monnaie ?
- En quoi le fait que l'investissement soit « induit » dans l'analyse keynésienne positionne cette approche dans le court terme ?
- Différenciez l'impact d'une politique monétaire expansionniste dans l'univers keynésien de son impact dans l'univers monétariste.
- Quelle définition les monétaristes retiennent-ils pour les anticipations de profit ?
- Quels sont les principaux facteurs explicatifs d'une récession chez les keynésiens et les monétaristes ?

SECTION III • Politiques monétaires et déséquilibres économiques

Qu'un revers économique soit lié à une perte de confiance de la part des investisseurs ou à une erreur de politique monétaire, le taux d'intérêt reste le premier instrument sur lequel on peut tenter le pilotage de l'activité. Ainsi, que l'on soit d'obédience keynésienne ou monétariste, la politique monétaire a toute son importance dans un projet qui cherche à protéger l'économie de bulles spéculatives aussi néfastes que contre-productives. Tout dépend alors de la manière dont est porté ce projet par les instances monétaires que sont les Banques centrales. En la matière, les objectifs de la Banque centrale européenne (A) ne sont pas ceux de la Réserve fédérale américaine (B). Mais, dans un monde où la liquidité mondiale devient incontrôlable, la prise en compte de la spéculation sur le prix des actifs n'est pas sans poser des difficultés aux banquiers centraux (C). En effet, si les Banques centrales continuent aujourd'hui de limiter l'offre de crédit des banques commerciales, le fait que les banques fassent de plus en plus appel au marché pour se financer crée une incertitude supplémentaire, difficile sinon impossible à juguler.

A • La Banque centrale européenne (BCE)

La Banque centrale européenne est une institution récente, puisque mise en place en 1998. Elle est devenue opérationnelle le 1er janvier 1999 avec le lancement de l'euro. Aucune autre Banque centrale moderne n'a été crée *ex nihilo* par la volonté politique de plusieurs États dans le cadre d'un traité. Cette institution supranationale est donc unique en son genre.

Chargée à la fois de définir et de conduire la politique monétaire des pays de la zone, elle assure également le contrôle de la création monétaire. Dans ce cadre, la Banque centrale européenne dépasse l'objectif de l'ancien Système monétaire européen (SME). En effet, elle ne se contente pas d'organiser les relations « monétaires » entre les pays, la BCE est une institution indépendante des pouvoirs politiques nationaux et communautaires.

Les missions fondamentales de la Banque centrale européenne consistent à :

- définir et conduire la politique monétaire interne des pays de la zone euro et d'assurer le contrôle de la création monétaire ;
- conduire les opérations de change entrant dans le cadre de la politique de change et de la communauté ;
- détenir et gérer les réserves officielles de change des États membres ;
- veiller au bon fonctionnement des systèmes de paiement et contribuer à la bonne conduite des politiques menées par les autorités compétentes (le contrôle prudentiel des établissements de crédit et la stabilité du système financier étant essentiels).

Définition : le SME

Le Système monétaire européen, élaboré en 1978 et mis en œuvre en 1979, avait pour objectif de stabiliser les monnaies européennes dans une période de turbulences internationales. Il a permis de poser les premiers jalons de l'union monétaire.

Figure 8. L'indépendance des autorités monétaires

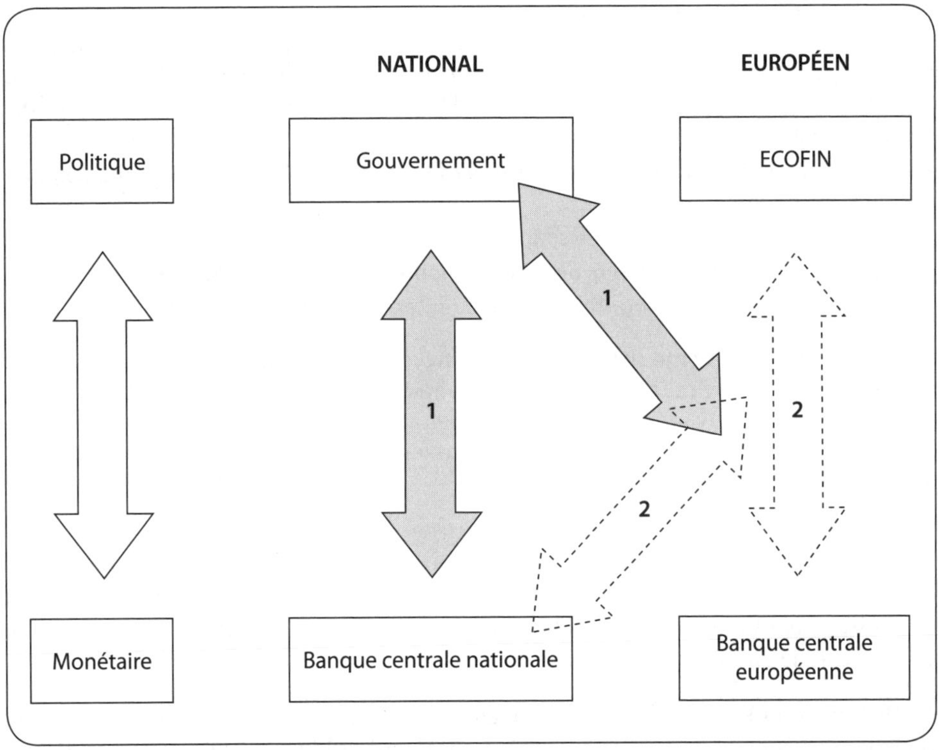

Il y a indépendance des autorités monétaires nationales et européennes vis-à-vis des gouvernements nationaux (relations 1). Mais il y a également indépendance entre les autorités monétaires, qu'elles soient nationales ou européennes, vis-à-vis des instances économiques créées à l'échelle de l'Union (relations 2), c'est-à-dire la Commission européenne et ECOFIN, le conseil des ministres de l'économie et des finances, qui ne dispose que d'un rôle consultatif.

L'objectif final et prioritaire est la stabilité des prix. Il s'agit donc de maîtriser l'inflation. La théorie économique qui sous-tend cette politique est bien connue et a été développée dans la section précédente : la politique de la Banque centrale européenne s'inspire du courant monétariste.

➥ The ECB's definition of inflation

• It is generally defined as a broad increase in prices
In a market economy, prices for goods and services can always change. Some prices rise, some prices fall. Inflation occurs if there is a broad increase in the prices of goods and services, not just of individual items.

• Some price changes are more important than others
When calculating the average increase in prices, the prices of products we spend more on – such as electricity – are given a greater weight than the prices of products we spend less on – for example, sugar or postage stamps.

• Different people buy different things
Every household has different spending habits: some have a car and eat meat, others travel solely by public transport or are vegetarian. The average spending habits of all households together determine how much weight the different products and services have in the measurement of inflation.

For measuring inflation, all goods and services that households consume are taken into account, including:

- everyday items (such as food, newspapers and petrol);
- durable goods (such as clothing, personal computers and washing machines);
- services (such as hairdressing, insurance and rented housing).

• Compare the price of the shopping basket, from year-to-year
All the goods and services consumed by households during the year are represented by a "basket" of items. Every product in this basket has a price, which can change over time. The annual rate of inflation is the price of the total basket in a given month, compared to its price in the same month one year previously.

La BCE, au travers du conseil des gouverneurs, décide de la stratégie générale et des instruments (taux d'intérêt et taux de change) à utiliser pour atteindre ses objectifs et conduire la politique monétaire. Dans ce cadre, elle surveille la croissance monétaire et le niveau de l'inflation.

La BCE conduit sa politique monétaire en actionnant trois manettes : **les opérations d'*open market*** permettant d'offrir ou de retirer des liquidités sur le marché monétaire interbancaire, **les facilités permanentes** qui ont pour but de réguler les liquidités au jour le jour, et **les réserves obligatoires**. Ce mécanisme contraint chaque établissement de crédit à constituer des réserves en fonction des dépôts qu'il gère.

➥ Definition of price stability

The ECB's Governing Council provides a precise definition of price stability:
"Price stability is defined as a year-on-year increase in the Harmonised Index of Consumer Prices (HICP) for the euro area of below 2%."

La politique monétaire dispose d'un impact non négligeable sur les cycles économiques. Cet impact a été étudié à la lumière des différentes théories exposées dans les sections précédentes. La fixation du taux d'intérêt nominal par la Banque centrale est un moyen de piloter l'économie tout au long du cycle économique.

Dans l'analyse keynésienne, une politique monétaire accommodante pourra favoriser l'investissement des entreprises et ainsi, par le biais d'un effet multiplicateur, bénéficier à l'ensemble de l'économie. Puis, lorsque l'inflation est trop forte, une politique monétaire plus restrictive permettra de limiter le volume de crédit en circulation dans l'économie.

Les monétaristes préconisent quant à eux une intervention de la Banque centrale uniquement lorsque la stabilité des prix est en jeu : l'équilibre entre création de monnaie et croissance du PIB doit se faire au travers du cadrage de l'inflation.

Un autre élément central de la préoccupation de la BCE est la crédibilité. Celle-ci s'exerce notamment au travers du taux d'inflation anticipée par les agents.

De façon plus générale, cette notion de crédibilité est étroitement liée à l'intégration, par les agents, des mesures monétaires prises par la BCE. Et au-delà de l'éventuel décalage temporel qui peut faire qu'une mesure efficace prise aujourd'hui l'est aujourd'hui mais ne le sera pas demain, tout est question de cohérence.

Même si les agents perçoivent avec retard (ou pas du tout) l'efficacité de la politique monétaire menée par la Banque centrale, cette dernière se doit de conserver une ligne de conduite stricte et rarement sujette aux surprises.

La crédibilité d'une institution aussi jeune repose en effet sur la cohérence, observable, entre la mise en œuvre présente et passée de la politique et le programme annoncé par les responsables.

L'intervention de la Banque centrale sur les taux directeurs influence le montant de liquidité et de crédit octroyé pour le financement de l'activité productive (figure 8). Ce qui de fait déterminera le niveau général des prix. Tout choc externe amènera la Banque centrale à envisager les mesures de politique monétaire nécessaire pour garantir les objectifs préalablement fixés (contrôle de l'inflation et garantie de la stabilité économique et financière).

➥ The ECB

Besides the virtual circle leading from the Official interest rates to the general level of price, the ECB is in charge of correcting moves away from the equilibrium trend by using monetary instruments.

Figure 9. When Monetary Policy Affects Real Activity, according to the ECB

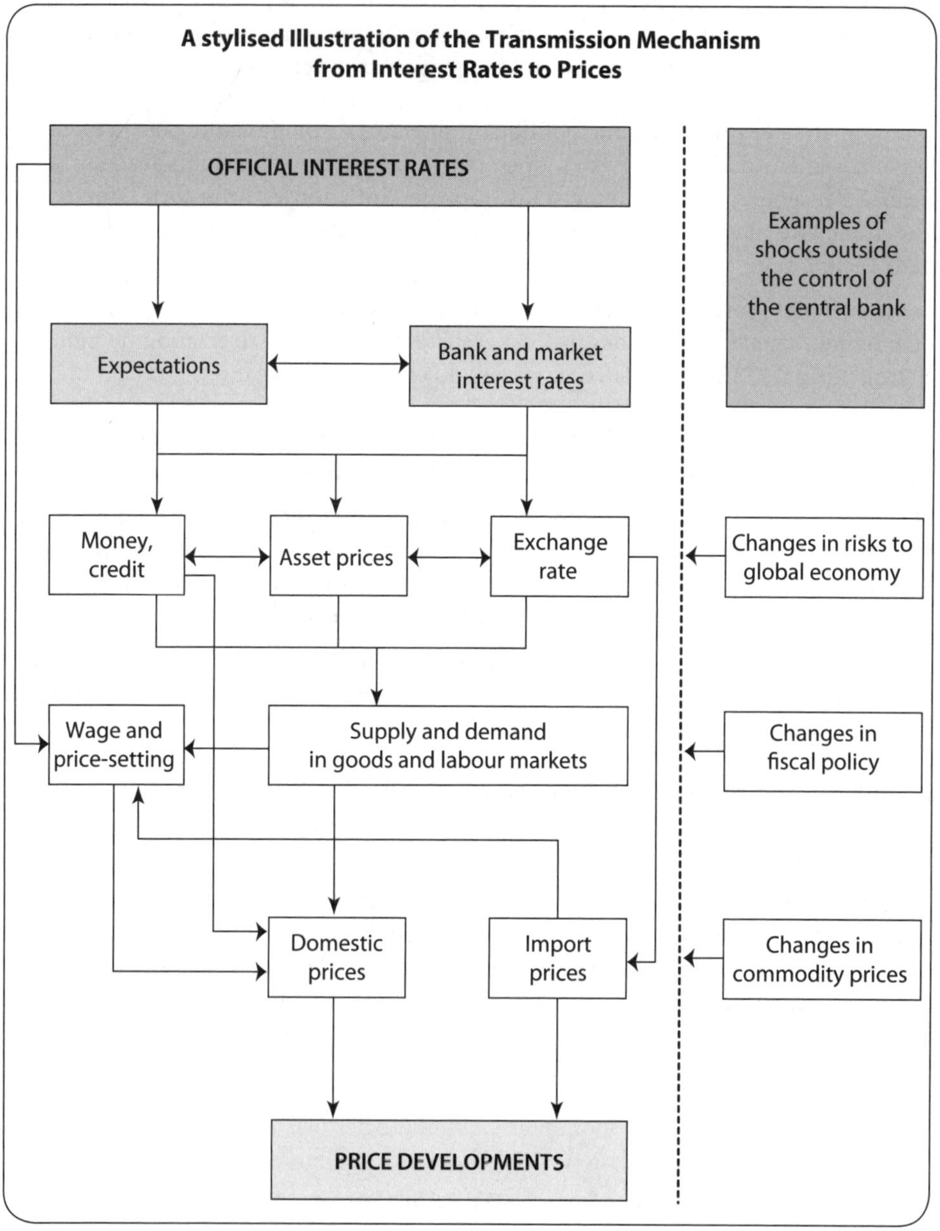

➡ Questions for discussion: when the monetary policy affects real activity (figure 8)

- How do expectations affect the setting of wages and prices?
- How can money and the credit supply influence the goods and labor markets?
- What could the ECB's reaction be to a change in commodity prices?

B • La Réserve fédérale américaine (FED)

La Banque centrale américaine, la FED, établit la politique monétaire de la nation en promouvant des objectifs de plein-emploi, de stabilité des prix et de fixation d'un niveau de taux d'intérêt de moyen-long terme modéré. Un réseau de douze banques fédérales et leurs agences est en charge de distribuer à travers tout le pays la liquidité nécessaire au bon fonctionnement de l'économie, de superviser et contrôler les banques et institutions financières membres de leur réseau et d'agir en tant que banquier du Trésor. Ces douze banques fédérales sont chacune responsables d'une zone géographique ou d'un district des États-Unis (figure 9).

Figure 10. The twelve Federal Reserve District[1]

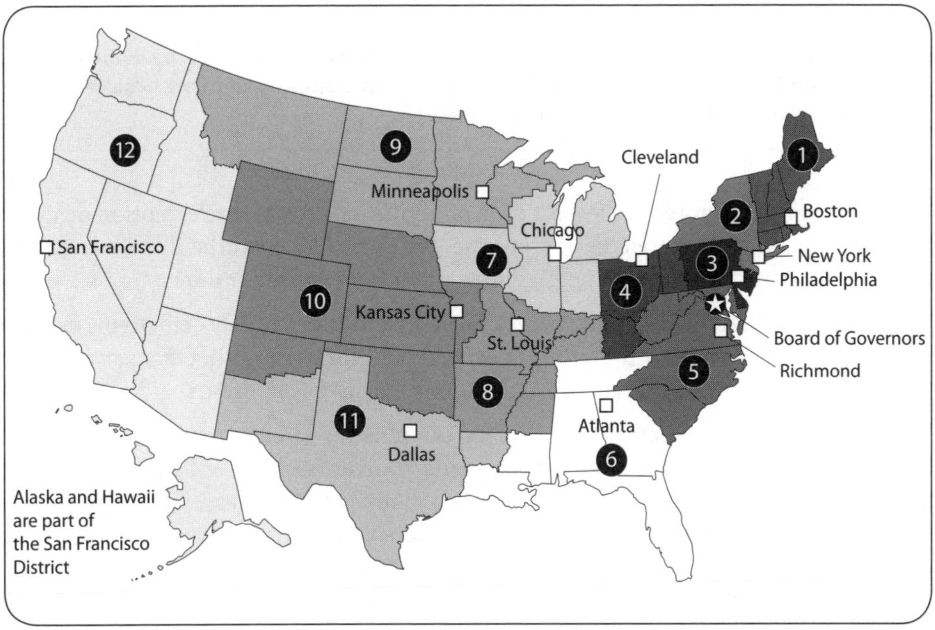

Les objectifs assignés par le Congrès à la Réserve fédérale sont clairement définis : il s'agit de promouvoir le plein-emploi et de maintenir l'inflation à un niveau acceptable tout au long du cycle économique. La stabilité des prix à long terme est alors une condition essentielle à la création d'une croissance soutenue.

Dans ce cadre, la règle de Taylor constitue un bon moyen d'illustration de la politique monétaire américaine (box 25).

1. http://www.federalreserve.gov/otherfrb.htm

Box 25. The Taylor Rule, according to the FED

The "Taylor rule", named after the prominent economist John Taylor, is another guide to assessing the proper stance of monetary policy. **It relates the setting of the federal funds rate to the primary objectives of monetary policy** – that is, the extent to which inflation may be departing from something approximating price stability, and the extent to which output and employment may be departing from their maximum sustainable levels.

For example, one version of the rule calls for the federal funds rate to be set equal to the rate thought to be consistent in the long run with the achievement of full employment and price stability plus a component based on the gap between current inflation and the inflation objective, less a component based on the shortfall of actual output from the full employment level.

If inflation is picking up, the Taylor rule prescribes the amount by which the federal funds rate should be raised or, if output and employment are weakening, the amount by which it should to be lowered.

Puis, au moment d'apprécier l'impact de la politique monétaire sur l'évolution du cycle économique, on peut se référer à la **courbe des taux**. Cette courbe illustre la valeur prise par les taux d'intérêts sur un placement, en fonction de leur durée.

Il existe ainsi différentes sortes de courbes de taux : tout dépend de l'émetteur, du secteur où a lieu l'émission, et du rating associé au placement souscrit. On a par exemple la courbe des taux de rendement des obligations émises par le Trésor.

Cette courbe est généralement croissante, car plus les taux portent sur une durée importante, plus le risque associé à ce genre d'investissement est grand (les taux longs sont alors supérieurs aux taux courts). Lorsque les investisseurs s'attendent à une baisse de l'inflation, cette courbe peut cependant être décroissante, ou plate. Une politique monétaire restrictive (qui se traduit par une remontée des taux courts), ayant pour objectif de lutter contre l'inflation, peut en effet renverser cette courbe : les taux courts devenant alors supérieurs, ou égaux aux taux longs. Certains économistes considèrent ainsi que la forme prise par cette courbe peut servir d'indicateur pour le cycle économique : lorsque la courbe des taux s'inverse, cela peut vouloir annoncer une récession.

De façon générale, les écarts entre les taux d'intérêt à long terme et les taux de court terme sont faibles (voire négatifs) à l'approche du sommet d'un cycle tandis que, en creux de cycle, les écarts sont élevés. Le pilotage de la politique monétaire par le biais du taux d'intérêt est donc essentiel. Ce taux influence le coût et le volume du crédit, la quantité de monnaie en circulation, le rendement des placements financiers, mais aussi le taux de change.

Pourtant, il est parfois difficile d'arbitrer entre des considérations strictement monétaires comme le contrôle de l'inflation (entraînant des pressions sur les prix et l'emploi) et la stabilisation des activités réelles visant à encourager la croissance. Pour illustrer ce dilemme, la FED constitue un bon exemple.

La politique de la FED depuis les années 1980

Depuis les années 1980, la FED pratique un contrôle du taux d'intérêt de court terme de manière à surveiller indirectement les taux de marché. Pour des raisons de croissance, la FED a pratiqué une politique de taux directeurs très bas. Lorsqu'ils sont déflatés du niveau de l'inflation, ces taux sont même devenus négatifs. Une telle orientation n'est pas sans danger car elle peut conduire à des phénomènes d'instabilité : le crédit devient extrêmement bon marché, ce qui favorise les phénomènes de bulles spéculatives.

Pour prévenir ces situations d'instabilités potentielles pour le système bancaire il est nécessaire de s'interroger sur le niveau de crédit acceptable et définir le niveau de réserves obligatoires exigées pour les banques par la Banque centrale, ainsi que leur niveau de capitalisation en vue de faire face à des pertes éventuelles.

Box 26. The Federal Reserve Means: Summary

The Federal Reserve implements monetary policy through its control over the federal funds rate – the rate at which depository institutions trade balances at the Federal Reserve. It exercises this control by influencing the demand for and supply of these balances through the following means:

- **Open market operations** – the purchase or sale of securities, primarily U.S. Treasury securities, in the open market to influence the level of balances that depository institutions hold at the Federal Reserve Banks.
- **Reserve requirements** – requirements regarding the percentage of certain deposits that depository institutions must hold in reserve in the form of cash or in an account at a Federal Reserve Bank.
- **Contractual clearing balances** – an amount that a depository institution agrees to hold at its Federal Reserve Bank in addition to any required reserve balance.
- **Discount window lending** – extensions of credit to depository institutions made through the primary, secondary, or seasonal lending programs.

Les autorités monétaires imposent à toutes les institutions de dépôts (qui incluent les banques commerciales, les banques de dépôts, les associations de crédits et les *credit unions*), domestiques ou étrangères, de constituer des réserves obligatoires. Celles-ci sont calculées sur la base de la masse des dépôts à vue des clients et déposées sur un compte courant non rémunéré à la FED, dans le but de limiter la création monétaire. Ces réserves obligatoires augmentent artificiellement la dépense des banques de second rang en monnaie centrale et limitent leur possibilité de crédit (figure 10).

Figure 11. Required Reserve Balance in the US

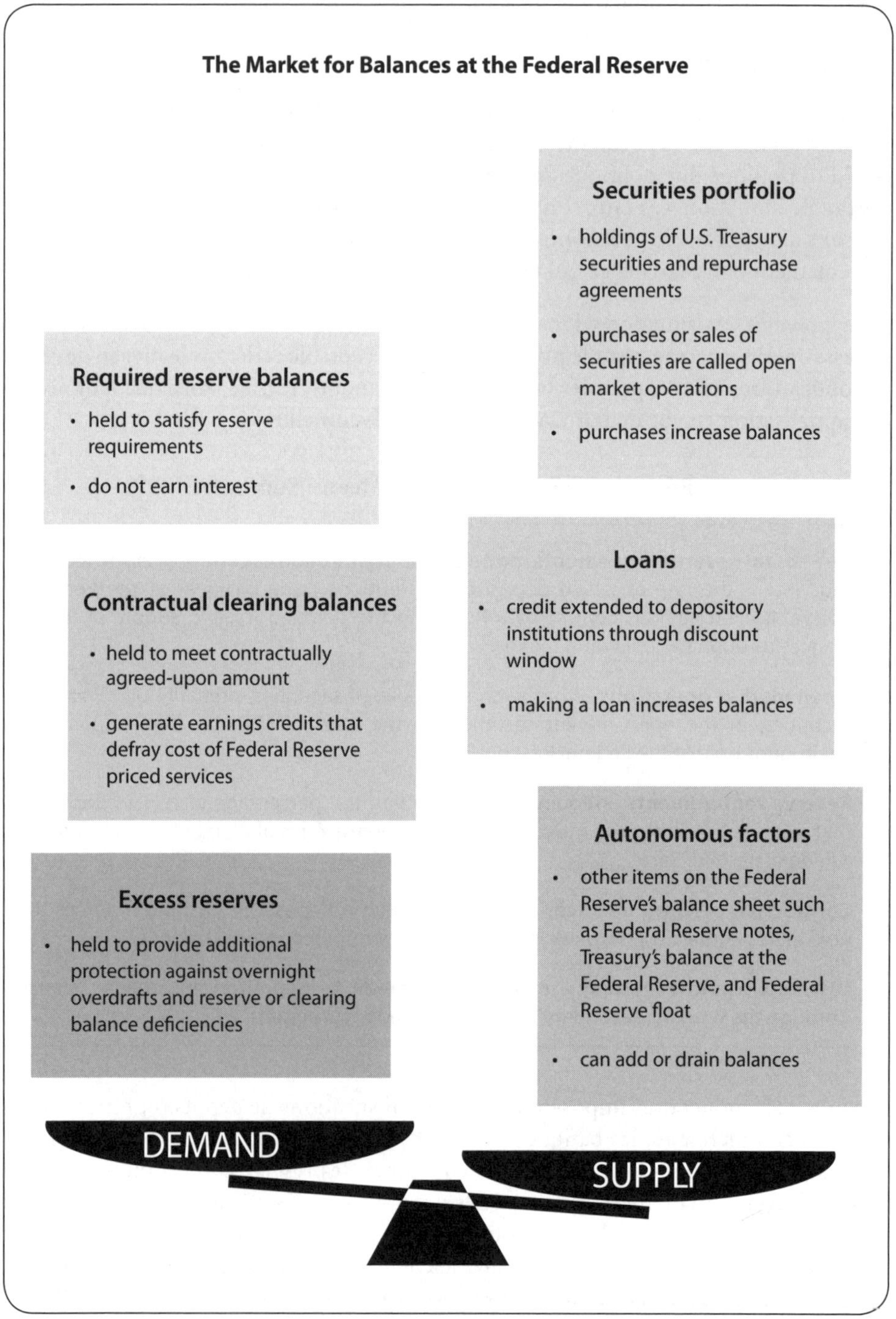

Au-delà du niveau légal de réserves imposées par les autorités, il peut être demandé aux banques de constituer des réserves excédentaires pour faire face à une crise financière éventuelle. En ce sens, les régulateurs veulent davantage protéger le système bancaire des risques pris par les banques. Ce ratio prudentiel est donc plus contraignant que la seule obligation de constituer des réserves obligatoires. En effet, c'est un ratio où tous les actifs (*securities portfolio, loans and autonomous factors*) sont pris en compte pour évaluer le risque réellement encouru par les banques et donc la constitution de réserves adéquates.

C • Spéculation financière et ciblage du prix des actifs

La prise en compte du marché des actifs accentue l'instabilité potentielle d'un système dans lequel le crédit reste sous la tutelle indirecte de la Banque centrale (par le biais du taux d'intérêt nominal et du niveau des réserves). Si la Banque centrale continue aujourd'hui de limiter l'offre de crédit des banques commerciales, le fait que les banques fassent de plus en plus appel aux marchés pour se financer crée une incertitude supplémentaire pour les agents économiques. En effet, dans un monde d'incertitude où les anticipations sur le prix des titres ne sauraient trouver d'ancrages réels, l'économie construit en elle-même un potentiel d'instabilité dont il devient de plus en plus difficile de cerner les limites, et qui se traduit par une auto-réalisation des anticipations des agents.

Figure 12. "A Debt Economy" according to Aubin, Berdot & Leonard, 2006

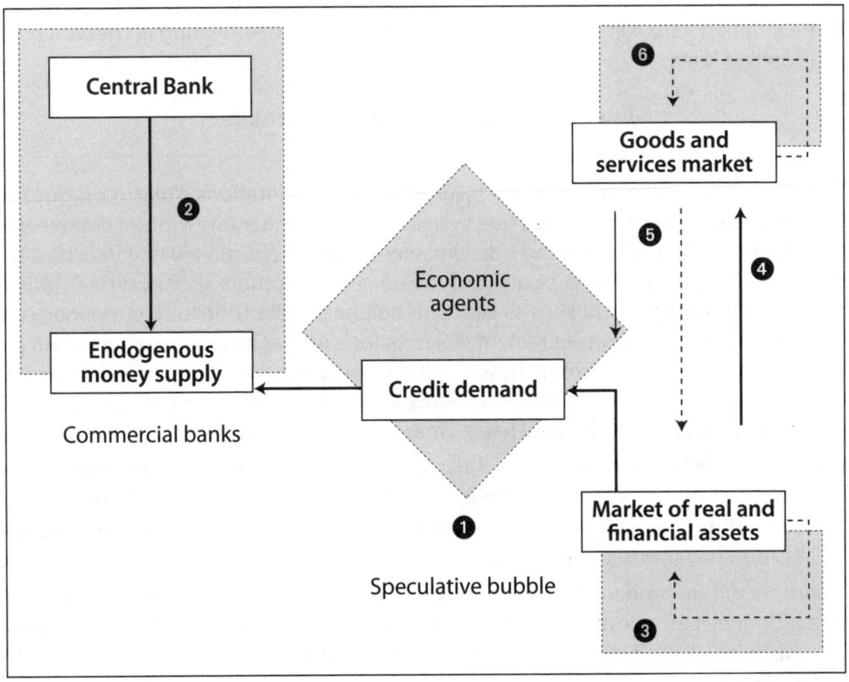

➡ A DEBT ECONOMY

Miia Parnaudeau, "Financialization of European Economies", Chapter 5, Financial Markets and the Banking Sector, *Pickering & Chatto Publishers, 2009.*

(...)

In figure 4, credit demand is associated with economic agents' two distinct financing needs (❶). The first relates to their activities in the goods and services market, and the second to their desire to accumulate a certain number of real and financial assets. This demand for credit should elicit a response from the commercial banks, only if the Central Bank allows it (❷). The credit distribution thus authorised confirms the agents' bullish expectations on the price of assets: they are self-fulfilling. Rising asset prices improve agents' balance sheets, further increasing their capacity to borrow. Increased use of credit frees up expenditure in the market for goods and services but also in the market for real and financial assets. This results in the formation of a speculative bubble (❸), due to the rising appreciation of real and financial assets, and to beneficial effects (growth, employment, etc.) in the goods and services market (❹) and ❻). The draught effect thus generated in this market further encourages speculation (❺).

Economic agents form rational expectations limited by the partial ignorance (the absence of real anchors, whether for the supply of money or the price of assets) which they face. They are not irrational or blind. **Economic agents use debt as a competitive instrument, creating cumulative financial instability in the economy**.

The money supply becomes endogenous, and expectations are self-fulfilling. As long as the Central Bank retains an accommodating position, authorising the distribution of credit, agents will remain confident and the bubble will grow. Increased debt and asset appreciations create a self-maintaining effect of (artificial) wealth, showing favourable economic signals, particularly in terms of employment and growth. In economies with moderate inflation variability, it may then be a while before overheating is checked by rising nominal interest rates.

Encadré 27. La liquidité incontrôlable

Il n'aura pas fallu longtemps pour voir resurgir les vieilles tentations d'hier. Alors que tous les observateurs étaient persuadés que la crise allait provoquer une rupture durable dans les comportements et les pratiques de la planète finance, chacun a vite constaté, dès le printemps 2009, aux premiers bourgeons, qu'un certain nombre d'acteurs de l'industrie financière, et non des moindres, n'avaient plus qu'une priorité : que tout redevienne comme avant (...). Ceci est particulièrement vrai pour les banques américaines qui se sont précipitées en rangs serrés sur le marché à la première occasion, afin d'y lever des milliards de dollars pour satisfaire aux conditions des stress tests, mais aussi pour rembourser au plus vite les fonds injectés à leur capital par le Trésor américain à l'automne 2008. (...)

La preuve que la finance veut déjà oublier la crise et n'attendait qu'un modeste encouragement pour remettre le couvert : le jour où la préférence pour la liquidité (autrement dit, la peur) diminue, les investisseurs renouent illico avec leurs (mauvaises) habitudes. Et il y a plusieurs raisons à cela.

D'abord, la soif de rendement (...). Ensuite, ce que l'on appelle couramment le mimétisme rationnel. Les investisseurs portent tous leur choix sur les mêmes actifs au même moment, ce qui accroît fortement le rendement de ceux qui font l'objet d'une telle sollicitude collective. (...)

• • •

• • •

Leur comportement est parfaitement optimal dans une situation de concurrence à court terme où l'écart de performance est très rapidement et fortement pénalisé. À titre individuel, tout autre comportement serait même suicidaire. Certes, mimétisme et panurgisme ne sont pas nouveaux sur les marchés financiers. Mais si la puissance dévastatrice du consensus a pris une telle ampleur lors de la dernière crise financière, c'est que, pour la première fois, tous les moutons de Panurge s'étaient embarqués sur le même bateau en se gavant des mêmes produits financiers sophistiqués. (…) Et il faut redouter que, la peur de perdre s'étant une fois de plus dissipée, les investisseurs – à nouveau saisis par le syndrome de l'appât du gain – profitent de la politique de « *money rain* » menée par les Banques centrales pour reprendre la chasse au rendement. Dès lors, on peut s'attendre à voir exploser bien d'autres bulles et le paysage après explosion ne sera pas beau à voir.

Résumons-nous. Nous sommes confrontés à la situation suivante : une croissance excessivement rapide de la liquidité avec un ratio liquidité/PIB très élevé ; un désendettement durable qui devrait exclure l'utilisation de cette liquidité pour financer le retour à une croissance rapide du crédit ; une absence d'inflation sur les prix des biens et services. Dans un tel contexte, lorsque l'économie mondiale sortira de l'équilibre déflationniste soft avec forte préférence pour la liquidité dans lequel elle s'est installée, le scénario le plus probable est celui d'une hausse très forte de tel ou tel prix d'actif (matières premières, obligations d'entreprises, actions, titres des émergents) et la formation de nouvelles bulles encore plus dangereuses que les précédentes.

(…) Si la liquidité mondiale est surabondante et dès lors que l'inflation sur les prix des biens et services ne peut revenir, les déséquilibres monétaires mondiaux se traduisent non plus par la hausse des prix des biens et services (à l'exception éventuellement du prix des matières premières), mais par la formation de « bulles » qui voyagent en quelque sorte d'un actif à l'autre, au gré des engouements successifs des investisseurs et des épargnants. Et, en ce qui concerne les matières premières, par exemple, les prix montent en raison de leur rareté, mais aussi du fait qu'elles sont de plus en plus utilisées comme « actifs » par les investisseurs, qu'il s'agisse bien sûr du pétrole, mais aussi bien de l'aluminium, du cuivre ou du sucre… Voilà pourquoi on observe des cycles de prix d'actifs qui sont de moins en moins corrélés avec les cycles économiques, mais de plus en plus liés à l'interaction entre l'excès de liquidité et les engouements (ou l'aversion pour le risque) des investisseurs. Cette déconnection entre marchés financiers (prix d'actifs) et économie réelle est très préoccupante, puisqu'elle signifie que les prix des actifs ne donnent plus d'indication fiable sur la situation de l'économie réelle et reflètent seulement la quantité de liquidité et les comportements le plus souvent mimétiques des investisseurs, lesquels peuvent très bien se désintéresser du cycle réel.

Source : *La liquidité incontrôlable*, P. Artus & M. P. Virard, Pearson, 2010.

2 CHAPITRE

➥ Questions de compréhension et de réflexion : la liquidité incontrôlable (encadré 27)

- Expliquez en quoi et pourquoi la préférence pour la liquidité des investisseurs se trouve à la base de la crise 2007.
- Qu'est-ce qu'une politique de « *money rain* » et en quoi cela peut-il perturber l'économie réelle ?
- En quoi cet « équilibre déflationniste *soft* » décrit par les auteurs assombrit les perspectives de croissance à venir ?
- Pourquoi l'inflation sur les prix des biens et services ne sert plus d'indicateur de surchauffe dans une économie ?

- Par quel biais utiliser les matières premières comme actifs permet-il aux investisseurs d'engranger des liquidités ?
- En quoi cette déconnection entre cycle d'actifs et cycles réels est-elle réellement préoccupante ?

It has been proven that **the economic forecasting by agents of each others' behaviour** can actually lead to instability and contribute greatly to the shortening the business cycle. The complexity and suddenness of the most recent crisis raise questions not only about how this crisis can be resolved, but also how similar crises can be prevented in the future.

It has been shown **that it is impossible to control bias in expectations and their consequences: the existence of speculative bubbles**. The goal is therefore to promote more efficient market operation, contributing to greater transparency and facilitating the transmission of information among the various operators.

However, beyond this statement, we need to take one step further, **changing individual practices and including them in a more collective approach aimed at achieving greater permanence of the real economy**. The most recent crisis has drawn attention to two points. While the developed economies have proven their ability to withstand financial crashes, they have also been restricted to assuming the limits of these crashes: action by individual countries is pointless unless it is part of a more global process.

Conclusion
Synthèse du second chapitre

L'environnement hautement financiarisé dans lequel évoluent désormais banques et entreprises met au premier plan la manière dont ces acteurs motivent leurs décisions stratégiques. Ces décisions découlent directement de leurs anticipations à venir, élaborées dans un contexte d'incertitude. Les différentes théories exposées dans ce second chapitre, focalisées sur la monnaie, l'épargne ou le crédit comme élément fondamental de l'analyse du cycle se heurtent toutes à ce concept d'incertitude, qu'il soit quantifiable ou non.

La **monnaie** remplit les fonctions de moyen d'échange, d'unité de compte et de réserve de valeur. Les **agrégats monétaires** (M1, M2 et M3) permettent de mesurer la quantité de monnaie en circulation dans l'économie. Cette circulation s'opère au sein d'un **système bancaire hiérarchisé**, dans lequel les banques constituent le premier vecteur de transmission de la monnaie. De façon plus globale, c'est par l'**intermédiation financière** que les agents économiques accèdent aux capitaux.

La relation qui lie emprunteurs et préteurs est source de déséquilibres potentiels pour l'économie, du fait de **l'incertitude** (*asymétrie informationnelle*) sous-jacente. Si les **théories économiques** plaçant la monnaie, l'épargne et le crédit au cœur de l'analyse des fluctuations économiques appréhendent différemment les mécanismes à la base du cycle, la véritable difficulté à laquelle elles se trouvent toutes confrontées reste toujours la prise en compte de cette incertitude.

La mise en œuvre des **politiques monétaires** n'est donc en rien facile. La **Banque centrale européenne** n'a, de ce fait, pas la même règle de comportement que la **Réserve fédérale américaine**.

Pour la BCE, les bienfaits de la stabilité des prix, de même que les coûts liés à l'inflation ou à la déflation, sont étroitement associés à la monnaie et ses fonctions. Dans ce cadre, une bonne compréhension du rôle joué par **l'inflation anticipée** sur **les taux d'intérêt** est essentielle.

La Réserve fédérale quant à elle, a pour objectifs de promouvoir le plein-emploi et de maintenir l'inflation à un niveau acceptable tout au long du cycle économique.

La règle de Taylor constitue un bon moyen d'illustrer la stratégie de politique monétaire de la FED. L'analyse de la forme prise par la **courbe des taux** permet alors ensuite de faire le lien avec le cycle. Dans ce domaine, les **incertitudes** pesant sur le niveau des taux courts sont essentielles.

Mais, au moment de construire un **projet de pilotage efficace de la croissance**, on ne peut se détacher du contexte financier. En effet, dans un monde où la liquidité mondiale devient incontrôlable, la prise en compte de la **spéculation sur le prix des actifs** n'est pas sans poser de nouvelles difficultés.

Références

P. Artus et M. P. Virard, 2010, *La liquidité incontrôlable*, Pearson.

C. Aubin, J. P. Berdot et J. Leonard, 2006, « Banques centrales, liquidité et prix d'actifs : une mise en perspective théorique », *Économies et Sociétés*, Série « Nouveaux enjeux et nouvelles pratiques de la politique monétaire » (6/7).

T. Chauveau, 2001, « Wicksell, Keynes et Hicks ou les avatars du processus cumulative », *Cahier d'économie politique.*

I. Fisher, 1933, *The Debt Deflation Theory of Great Depressions, Econometrica 1.*

R. Garrison, 1992, « Les désaccords de Friedman vis-à-vis de l'analyse keynésienne », traduction de *Dissent of Keynes*, Chapter 8, « Is Milton Friedman a Keynesian », Praeger Publishers.

F. A. Hayek (Von),
- 1931, *Prix et Production*, Paris, Calmann-Levy ;
- 1932, « Reflections on the Pure Theory of money of Mr J. M. Keynes », second part, *Economica*, pp.22-44 ;
- 1932, « Money and Capital: A Reply », *Economic Journal*, juin, pp. 237-49 ;
- 1933, *Monetary Theory and the Trade Cycle*, J. Cape, London ; réédité 1966, Augustus M. Kelley, New York.

Hawtrey, 1927 et 1950, *Currency and credit*, quatrième édition, London, Longman Green and Co. Voir également V. Zarnowitz (1991).

F. H. Knight, 1921, *Risk, Uncertainty and Profit*, Boston and New York: Houghton Mifflin, réédité en 1957, New York, Kelley and Millman.

L. Mises (von),
- 1912, *Theory of Money and Credit First*, traduit de l'allemand par H. E. Batson. Liberty Fund, Indianapolis, 1981 ;
- 1940, *Nationalökonomie : theorie des Handelns und Wirtschatfens*, Genève, Éd. Union, devenu en 1966, *L'action humaine : traité d'économie*, Paris, Libre-Échange ou 1985 aux Presses Universitaires de France (disponible également en ligne sur www.mises.org et en français sur http://herve.dequengo.free.fr/Mises/AH/AH0.htm).

P. A. Muet, 1992, *Théories et modèles de la macroéconomie*, Economica.

L. Orio et J. J. Quiles, 2009, « Des idées simples mais fondamentales », *Keynes, les enjeux de la théorie générale* », Armand Colin.

M. Parnaudeau, 2009, « Financialization of European Economies », Chapter 5, in *Financial Markets and the Banking Sectors*, Pickering & Chatto Publishers.

E. Paulet, 2005, *European Banking*, Éd. Hermès.

A. C. Pigou, 1923, « Correctives of the Trade Cycle », Éd. W. Layton, in *Is unemployment inevitable*, London Macmillan.

D. H. Robertson, 1915, « A study of industrial fluctuations: an enquiry into the character and caused of the so-called cyclical movements of trade », London : P. S. King.

K. Wicksell, 1953, « The Enigma of Business Cycles », Statsokonomisk Tidssfraft, 21 (1907), translated in *International Economic Papers 3.*

V. Zarnowitz, 1991, « What is a Business Cycle? », *Working Paper 3863*, National Bureau of Economic Research.

Sitographie

- **Banque centrale européenne**

http://www.ecb.int/stats/money/aggregates/aggr/html/hist.en.html

- **Réserve fédérale américaine**

http://www.federalreserve.gov/otherfrb.htm

Chapitre 3

La croissance et le cycle économique

SECTION I

La nouvelle macroéconomie classique

SECTION II

Les théories du cycle réel

SECTION III

Introduction à l'économétrie

La croissance et le cycle économique

Introduction

La **problématique du cycle économique** permet de mettre en évidence des enjeux essentiels, non seulement sur la mesure des phénomènes économiques mais aussi sur l'existence de la nature même des mécanismes économiques. Le développement dans les années 1930 de la **pensée keynésienne** a cependant quelque peu bousculé les choses. Pour Keynes, le cycle est l'illustration de l'existence d'un déséquilibre dans l'économie, déséquilibre contre lequel il faut agir. Il finira donc par défendre l'idée d'une nécessaire disparition du cycle, lorsque le pilotage de l'économie aura permis la résolution de la crise. Il n'est en conséquence plus nécessaire de mesurer un phénomène que l'on tente de faire disparaître. Pour autant, la critique du cycle « monétaire » qui s'en suivra soulèvera de nouveau la question de la mesure. Un nouveau programme de recherche, engagé par Harrod, Domar et Kaldor, se concentrera cette fois sur **la théorie de la croissance**.

Cette nouvelle manière d'appréhender les fluctuations est définitivement influencée par le contexte économique : sortir de la crise d'avant-guerre et permettre la reconstruction d'après-guerre constituent des objectifs sociaux et politiques de première importance. Dans ce cadre, si les débats confrontant keynésiens et monétaristes se poursuivent, l'émergence d'une nouvelle école de pensée va bouleverser de nouveau la donne. La **nouvelle macroéconomie classique** (Section I) et dans son prolongement les **théories du cycle réel** (Section II) vont en effet appréhender le cycle et la croissance, dans un cadre radicalement différent. La **modélisation** et les **techniques économétriques** (Section III) y trouveront toute leur place.

SECTION I • La nouvelle macroéconomie classique

Malgré les débats confrontant keynésiens et monétaristes, un certain consensus autour de la question de la stabilisation macroéconomique et donc du cycle économique, a émergé dans les années 1970.

➥ Controversies of the 1970s: A consensus

According to S. M. Sheffrin, The making of economic policy, *Basil Blackwell, 1989.*

The consensus encompassed five main themes:

1. Fluctuations in economic activity, that is to say business cycles, were socially undesirable and thus should be reduced if possible.
2. The historical record clearly demonstrated that the severity of business cycles in the United States had declined over time, especially after WWII.
3. One of the chief causes of prolonged economic fluctuations was the lack of wage and price flexibility in the face of external shocks.
4. Changes in the supply of money were important determinants of economic fluctuations.
5. Normative exercises in macroeconomics should be conducted by examining the welfare consequences of alternative government policies.

Mais c'est aussi à cette période que se développe la nouvelle macroéconomie classique. Trois concepts essentiels permettent d'expliquer en quoi la « NMC » va constituer une réelle révolution, remettant en question les théories étudiées au chapitre précédent : le chômage (A), les anticipations réalisées par les agents (B) et le problème de l'équivalence néo-ricardienne (C).

A • Le chômage

La manière dont les économistes classiques keynésiens et monétaristes appréhendent le marché du travail est un bon moyen pour comprendre la position prise par les tenants de la nouvelle macroéconomie classique. Dans l'analyse quantitative ou classique, lorsque le chômage augmente, les salaires nominaux vont s'ajuster : les prix et les salaires sont en effet supposés être flexibles. C'est donc un ajustement des salaires qui permettra à ceux qui cherchent un emploi d'en trouver un.

La prise en compte du niveau général des prix dans cet ajustement est en conséquence très simple : si les prix augmentent, les salaires réels baisseront, et les entrepreneurs embaucheront davantage. Mais cet appauvrissement des travailleurs aura un impact sur leur motivation à offrir leurs services : certains décideront de ne pas travailler. Un déséquilibre va donc s'installer sur le marché du travail : les entrepreneurs ne trouveront pas toute la main-d'œuvre dont ils auront besoin. Ce déséquilibre ne sera résolu que lorsque le salaire nominal augmentera de nouveau, et que son augmentation suivra celle de l'inflation. Keynes, quant à lui, réfute cette idée d'un chômage volontaire. Lorsqu'un tel déséquilibre survient, les travailleurs n'auront pas le choix : il défend plutôt l'idée d'un chômage involontaire. Puis, lorsque le salaire réel des travailleurs atteint un seuil qu'il qualifie « d'équilibre », ou en d'autres termes, lorsque le salaire réel est suffisamment grand aux yeux des travailleurs et correctement calé sur l'inflation, Keynes rejoint l'analyse proposée par les économistes classiques.

Chez les monétaristes, il faut prendre en compte l'illusion monétaire qui va frapper les travailleurs lorsque le niveau général des prix augmente. Tout repose, encore une fois, sur l'offre de monnaie mise à disposition dans l'économie. Une augmentation de l'offre de monnaie génère de l'inflation et va induire dans le même temps une augmentation de la demande de travail exprimée par les entrepreneurs.

➥ The Phillips curve: the relationship between inflation and unemployment[1]

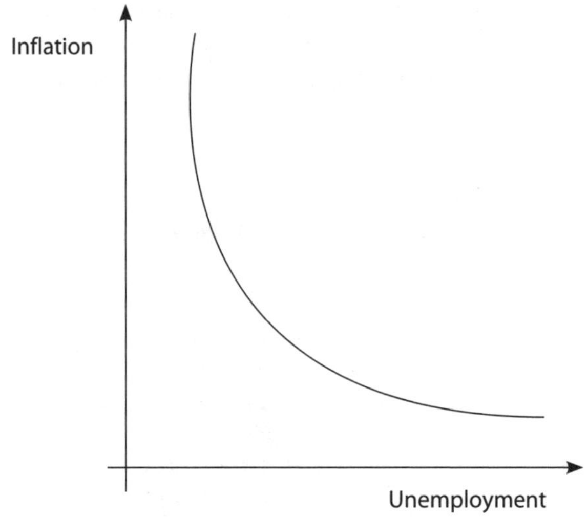

The original Phillips curve paper covered the period 1861-1957. This period predates most of the debate between Monetarists and Keynesians, as well as the modern era in which Central Bank policy has GDP stabilization as a goal.

Les travailleurs sont alors frappés par une illusion monétaire : ils ne se rendent pas compte, dans un premier temps, de la baisse de leur salaire réel liée à l'inflation. Cette illusion n'est que temporaire, et l'économie évoluera progressivement de nouveau vers l'équilibre.

1. See http://www.econreview.com/phillips/

➥ Defining monetary illusion

The economists of the rational expectations' revolution argue that people automatically think of their money in real terms, based on the prices of things they see around them. For monetarists, people are subject to monetary illusion: they see their income and assets in nominal terms rather than real terms. In other words, an individual who suffers from monetary illusion will be happy after receiving a 6% raise of salary, even if inflation is higher than 6%.

Pour les tenants de la nouvelle macroéconomie classique, cette illusion ne peut pas exister. Les travailleurs sont en effet capables de constater immédiatement qu'une hausse des prix dispose d'un impact sur leur salaire réel. Il y a en effet dans ce courant de pensée l'hypothèse selon laquelle les anticipations des agents sont rationnelles (voir Section B).

Dans ce cadre, si l'on admet tout de même que les travailleurs puissent s'être trompés, cette illusion monétaire sera négligeable, car corrigée quasiment immédiatement. Plus loin, dans le modèle de Lucas, les agents vont instantanément prendre en compte les modifications de la politique monétaire. Ils agiront donc en conséquence, sans délai aucun.

➥ Lucas's account of the business cycle

According to Sheffrin, Rational Expectations, Cambridge Surveys of Economic Literature, *1983, Cambridge University Press.*

On several occasions Lucas has clearly outlined his view of the sources of business cycles and the meaning of fluctuations in unemployment. His analysis is based on a model in which individual, competitive agents make decisions with less than perfect information. These agents should be thought of as representative producers, producing a common good for the market. In this one-good world, the selling price of the individual agent's output can be identified with the real wage. Each day the agent wakes up, observes the selling price for his good, and decides on the number of hours he wants to work.

Par ailleurs, dans la NMC, il ne peut y avoir de chômage involontaire. Le chômage est une activité à part entière et son analyse relève de l'étude des décisions prises à un niveau individuel, c'est-à-dire au niveau microéconomique. Ainsi, parce que l'on comprend mieux les motivations poursuivies par un individu au moment de sa recherche d'emploi, tout comme les contraintes auxquelles il se trouve assujetti, on pourra ensuite passer à l'échelle du pays, c'est-à-dire au niveau macroéconomique.

L'analyse du marché du travail devient alors une théorie du chômage d'équilibre. La recherche d'emploi est aussi une démarche à prendre en compte : les économistes de la NMC vont notamment développer à ce sujet la théorie dite du *job search.* Cette théorie constitue à l'époque un progrès très net dans l'analyse de ce qui motive le chômage. L'individu procède en effet à un calcul dit de coût-avantage au moment de chercher un emploi.

Le tableau qui suit permet au final de synthétiser les principaux arguments développés par la NMC :

Les facteurs affectant l'équilibre de l'économie et la formation du taux de chômage d'équilibre, selon Lamotte et Vincent (1993)

	Chômage	Vacances d'emploi	Tension sur le marché du travail	Salaires
Changements structurels	+	+	–	–
Hétérogénéité du marché du travail	+	+	–	–
Taux d'intérêt	+	–	–	–
Indemnités chômage	+	–	–	–
Productivité du travail	–	+	+	+

➥ Learning by doing: l'analyse du chômage selon la NMC

- Expliquez en quoi une variation du taux d'intérêt peut être source de chômage dans l'économie.
- Faites le lien entre accroissement de la productivité et augmentation des salaires.
- En quoi distribuer des indemnités chômage dans l'économie peut se traduire, dans ce courant de pensée, par une baisse des salaires ?

B • Des anticipations rationnelles

L'hypothèse d'anticipations rationnelles a été introduite par John Muth en 1961. S'il s'agit d'une hypothèse fondamentale pour les économistes de la nouvelle macroéconomie classique, cette dernière est aujourd'hui très largement débattue[1].

➥ Les anticipations rationnelles, selon Lamotte et Vincent

(...) « Les anticipations sont des prévisions informées des événements futurs. Elles sont dites rationnelles dans la mesure où elles sont cohérentes avec les prévisions résultant d'une interprétation pertinente de la théorie économique. Autrement dit, les anticipations se forment comme si les agents, utilisant toute l'information disponible, comprenaient la théorie économique et l'utilisaient dans le cadre de leurs prévisions. »

1. Voir M. Parnaudeau (2010).

Dans la NMC, les anticipations des agents sont donc correctes, « en moyenne », ce qui ne sous-tend pas pour autant que des erreurs soient impossibles. Les agents économiques ne sont pas supposés se tromper de façon systématique. Qui plus est, cette hypothèse n'implique pas non plus que les agents élaborent les mêmes prévisions, mais plutôt que ces prévisions soient distribuées autour de la vraie valeur (en moyenne, l'anticipation agrégée est donc rationnelle)[1].

Pourtant, ne serait-ce que lorsque les anticipations portent sur l'inflation, cette hypothèse de rationalité a été très régulièrement remise en question. J. Caskey (1985), étudiant les prévisions d'inflation réalisées par des économistes sur la période (1947-1979) aux États-Unis remarque que les sous-estimations des spécialistes reposent en réalité sur un mauvais traitement de l'information à leur disposition. Ceci s'explique avant tout par la vision qu'ils entretenaient du processus inflationniste : leurs anticipations se sont avérées erronées car leur propre analyse du processus était influencée. T. Urich et P. Wachtel (1984) avaient par ailleurs déjà montré que les anticipations d'inflation, dans les années 1970 aux États-Unis, n'avaient rien de rationnel. Les réactions individuelles, mais également les réactions agrégées des acteurs financiers s'avéraient en effet davantage relever de l'apprentissage.

Box 28. Rational Expectations and the New Macroeconomics

Introductory ideas

Expectations are fundamental in economics. Every economic decision is about the future, given the existing situation. Even decisions apparently only involving the current situation, such as choosing to buy apples rather than pears, implicitly involve a view of the future; in this case it is a view both about future income which underlies the budget one is prepared to allocate to apples and pears, and about future prices of apples and pears, which dictates whether it is worthwhile storing them in place of future purchases.

By definition the future is unknowable. Economics, the study of economic decision making, therefore is concerned with how people deal with the unknowable.

The Liverpool University economist, George Shackle, made this a constant theme of his work. In his view (G. Shackle, 1958) each individual constructs in his imagination different scenarios or possible outcomes following on the different actions he is contemplating. He knows now the pleasure given by the consequences imagined for each course of action. The course which gives him the most pleasure when its consequences are imagined spurs him to action. So Shackle envisages a hedonistic calculus of the imagination as the basis for economic choice.

...

1. H. Lamotte et J. P. Vincent (1993), p. 24.

For Shackle the pleasure involved in a course of action will depend, not only on the "expected pleasure" if the consequences anticipated were to occur, but also on the "chances" of them occurring. A fine outcome will normally give less pleasure when imagined if it is fraught with uncertainty. But this will not always be true. For example, for some people the same outcome may seem the sweeter if it is accompanied by the challenge of possible failure. Too easy a victory may not inspire a sense of triumph at all and may not attract the decision taker.

Shackle therefore regards economic decisions as entirely subjective; because the product of the individual's imagination interacting with the known fact of the past and present. (...)

Source: *Rational Expectations and the New Macroeconomics*, Minford & Peel, Ed. Martin Robertson, Oxford, 1983.

➥ Questions for discussion: rational expectations and the new macroeconomics (box 28)

- Why does making expectations imply forecasting future events?
- Could Shackle's analysis of a decision-making process involve probabilities, why?
- In what way can economic decisions be "subjective"?

Pour D. Croushore (1993), les anticipations jouent un rôle crucial dans l'économie. Et, parce que la gestion de l'information n'est pas aisée, faire reposer les choix stratégiques sur des études prospectives menées par des spécialistes devrait permettre de limiter les erreurs.

Son analyse de différentes études prospectives (concernant notamment l'inflation, le PIB réel, les taux d'intérêt, ou les cycles économiques) menées aux États-Unis sur la période (1968-1993), le mènera pourtant à la conclusion que l'hypothèse de rationalité n'est pas pertinente. De nombreux biais peuvent en effet être relevés : lorsque l'incertitude pèse davantage sur l'inflation, lorsque l'économie est en passe d'aborder un point de retournement conjoncturel, parce que chaque spécialiste se base sur une interprétation personnelle des phénomènes qu'il étudie. Pour J. Jeong et G. S. Maddala (1996), il n'est donc pas possible de vérifier l'hypothèse de rationalité en présence de telles erreurs de mesure. Dès lors, que l'on se base ou non sur des études réalisées par des spécialistes, peut-on encore considérer les anticipations rationnelles, et surtout est-ce réellement utile pour l'analyse ?

L'hypothèse de rationalité, couramment employée dans la littérature depuis les travaux fondateurs de J. F. Muth, répond à un besoin de simplification : ainsi caractérisée, la prise de décision s'intègre plus facilement aux modélisations théoriques et empiriques. Pour autant, comme le remarque C. F. Manski (2004), même si cette hypothèse était plausible, en elle-même, elle ne précise pas la nature de l'anticipation réalisée.

Elle permet simplement de supposer que l'individu construit de manière objective des anticipations correctes, et ce conditionnellement à l'information qu'il détient. En réalité, les économistes n'ont pas la possibilité d'extrapoler, à partir de données stratégiques (choix d'investissement, d'endettement, de consommation…), la nature des anticipations sous-jacentes. Afin de résoudre ce problème, on peut décider d'induire la mesure des anticipations à partir du comportement maximisateur des acteurs de la vie économique et financière : ces derniers élaborent un certain nombre de probabilités à partir des informations qu'ils détiennent, et maximisent alors leur utilité. Dans ce cadre, l'observation des choix peut dépendre de différents types de préférences et donc d'anticipations. Mais pour C. F. Manski (2004), on contourne ici la difficulté sans la résoudre ; la véritable nature des préférences, la construction tout comme la nature des anticipations sous-jacentes aux choix des individus sont éludées.

On ne peut se baser uniquement sur les choix finalement pris par les acteurs, il est nécessaire de travailler sur la mesure des probabilités qu'ils forment. Et ces probabilités sont subjectives car elles dépendent de la perception personnelle des individus : il parle de préférences « révélées ». L'analyse dite des « préférences révélées » a été introduite par P. Samuelson (1938, 1948). Elle a été approfondie par D. McFadden (1984) : chacune des décisions prises par les individus (individus hétérogènes tirés d'un échantillon aléatoire) dépend d'un choix élaboré en univers discret.

Lorsqu'il est question d'étudier plus spécifiquement les comportements sur les marchés boursiers, une référence incontournable reste l'image du concours de beauté de J. M. Keynes. Ici encore, la décision d'investissement repose sur la perception qu'ont les individus de la valeur des actifs financiers, et non pas sur leur valeur intrinsèque. Les acteurs financiers vont s'intéresser aux anticipations élaborées par les autres acteurs en présence, et leurs anticipations deviennent itératives. Ces anticipations reposent sur un ensemble de conventions financières, et chacun s'imagine que l'autre s'y réfère.

Afin de vérifier la pertinence de cette hypothèse dans la valorisation des prix d'actifs, F. Allen, S. Morris et H. S. Shin (2006) supposent ainsi que la mesure de ces anticipations itératives se base sur une moyenne d'un ensemble de prix d'actifs passés. Cette moyenne est censée représenter l'opinion générale. Mais la présence d'informations incomplètes vient considérablement perturber l'analyse. En effet, dans un tel contexte, l'utilisation d'une moyenne calculée sur des rendements espérés d'actifs financiers ne fonctionne pas. Les auteurs illustrent ici de nouveau à quel point les décisions d'investissement sont instables, et comme le soulignait déjà J. M. Keynes, à quel point la confiance des investisseurs constitue la clé de voûte du système.

Cependant, si en situation d'information incomplète, il n'est pas possible de vérifier l'existence de comportements mimétiques (également appelés comportements moutonniers), comment appréhender les anticipations des acteurs ?

➥ A HIGHER LEVEL OF ABSTRACTION IN EXPECTATIONS

The model put forward by F. Allen, S. Morris and H. S. Shin (2006) offers another interesting alternative. They initially prove the existence of a certain form of inertia in asset prices[1]. They then note that the expectations of financial players are no longer based exclusively on the idea that these players represent general opinion. In actual fact, as J. M. Keynes had already stated, it seems that the players moved on to a considerably higher degree of abstraction. Thus, by not only taking into consideration the expectations of investors, the forecasts drawn from an average of past asset price values, but also the forecasts of the public (the general opinion), the authors show that incomplete information precludes the formation of iterative expectations.

Dans une telle situation, le degré d'abstraction[2] des acteurs financiers s'élève et la vraie valeur des prix d'actifs perd progressivement de son importance. On retrouve alors ici tous les éléments nécessaires à la réalisation d'une bulle spéculative.

Afin de mieux comprendre comment, dans ce genre de situation très particulière, les individus élaborent tout de même des choix stratégiques, il reste alors la voie de l'économie expérimentale. L'intérêt de cette démarche réside dans l'étude de la formation des anticipations au sein d'un environnement contrôlé. Ce « contrôle » s'exerce avant tout sur la quantité et la nature des informations mises à disposition des individus. Il devient ici possible de déterminer la manière dont se prennent les décisions stratégiques individuelles, ou encore la nature précise d'une coordination si celle-ci s'opère au sein d'un groupe d'étude. Les participants à un groupe d'étude ont en effet tendance à se coordonner afin de prendre leurs décisions en commun. Même s'ils se trompent au final, leurs décisions stratégiques s'avèrent relativement similaires. Un autre résultat intéressant qu'il est possible de tirer de ce type d'étude est que les individus ont tendance à former des anticipations très simples[3] : naïves, adaptatives ou encore autorégressives.

L'hypothèse d'anticipations rationnelles défendue dans la nouvelle macroéconomie classique est donc très largement remise en question. Ceci étant, en l'absence d'alternatives théoriques solides, de nombreux économistes continuent, encore aujourd'hui, de l'utiliser.

C • La question de l'équivalence néo-ricardienne

Une autre idée fondamentale défendue par les tenants de la NMC est l'inefficacité de la politique budgétaire. C'est à partir d'une proposition formulée par R. J. Barro, lui-même inspiré d'une analyse de D. Ricardo, que les économistes de la NMC rejettent l'utilité du financement de la dette publique, considérant la politique budgétaire neutre.

1. This inertia relates to expectations made for a term of 1 to 12 months.
2. Les auteurs parlent « d'ordre des croyances ».
3. Voir Hommes, Sonnemans, Van de Velden et Tuinstra (2003).

Box 29. "Are Government Bonds Net Wealth?"

The assumptions that government bonds are perceived as net wealth by the private sector is crucial in demonstrating real effects of shifts in the stock of public debt. In particular, the standard effects of "expansionary" fiscal policy on aggregate demand hinge on this assumption. Government bonds will be perceived as net wealth only if their value exceeds the capitalized value of the implied stream of future tax liabilities. (...)

Source: "Are Government Bonds Net Wealth?",
R. J. Barro, *Journal of Political Economy*, 1973.

Box 30. "Are There Wealth Effects?" Rational Expectations and the New Macroeconomics

(...) It is clear that in a world of no uncertainty with infinitely lived individuals, a government transfer to individuals today financed by bonds, which will be paid off tomorrow from taxes on those individuals with the same incidence as the transfer, leaves everything unchanged. Each individual obtains a transfer, held in the form of bonds, whose value is offset exactly by his future tax liability; his wealth remaining the same, he will wish to consume the same and will therefore lend the government the amount of the transfer (i.e continue to hold the bonds). Consumption and investment will be unchanged, and so therefore will the rate of interest.

The question naturally arises: why should the government bother to carry out this operation if it affects nothing and nobody? (...)

Source: "Are There Wealth Effects?", *Rational Expectations and the New Macroeconomics*,
Minford & Peel, Ed. Martin Robertson, Oxford, 1983, p. 171.

➡ Questions for discussion: are government bonds net wealth? (box 29 and box 30)

- Reading box 29, give a definition for government bonds, private sector, and public debt.
- Explain the sentence "government bonds will be perceived as net wealth only if their value exceeds the capitalized value of the implied stream of future tax liabilities".
- Barro focused his analysis on "the question of whether an increase in government debt constitutes an increase in perceived household wealth". Reading box 30, explain why, according to the new macroeconomics, public expenditure may be useless?

Le principe de l'équivalence ricardienne

La faculté de prêter et d'emprunter qu'ont les agents économiques (le secteur privé) rend leur contrainte budgétaire fondamentalement intertemporelle. Ce qui veut dire que leur contrainte intègre, d'un côté, toutes les dépenses courantes et à venir et, de l'autre, tous les revenus courants et à venir. Dépenses et revenus futurs sont actualisés au taux d'intérêt auquel les agents peuvent prêter ou emprunter.

Comment s'exprime cette contrainte budgétaire intertemporelle sur un horizon de deux périodes pour le secteur privé ?

$$C_1 + \frac{C_2}{1+r} = Y_1 + \frac{Y_2}{1+r} \qquad (1)$$

Où C_1 représente la consommation de la première période ; C_2 représente la consommation de la période suivante ; Y_1 le revenu de la période 1 ; Y_2 le revenu de la période suivante.

Le premier membre de l'équation représente donc la valeur actualisée de la consommation (actualisée au taux d'intérêt r), et le second membre la valeur actualisée du revenu.

CHAPITRE 3

De son côté, l'État prélève les impôts (T), procède à des dépenses (G) et effectue des transferts de revenus. Il peut également prêter et emprunter à un taux r_G. Afin de simplifier l'analyse, nous supposerons ici que l'État ne s'est pas encore endetté. Notre univers a toujours deux périodes.

Si en première période, les dépenses G_1 sont supérieures aux recettes T_1, l'État aura recours à l'emprunt : le déficit est représenté par $G_1 - T_1$.

Les impôts à la période suivante devront donc logiquement couvrir les dépenses (et les services liés) de la dette. Ce qui peut s'écrire :

$$T_2 = G_2 + \frac{G_1 - T_1}{1 + r_G} \qquad (2)$$

Dans le cas contraire, c'est-à-dire en l'absence de déficit budgétaire, noté $G_1 - T_1 < 0$, on écrira :

$$G_1 + \frac{G_2}{1 + r_G} = T_1 + \frac{T_2}{1 + r_G} \qquad (3)$$

Cette dernière équation reflète la contrainte budgétaire du secteur public et elle illustre deux idées importantes :

- il est nécessaire de compenser des déficits actuels par des excédents futurs ;
- si le niveau des dépenses reste inchangé, en cas de déficit, à des impôts élevés aujourd'hui doivent succéder des impôts accrus demain.

Les contraintes budgétaires du secteur privé et du secteur public sont donc les suivantes :

$$C_1 + \frac{C_2}{1+r} = Y_1 - T_1 + \frac{Y_2 - T_2}{1+r}$$ pour le secteur privé, une fois les impôts introduits (4)

et $$G_1 + \frac{G_2}{1+r_G} = T_1 + \frac{T_2}{1+r_G}$$ pour le secteur public (3)

Si le taux d'intérêt auquel l'État prête et emprunte est le même que celui du secteur privé ($r_G = r$), on écrira :

$$C_1 + G_1 + \frac{C_2 + G_2}{1+r} = Y_1 + \frac{Y_2}{1+r} \quad (5)$$

Ce résultat est essentiel. Il permet de relier les dépenses réalisées par l'État et les agents économiques à l'ensemble des revenus distribués dans l'économie. L'égalité obtenue entre la dépense nationale totale (somme des dépenses publiques et privées) et la richesse totale illustre le principe dit « d'équivalence » de Ricardo.

Comme le remarque Lamotte (1993), le mode de financement des dépenses publiques par impôt ou par accroissement de la dette publique n'a pas d'impact réel sur l'économie car l'accroissement de la dette publique ne représente pas un surplus de richesse nette pour les agents : c'est une créance que les agents privés détiennent sur eux-mêmes.

➥ Where do we go from here?

The Ricardian equivalence theorem suffers from **three important limits**:

• As this theorem relies on the basis that economic agents will decide to save in order to help the next generation with their future tax payments (if necessary), it is rather weak. Individuals are not always **inter-generational altruists**, and may also decide to consume, considering the level of their income. In such situations, the way public debt is financed may have an impact on agents' net wealth, and the real question that remains then is the following: do agents consume regarding their current incomes, or are they focused on their permanent income?

• A second important limit to this theorem concerns **financial markets**, which are assumed to be *efficient*. An asset market is said to be efficient if asset prices fully reflect available information, thus eliminating knowable opportunities for supernormal profits. Asset markets are speculative in the technical sense that expectations of future asset prices affect current supply and demand and hence the current asset price. **The hypothesis of efficient markets therefore has two complements**: the hypothesis that expectations are rational so that individuals avoid knowable forecasting errors given current information, and the hypothesis that any discrepancy between the expected rates of return of different assets is quickly arbitraged to eliminate expected supernormal profit[1].

• The third important limit is the need to manage **uncertainty. In reality, there is uncertainty about the level of future (expected) incomes**. Consequently, the level of r will be fixed higher than r_G: **the public sector bears less risk than the private sector**.

---

1. See *The Rational Expectations Revolution in Macroeconomics, Theories and Evidence*, David H. Begg, Worcester College, Oxford, 1982.

Tableau 3. Taux emprunteurs privés et publics (obligation long terme 10 ans)

	France		Allemagne		Japon		États-Unis	
	Taux d'intérêt privé	Obligation 10 ans	Taux d'intérêt privé	Obligation 10 ans	Obligation 10 ans	Taux d'intérêt privé	Taux d'intérêt privé	Obligation 10 ans
2009	3,65	3,54	3,22	3,10	1,33	1,35	3,26	3,25
2008	4,23	4,13	3,98	3,51	1,47	1,49	3,67	3,65
2007	4,30	4,07	4,22	4,02	1,67	1,68	4,63	4,63
2006	3,80	3,80	3,76	3,76	1,74	1,74	4,79	4,79
2005	3,41	3,41	3,35	3,35	1,35	1,39	4,29	4,28
2004	4,10	4,10	4,04	4,04	1,49	1,50	4,27	4,26
2003	4,13	4,13	4,07	4,07	0,99	1,00	4,02	4,00
2002	4,86	4,86	4,78	4,78	1,26	1,27	4,61	4,60
2001	4,94	4,94	4,80	4,80	1,32	1,34	5,02	5,01
2000	5,39	5,39	5,27	5,26	1,74	1,76	6,03	6,03
1999	4,61	4,61	4,50	4,49	1,75	1,75	5,64	5,64
1998	4,64	4,64	4,58	4,57	1,30	1,54	5,33	5,26
1997	5,58	5,58	5,66	5,64	2,15	2,37	6,45	6,35
1996	6,31	6,31	6,23	6,22	3,03	3,10	6,54	6,44
1995	7,54	7,54	6,86	6,85	3,32	3,44	6,69	6,58
1994	7,22	7,22	6,88	6,87	4,24	4,36	7,21	7,08
1993	6,78	6,78	6,52	6,51	4,09	4,32	5,97	5,87
1992	8,59	8,59	7,85	7,85	5,19	5,33	7,13	7,01
1991	9,04	9,04	8,46	8,46	6,50	6,34	8,01	7,86
1990	9,93	9,93	8,71	8,70	7,52	6,96	8,73	8,55

Source : OCDE, Eurostat, Market et calculs auteurs.

➥ Learning by doing: testing for the neutrality of public debt by looking at recent data

- Consultez ce tableau des taux privés et publics pratiqués depuis 1990, que constatez-vous ?
- Le principe d'équivalence ricardienne suppose, en outre, que tout accroissement du déficit du secteur public doit avoir pour contrepartie exacte un relèvement de l'épargne du secteur privé, la dépense nationale totale restant de ce fait inchangée. Procurez-vous, pour les quatre pays du tableau précédent et sur la même période, les niveaux d'épargne publique et privés. Que constatez-vous ?

Et le cycle, dans tout cela ?

Dans la nouvelle macroéconomie classique, ce sont des chocs « exogènes » ou monétaires qui vont expliquer le sens pris par le cycle économique. On parle, par ailleurs, de cycle économique « à l'équilibre » : lorsqu'un déséquilibre survient, l'ajustement qui s'en suivra ramènera l'économie « à l'équilibre ». Comme on l'a vu dans la partie A, cet ajustement peut concerner le marché du travail : lorsque le salaire réel des agents économiques baisse, ils prendront la décision de moins travailler. En cela, ils ont un comportement d'optimisation intertemporel : parce qu'aujourd'hui mon salaire est plus faible, je reporte mon travail à demain.

L'analyse développée par Lucas, rapidement exposée dans la partie A, explique la formation du cycle dans l'économie, lorsqu'un choc « monétaire » survient (par exemple, une politique monétaire plus accommodante induisant une augmentation de l'offre de monnaie). Les prix jouent donc un rôle de signal essentiel dans la NMC. Puis, à partir de 1982, on s'intéressera à l'occurrence de chocs non plus monétaires, mais réels.

SECTION II • Les théories du cycle réel

L'analyse du cycle par la nouvelle macroéconomie classique peut, de prime abord, paraître étonnante : on y découvre en effet des économistes considérant le chômage comme un choix réfléchi, volontaire et optimal des individus. Pour mieux comprendre cette argumentation déjà introduite dans la section I. A, on peut reprendre l'histoire de Robinson Crusoé (A). Les théories du cycle réel, qui s'inscrivent alors dans le prolongement de l'approche des nouveaux économistes classiques, constituent pour autant une réelle rupture. L'étude du cycle ne se pose en effet plus de la même manière. Le modèle fondateur étant celui proposé par F. E. Kydland et E. C. Prescott (B).

A • Robinson Crusoé

Robinson Crusoé est un individu comme les autres. Il est rationnel et son principal problème, puisqu'il est seul isolé sur une île déserte, est de survivre. Mais la survie n'impose pas forcément tous les sacrifices. Au quotidien, s'il doit bien entendu chercher, trouver, puis récolter sa nourriture, il peut aussi parfois s'accorder un peu de loisir. Tout dépend finalement de ce qui se passe sur sa petite île : certains jours, des événements imprévus (aléatoires) peuvent survenir et lui rendre la vie plus ou moins évidente.

C'est aussi une question de chance : parfois, Robinson peut trouver, dans un recoin encore inexploré de son île, un régiment entier de bananes que les singes n'auront pas encore englouti. Tout dépend alors des priorités que se fixe Robinson. S'il ne se préoccupe pas de ce qui pourrait lui arriver demain, il peut par exemple décider de consommer plus de bananes aujourd'hui, pour ensuite finir son habituelle promenade le ventre plus rempli qu'à l'accoutumée. Mais en bon individu rationnel qu'il est, il va réfléchir avant de se ruer sur les bananes.

Et dans ce cas de figure, plusieurs choses vont lui passer par la tête. Tout d'abord, est-ce que cette trouvaille n'est qu'un coup de chance fugace, ou pourra-t-il la renouveler régulièrement ? Ensuite, est-ce que demain, il aura le même courage d'arpenter son île ou préfèrera-t-il plutôt profiter du soleil ?

Si l'on transpose cette petite histoire dans le monde de la nouvelle macroéconomie classique, le loisir de Robinson n'est autre que le chômage. Le fait de trouver par chance un régiment de banane, c'est un choc technologique (réel). Toute la question est alors de savoir si ce choc technologique est un choc temporaire (un coup de chance fugace) ou un choc permanent (il retrouvera facilement et régulièrement des bananes). Mais Robinson a réfléchi avant de prendre sa décision : il a optimisé une fonction d'utilité intertemporelle. S'il ne s'agit là que d'un coup de chance fugace, soit il s'empiffre sans remords, soit il conserve des bananes dans son sac à dos. D'ailleurs, il peut même faire les deux. Ceci étant, ce ramassage plus important que d'habitude lui demandera un effort supplémentaire.

En langage de nouveau classique, ça se complique. Si le choc technologique est temporaire, il vaudrait mieux pour lui investir pour consommer plus demain (ramasser plus de bananes pour les manger plus tard, on ne sait pas de quoi demain sera fait). Si Robinson prend cette décision et qu'il se met à ramasser davantage de bananes, alors son investissement devient pro-cyclique : quand tout va bien et qu'il tombe sur un régiment, il en profite pour travailler plus.

Quel est alors l'effet de ce choc temporaire exogène (Robinson n'est pas responsable de la pousse des bananes sur son île) sur l'activité économique (la recherche et la récolte de bananes) ?

On l'avait remarqué précédemment ; soit il s'empiffre (effet de richesse : ventre bien rempli) soit il en ramasse encore plus pour les mettre dans son sac à dos (effet de substitution intertemporel : un effort de plus aujourd'hui pour un effort de moins demain). Dès lors, qu'est-ce qui compte le plus pour Robinson, l'effet de richesse ou l'effet de substitution ?

Si, en plus d'être rationnel, il est raisonnable, alors l'effet de substitution l'emportera sur l'effet de richesse : même s'il s'empiffre, il travaillera plus en pensant à demain. Robinson travaillera plus, et donc investira plus, mais il consommera également plus aujourd'hui. Tout cela pour consommer plus demain (sinon autant que d'habitude) mais en travaillant moins demain.

Si ce n'est pas réellement une question de chance, et que finalement ce régiment de bananes cache une profusion de bananiers sur l'ensemble de l'île (on parle donc cette fois de choc technologique permanent), sans que la consommation des singes gloutons ne soit un obstacle à sa propre survie, alors Robinson ne prendra pas la même décision. Évidemment : plus il y aura de bananes, moins il va se fatiguer. Il ne se lancera plus dans des promenades éreintantes et gardera bien en mémoire le lieu où il pourra trouver toutes les bananes nécessaires, et même plus. Il va donc travailler moins, investir moins, et gagner plus.

Dans le monde de la nouvelle macroéconomie classique, ceci a une conséquence évidente : il n'y a que les chocs technologiques temporaires de productivité qui entraînent une évolution pro-cyclique de l'emploi, de l'investissement, et de la consommation. Et, lorsqu'il s'agit d'étudier le cycle économique, il apparaît évident que dans les phases fastes, le chômage diminue. Ce dernier augmentera ensuite dans les phases de récession.

Un étudiant abandonné sur une île déserte[1]

Seul survivant du naufrage de mon cher Titanic II, je me réveillai sur la rive rocheuse d'un îlot perdu, sans arbres et sans oiseaux. De cette désolation jaillissaient çà et là d'inquiétants massifs de choux rouges toxiques, dont les effluves vénéneux éloignaient les poissons du rivage. Cependant, je gardais confiance en mon étoile : la tempête avait déposé délicatement, tout près de ma tête, un énorme container rempli de pilules de survie providentielles, malgré leur goût écœurant [Texte détruit]... chance, quelques creux de rocher avaient offert de larges cuvettes naturelles aux eaux de pluie, et sur leurs bords poussaient des touffes gracieuses de persil-fleur polyvitaminé. Les cales de l'épave échouée sur un récif lointain, bien que submergées ; recelaient un chargement de boîtes de sardines à l'huile équipées de tirettes d'ouverture. J'aimais encore les sardines, à l'époque, tout en appréciant la contemplation béate des nuages et des vagues qui, selon la belle formule de Groucho Marx, engloutit la force de travail du marin, et un professeur aurait pu écrire ma fonction d'utilité :

$$U = 0{,}6 \ln s + 0{,}4 \ln l \quad (1)$$

En appelant s le nombre de boîtes de sardines consommées dans la journée et l la partie consacrée à la contemplation de mon temps disponible quotidien. Tout ceci sachant que, sur une journée, le nombre total d'heures qu'il est possible de passer à contempler les vagues et les nuages est de 10 heures.
Ne me prenez pas pour un paresseux : faute d'embarcation, chaque boîte consommée me coûtait des efforts sévères. Dans une journée, je pouvais ramener au maximum y boîtes de sardines, avec :

$$y = 0{,}5\, t \quad (2)$$

t étant la partie du temps disponible que je consacrais à cette étrange pêche.

Entre deux expéditions à l'épave, je rêvais que je constituais un système économique à moi tout seul, système dans lequel on pouvait montrer que Walras faisait la loi, et tentais de calculer les valeurs d'équilibres quotidiennes :

- du profit tiré de ma production, ainsi que du prix ps des boîtes de sardines et du prix p_l
- de mon temps de loisir ;
- de mes consommations s et l ;
- de mon offre de travail et de ma production.

1. Inspiré des exercices rédigés par le Pr. Jean-Claude Boutou, à l'Université de Poitiers et à l'École Supérieure de Commerce de Poitiers.

➥ **Complétez ce fragment, en effectuant les calculs que ce valeureux étudiant a eu la délicatesse de laisser à votre sagacité, et en commentant vos résultats, sans oublier de faire la lumière sur la signification du profit dans l'économie étudiée.**

Indications :

- Que pouvez-vous dire au sujet de la satisfaction (U), ainsi que sur la psychologie de l'étudiant ?
- Si l'étudiant cherche à maximiser sa satisfaction, à quoi peut ressembler sa contrainte budgétaire ?
- Déterminez les valeurs de s, de l ainsi que le niveau des prix, puis celle de y et de t.
- Expliquez vos résultats.

Les systèmes économiques décrits précédemment sont des systèmes walrassiens. Tout se passe comme si Robinson Crusoé faisait de la macroéconomie : bénéficiant aujourd'hui d'une pêche à la sardine plus abondante qu'à son habitude, décidera-t-il de s'abandonner à la contemplation des nuages et des vagues, ou renouvellera-t-il son effort ? Les théoriciens du cycle réel partent de l'hypothèse que cet agent est représentatif : on peut donc passer de l'individu à l'ensemble de l'économie. On parle de la théorie de l'agrégation. Ce passage du microéconomique vers le macroéconomique est cependant fortement discutable. Pour autant, l'analyse s'en trouve facilitée. Et les économistes des théories du cycle réel ont ainsi largement exploité cette hypothèse.

B • Les théories du cycle réel : une vraie rupture

Inscrites dans la lignée de la nouvelle macroéconomie classique, les théories du cycle réel constituent pour autant une petite révolution. Si l'origine des fluctuations économiques est désormais bien réelle (on parle de choc technologique), ce n'est pas en effet la seule évolution envisagée par les économistes. Comme on l'a vu au moment d'étudier la vie de notre étudiant sur son île, la monnaie ne dispose plus d'aucune utilité (on raisonne en effet en termes de prix relatifs au moment de faire les calculs). Dans les théories du cycle réel (TCR), c'est même la politique monétaire qui est mise de côté : elle ne sert pas pour expliquer les fluctuations. Le taux d'intérêt réel dispose cependant toujours d'un rôle clé : son augmentation impliquera, dans les modèles de la NMC, une hausse de l'offre de travail et une baisse de la consommation de biens et de loisirs.

Mais, alors que dans la démarche keynésienne, le cycle économique n'est autre que la preuve de l'existence d'un déséquilibre dans l'économie et doit disparaître, pour les économistes des théories du cycle réel, c'est tout l'inverse. C'est parce que l'économie s'ajuste de façon optimale qu'un cycle économique existe. Comme nous l'avons vu dans la Section I. A, l'analyse du marché du travail est devenue une théorie du chômage d'équilibre. Il en est de même pour l'ensemble de l'économie : on dira que le cycle décrit un ajustement optimal de l'économie à l'équilibre.

Ceci a alors d'importantes conséquences au moment d'appréhender les fluctuations économiques. Dans les théories du cycle réel, la distinction (chapitre 1) proposée entre un cycle d'affaire et un cycle de croissance est inappropriée. Si les économistes des TCR se focalisent tout de même sur le trend, ce sont désormais les variations de ce trend qui leur importent. En d'autres termes, les fluctuations économiques s'expriment toujours comme des variations par rapport à un trend, mais ce qui explique avant tout le cycle, c'est la variation de ce trend. Celui-ci est perçu comme l'illustration des capacités naturelles de l'économie à se développer (on peut parler également d'un taux naturel d'utilisation des facteurs de production).

➥ Defining the business cycle, according to Mankiw

The business cycle is the natural and efficient response of the economy to changes in the available production technology.

Box 31. "Real Business Cycles (RBC): a New Keynesian Perspective", N. G. Mankiw

Classical and Keynesian Views of Economic Fluctuations

The only forces that can cause economic fluctuations, according to real business cycle theory, are those forces that change the walrasian equilibrium. The walrasian equilibrium is simply the set of quantities and relative prices that simultaneously equate supply and demand in all markets in the economy. To understand how real business cycle theory explains the business cycle, it is necessary to look into the fundamental forces that change the supplies and demands for various goods and services.

Many sorts of macroeconomic disturbances can in principle generate fluctuations in real business cycle models. For example, changes in the level of government purchases or in the investment tax credit alter the demand for goods and therefore affect the Walrasian equilibrium. Changes in the relative price of oil alter the equilibrium allocation of labor among alternative uses. Many of the macroeconomic disturbances that receive much attention among keynesian macroeconomists will also have important effects in real business cycle models. There is, however, substantial disagreement between the two schools regarding the mechanisms through which these disturbances work. (...)

Real business cycle theory emphasizes the inter-temporal substitution of goods and leisure (Barro, 1987). It begins by pointing out that an increase in government purchases increases the demand for goods. To achieve equilibrium in the goods market, the real interest rate must rise, which reduces consumption and investment. The increase in the real interest rate also causes individuals to reallocate leisure across time. In particular, at a higher real interest rate, working today becomes relatively more attractive than working in the future; today's labor supply therefore increases. This increase in labor supply causes equilibrium employment and output to rise.

Source: "Real Business Cycles (RBC): a New Keynesian Perspective", N. G. Mankiw, *Journal of Economic Perspectives*, volume 3, number 3, summer 1989.

➥ Questions for discussion: the forces that cause economic fluctuations (box 31)

- Give a definition of a "walrasian equilibrium".
- Give a short definition of the business cycle, according to the RBC.
- Is there a difference between disturbances and business fluctuations in the RBC?
- Explain how the real interest rate still has an impact on business fluctuations, even if money is not taken into account in the RBC.

Box 32. "Real Business Cycles: a New Keynesian Perspective", N. G. Mankiw

(…) The debate over the source and propagation of economic fluctuations rages as fiercely today as it did 50 years ago in the aftermath of Keynes's General Theory and in the midst of the Great Depression. Today, as then, there are two schools of thought. The classical school emphasizes the optimization of private economic actors, the adjustment of relative prices to equate supply and demand, and the efficiency of unfettered markets. The Keynesian school believes that understanding economic fluctuations requires not just studying the intricacies of general equilibrium, but also appreciating the possibility of market failure on a grand scale.

Real business cycle theory is the latest incarnation of the classical view of economic fluctuations. It assumes that there are large random fluctuations in the rate of technological change. In response to these fluctuations, individuals rationally alter their levels of labor supply and consumption. The business cycle is, according to this theory, the natural and efficient response of the economy to changes in the available production technology. (…)

In my view, real business cycle theory does not provide an empirically plausible explanation of economic fluctuations. Both its reliance on large technological disturbances as the primary source of economic fluctuations and its reliance on the inter-temporal substitution of leisure to explain changes in employment are fundamental weaknesses. Moreover, to the extent that it trivializes the social cost of observed fluctuations, real business cycle theory is potentially dangerous. The danger is that those who advise policy-makers might attempt to use it to evaluate the effects of alternative macroeconomic policies or to conclude that macroeconomic policies are unnecessary.

Source: "Real Business Cycles: a New Keynesian Perspective", N. G. Mankiw, *Journal of Economic Perspectives*, volume 3, number 3, summer 1989.

➥ Questions for discussion: is the real business cycle theory relevant in explaining business fluctuations? (box 32)

- Give a short summary of the main differences existing between the classical school and the Keynesian school.
- Give a definition for random fluctuations.
- Are Mankiw's arguments against the RBCT relevant, why?

Le modèle fondateur des théories du cycle réel a été proposé par F. E. Kydland et E. C. Prescott. Dans l'introduction de leur article paru en 1982 chez *Econometrica* (box 33), ils commencent par insister sur l'importance de la prise en compte du temps de construction (*Time to build*). Le premier avantage de leur modèle multi périodes est donc de mieux rendre compte du procès de production. Ceci devrait alors permettre une meilleure interprétation des fluctuations économiques. Et, de ce point de vue, les auteurs affirment intégrer dans leur analyse à la fois l'étude de la croissance et du cycle économique.

Box 33. Time to Build and Aggregate Fluctuations

(…) That wine is not made in a day has long been recognized by economists (e.g., Böhm – Bawerk). But, neither are ships nor factories built in a day. A thesis of this essay is that the assumption of multiple-period construction is crucial for explaining aggregate fluctuations. A general equilibrium model is developed and fitted to US quarterly data for the post-war period. (…) In addition, the serial correlations of cyclical output for the model match well with those observed.

Our approach integrates growth and business cycle theory. Like standard growth theory, a representative infinitely–lived household is assumed. As fluctuations in employment are central to the business cycle, the stand-in consumer values not only consumption but also leisure. One very important modification to the standard growth model is that multiple periods are required to build new capital goods and only finished capital goods are part of the productive capital stock.

Source: *Time to Build and Aggregate Fluctuations*, F. E. Kydland and E. C. Prescott, *Econometrica*, volume 50, number 6, november 1982.

➡ Questions for discussion: time to build and aggregate fluctuations (box 33)

- Why taking into account "multiple period construction" is "crucial for explaining aggregate fluctuations"?
- Give the main hypothesis developed in the Kydland-Prescott model.

Dans cette modélisation, c'est bien un choc de productivité qui va venir justifier de la formation d'un cycle économique. Tout comme dans l'univers de Robinson, les agents économiques, les ménages et les entrepreneurs vont avoir à prendre leurs décisions. Tout dépend donc, encore une fois, de la nature du choc qui affecte leur univers : est- il temporaire ou permanent ?

Pour Kydland et Prescott (comme chez Lucas, voir Section I, A), les individus n'ont accès qu'à une partie de l'information disponible. L'information à leur disposition est incomplète, et il est de ce fait difficile de savoir si ce choc technologique est durable ou non. Or, comme nous l'avons vu pour Robinson, cette information est essentielle, car les décisions qui en découlent ne seront pas identiques. Si les entrepreneurs considèrent tout de même que ce choc de productivité est passible de durer, ils vont chercher à lancer de nouveaux projets d'investissements, car ils s'attendent à devoir augmenter leur production pour faire face à la demande future. Et de leur côté, si les ménages considèrent également que ce choc de productivité est permanent, ils prendront une décision *à la Robinson*...

Une des principales limites de ce genre de modèle tient finalement à ce fameux choc de productivité. Ce dernier est censé constituer le cœur de l'explication à donner au cycle économique. Pourtant, on ne dispose que de très peu d'explications sur la façon dont il peut survenir dans l'économie.

Pour certains économistes, il est même défini *ad hoc*. Ce qui veut dire que le modèle constitue une illustration pertinente de la réalité, uniquement parce qu'on aura choisi (après coup) le choc de productivité le plus à même de la reproduire !

SECTION III • Introduction à l'économétrie

Depuis des siècles[1], l'homme a tenu une comptabilité des personnes et des choses, non pas dans le simple but d'accumuler des chiffres, mais avec l'espoir d'utiliser les données du passé pour la résolution des problèmes du présent et la prévision des événements futurs. L'apport que constitue la méthode statistique, au moment d'étudier notre environnement économique et financier est indéniable.

Les managers sont aujourd'hui constamment confrontés à la prise de décisions stratégiques. À cet égard, la statistique constitue un pont : de l'expérience qu'ils ont accumulée vers les prévisions qu'ils élaborent. Parce que la statistique, comme le disait déjà A. Monjallon en 1958, impose d'alterner à la fois des approches déductives et inductives, mais aussi parce qu'elle nécessite du discernement, de la logique, un esprit critique et une grande prudence, elle apporte des outils essentiels à la culture générale d'un manager.

Trois parties seront développées dans cette section : comment formuler un modèle économique (A), l'élaboration d'un modèle économétrique (B) et les tests à connaître (C).

A • Comment formuler un modèle économique

Cette partie a pour but d'initier les futurs managers à la technique statistique avancée. S'il s'agit d'acquérir une bonne connaissance des méthodes, l'objectif est aussi de savoir mobiliser les techniques appropriées au moment de résoudre des problèmes spécifiques.

Avant d'aborder quelques concepts de base, on peut déjà chercher à définir ce qu'est l'économétrie, en se basant notamment sur la définition proposée par Peter Kennedy. Ce dernier préfère décrire les différentes aptitudes dont dispose un « économètre ».

---

1. Voir *Introduction à la méthode statistique*, Albert Monjallon (1958).

➥ What is econometrics?

A guide to econometrics, *Peter Kennedy,* Blackwell Publishers, *1998, 4th edition.*

Strange as it may seem, no generally-accepted answer exists to this question. Responses vary from the silly "Econometrics is what econometricians do" to the staid "Econometrics is the study of the application of statistical methods to the analysis of economic phenomena" with sufficient disagreements to warrant an entire journal article devoted to this question (Tintner, 1953).

This confusion stems from the fact that econometricians wear many different hats. First, and foremost, they are *economists*, capable of utilizing economic theory to improve their empirical analyses of the problems they address. At times they are *mathematicians*, formulating theory in ways that make it appropriate for statistical testing. At times they are *accountants*, concerned with the problem of finding and collecting economic data and relating theoretical economic variables to observable ones. At times they are *applied statisticians*, spending hours with the computer trying to estimate economic relationships or predict economic events. And at times they are *theoretical statisticians*, applying their skills to the development of statistical techniques appropriate to the empirical problems characterizing the science of economics.

Les sujets d'études sont par ailleurs très divers. C'est pour cette raison qu'il existe une multiplicité de modèles : théoriques, comptables, économétriques, statiques, dynamiques, endogènes ou explicatifs avec variables exogènes…

La principale difficulté n'est alors pas celle que l'on croit : élaborer le modèle le plus adapté au sujet que l'on traite est en effet bien plus délicat que d'appliquer une batterie de recettes à l'aveugle, si élaborées soient-elles.

Box 34. The Common Sense of Econometrics, J. A. Schumpeter

(…) Like everything else, economic life may be looked at from a great, strictly speaking an infinite, number of standpoints. Only some of these belong to the realm of science, still fewer admit of, or require, the use of quantitative methods. Many non-quantitative aspects are, and always have been, more interesting to most minds. Fruitful work can be done on entirely non-quantitative lines. Much of what we want to know about economic phenomena can be discovered and stated without any technical, let alone mathematical, refinements upon ordinary modes of thought, and without elaborate treatment of statistical figures. Nothing is farther from our minds than any acrimonious belief in the exclusive excellence of mathematical methods, or any wish to belittle the work of historians, ethnologists, sociologists, and so on. We do not want to fight anyone, or, beyond dilettantism, anything. We want to serve as best as we can.

Economics, the quantitative science

There is, however, one sense in which economics is the most quantitative, not only of "social" or "moral" science, but of all sciences, physics not excluded. For mass, velocity, current, and the like can undoubtedly be measured, but in order to do so we must always invent a distinct process of measurement.

• • •

This must be done before we can deal with these phenomena numerically. Some of the most fundamental economic facts, on the contrary, already present themselves to our observation as quantities made numerical by life itself. They carry meaning only by virtue of their numerical character. There would be movement even if we were unable to turn it into measurable quantity, but there cannot be prices independent of the numerical expression of every one of them, and of definite numerical relations among all of them.

Econometrics is nothing but the explicit recognition of this rather obvious fact, and the attempt to face the consequences of it.

Source: *The Common Sense of Econometrics*, J. A. Schumpeter, 1933, *Econometrica*, vol. 1. p. 5-12.

➥ Questions for discussion: the common sense of econometrics (box 34)

- According to Schumpeter, is economics essentially a quantitative science?
- In which way can quantitative tools be useful for economic analysis?
- According to Schumpeter, what is econometrics?

Qu'est-ce qu'un modèle quantitatif (économique) ?

Un modèle est une représentation formalisée et structurée d'un ensemble d'éléments tirés de la réalité que l'on cherche à étudier. Il ne peut être qu'une approximation : mais celle-ci doit être motivée et choisie par son concepteur. L'objectif est bien entendu que ce modèle soit le meilleur reflet de la réalité étudiée. On parlera alors de modèle représentatif. Un modèle quantitatif sera représentatif parce qu'il sera constitué d'un ensemble d'équations caractérisant de façon adaptée la réalité à étudier. Pour construire un tel modèle, il faudra avoir été suffisamment observateur pour repérer les variables clés et bien les définir. Mais il faudra aussi formuler différentes hypothèses (théoriques) de travail, à partir desquelles seront postulées (puis testées) les relations possibles entre ces variables.

➥ Defining a quantitative model

A quantitative model is a representation of a system. It implies an enhanced investigation of the properties of the system studied, but also a solid formulation of working hypotheses.

➥ Learning by doing: mon premier modèle théorique de marché[1]

Écrire la forme structurelle d'un modèle de formation du prix d'un iPhone, sachant que :

- le prix est supposé se former sur un marché dit de concurrence pure et parfaite ;
- la demande est fonction du revenu des consommateurs et du prix du produit ;
- l'offre, elle-même fonction du prix, dépend également de la capacité des producteurs à fournir la demande (mesurée par un indice noté I).

1. Si cette démarche vous paraît malgré tout obscure, consultez *Comprendre la formulation mathématique en économie*, de Didier Schlacther, paru chez Hachette Supérieur.

ÉTAPE 1 : observer et trier les informations

À l'issue d'une étude approfondie du marché de l'iPhone, on a identifié trois variables endogènes, et deux variables exogènes. Les variables endogènes sont le prix du téléphone P_t, la quantité demandée D_t et la quantité offerte de téléphones O_t. Les variables exogènes sont le revenu des consommateurs R_t ainsi que la capacité des producteurs d'iPhone à suivre la demande I_t. Les variables sont exogènes lorsqu'on connaît leur valeur sans avoir à faire de calculs (elles sont prédéterminées) ; les variables sont endogènes lorsqu'il faut calculer leur valeur en utilisant, notamment, des variables exogènes.

ÉTAPE 2 : écrire son système d'équations

La demande d'iPhone dépend de son prix et du revenu des consommateurs :

$$D = f(P_t, R_t) \quad (1)$$

L'offre d'iPhone dépend de son prix et de la capacité à produire des entrepreneurs :

$$O_t = f(P_t, I_t) \quad (2)$$

Pour que le marché soit à l'équilibre, l'offre doit être égale à la demande :

$$O_t = D_t \quad (3)$$

L'équation (3) est une équation comptable car elle traduit le fait que l'offre s'égalise à la demande. Les équations (1) et (2) sont appelées en général équations fonctionnelles.

En général, pour ne pas se tromper au moment de la construction de son modèle, on utilise différentes statistiques de base. Ces statistiques vont nous accompagner dans l'observation : on peut par exemple étudier la consommation d'iPhone sur les douze mois précédents, mais il est également possible de chercher à vérifier si cette consommation est significativement corrélée au prix de l'iPhone, ou encore si les variables exogènes que l'on aura retenu pour l'analyse sont pertinentes. Dans le premier cas on étudie une série temporelle, dans le second on fait un test de corrélation, et dans le dernier cas, on réalise une régression linéaire (voir Chapitre 1).

➥ Learning by doing: faire de la prévision

Un bureau d'études doit réaliser une prévision de court terme de la consommation d'iPhone dans une région donnée. Deux indicateurs clés ont été retenus pour cela :

- le nombre d'iPhone produits et destinés à la commercialisation sur cette région (exprimé en base 100) ;
- le nombre d'iPhone vendus.

En vous aidant du tableau ci-après :

- Vous représenterez graphiquement la liaison entre ces deux variables (deux possibilités).
- Afin de formaliser cette liaison, vous calculerez la droite de régression associée (Chapitre 1, Section II, B, encadré 9). Comment s'appelle la méthode que vous avez employée ?
- Pour vérifier la précision de cet ajustement, vous calculerez le coefficient de corrélation approprié.

Mois	Janvier	Février	Mars	Avril	Mai	Juin	Juillet	Août
Production de nouveaux iPhone	100	110	123	130	140	145	147	150
Nombre d'iPhone vendus	50	65	78	77	80	98	97	97

3 CHAPITRE

Box 35. "Why Do We sometimes Get Nonsense Correlations between Time-Series?"

I. The problem

It is fairly familiar knowledge that we sometimes obtain between quantities varying with the time (time-variables) quite high correlations to which we cannot attach any physical significance whatever, although under the ordinary test the correlation would be held to be certainly "significant". As the occurrence of such "nonsense correlations" makes one mistrust the serious arguments that are sometimes put forward on the basis of correlations between time-series – my readers can supply their own examples – it is important to clear up the problem how they arise and in what special cases. Figure 9.1 gives a very good illustration. The full line shows the proportion of Church of England marriages to all marriages for the years 1866-1911 inclusive: the small circles give the standardized mortality per 1,000 persons for the same years. Evidently there is a very high correlation between the two figures for the same year: the correlation coefficient actually works out at + 0,9512.

Now I suppose it is possible, given a little ingenuity and goodwill, to rationalize very nearly anything. And I can imagine some enthusiast arguing that the fall in the proportion of Church of England marriages is simply due to the Spread of Scientific Thinking since 1866, and the fall in mortality is also clearly to be ascribed to the progress of Science; hence both variables are largely or mainly influenced by a common factor and consequently ought to be highly correlated. But most people would, I think, agree with me that the correlation is simply sheer nonsense; that it has no meaning whatever; that it is absurd to suppose that the two variables in question are in any sort of way, however indirect, causally related to one another.

Source: "Why do We Sometimes Get Nonsense Correlations between Time-Series?", G. U. Yule, *Journal of the Royal Statistical Society*, vol. 9, 1926.

➥ Questions for discussion: nonsense correlations (box 35)

- Give a definition for a "time-variable".
- What kind of correlation was found by Yule in this study?
- How would it be possible to justify this correlation threshold?

B • Mon premier modèle économétrique

Pour montrer comment l'on passe d'un modèle théorique à un modèle économétrique, on peut reprendre l'exercice précédent (proposant d'élaborer une prévision de la consommation d'iPhone dans une région donnée). La droite de régression utilisée pour faire cette prévision n'est autre que notre modèle théorique (figure 12).

Figure 13. Consommation d'iPhone

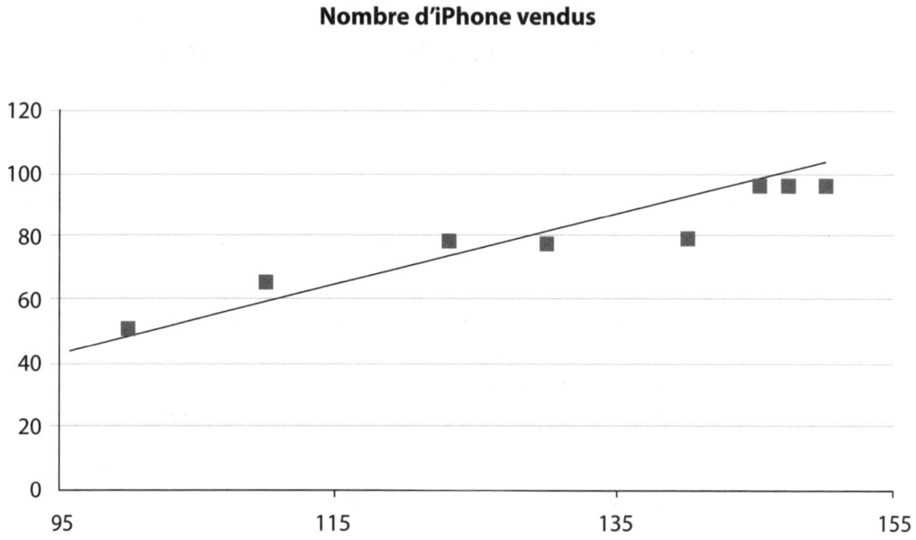

Son équation peut s'écrire de la manière suivante :

$$\hat{y}_t = a\hat{x}_t + b \quad (1)$$

Où $\hat{y}$ représente la consommation, cette fois calculée, et non observée, d'iPhone sur la région concernée ; $\hat{x}$ représente la production associée, elle aussi calculée.

Cette équation sert à élaborer une prévision. De manière plus générale, elle permet aussi de formaliser la relation qui a été observée entre y et x. Elle est par ailleurs censée présenter les écarts les plus faibles avec le nuage statistique des observations (figure 12, points gris). Mais il existe tout de même des écarts entre les valeurs de $\hat{y}$ (issues du modèle) et les valeurs de y (observées dans la réalité). La représentation théorique de ce qui a été observé dans la réalité est donc imparfaite (on parle d'une approximation). On peut l'expliquer par le fait qu'il existe d'autres variables explicatives permettant de justifier de l'évolution de la consommation d'iPhone. Mais dans l'exercice proposé, il semble que le bureau d'études ne dispose pas de ces informations. Pour autant, il n'est pas concevable pour un bureau d'études de vendre des prévisions sans avoir étudié en profondeur la portée des résultats déjà obtenus. Les ingénieurs vont donc chercher à les intégrer au modèle théorique précédent, sous la forme d'une variable supplémentaire : ε_t. Cette variable va regrouper toutes les informations manquantes et se définit tout simplement comme l'écart entre ce qui a été observé (y) et ce qui a été calculé ($\hat{y}$). Le modèle devient ainsi un modèle économétrique :

$$\hat{y} = a\hat{x}_t + b + \varepsilon_t \quad (2)$$

Les ingénieurs du bureau d'études vont alors se focaliser sur ce terme d'erreur. Plus les écarts entre l'observé et le calculé seront faibles, plus le modèle sera solide. Mais si les écarts entre le modèle et la réalité sont trop importants, les ingénieurs devront poursuivre leurs recherches afin de récolter davantage de données susceptibles de leur permettre d'améliorer leurs prévisions.

➥ Defining least squares, according to Peter Kennedy

For any set of values of the parameters characterizing a relationship, estimated values of the dependent variable (the variable being explained) can be calculated using the values of the independent variable (the explaining variables) in the data set. These estimated values (called $\hat{y}$) of the dependent variable can be substracted from the actual values (y) of the dependent variable in the data set to produce what are called the residuals ($y - \hat{y}$).

Figure 14. A methodology in 3 steps… or more!

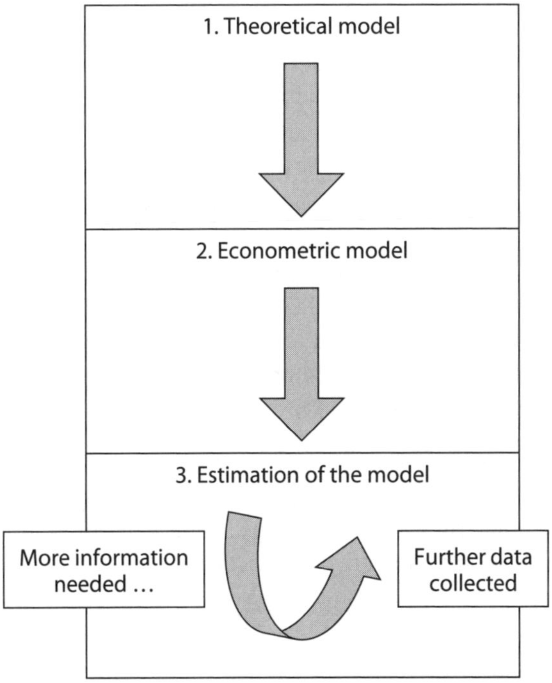

Les calculs effectués pour arriver à déterminer les valeurs des coefficients a et b ne sont rien d'autre qu'une estimation (par la méthode dite des moindres carrés ordinaires).

Il a en effet fallu calculer les valeurs de a et de b, pour toutes les valeurs que prennent et pourraient prendre la production (x) et la consommation (y) d'iPhone. En d'autres termes, il a fallu mesurer a et b pour toutes les valeurs possibles de y et de x.

Mais, dans la réalité, nous ne disposons pas de toutes ces valeurs : on ne dispose que des valeurs passées, à savoir celles qui ont déjà été réalisées. Cet échantillon de valeurs possibles de y et de x est notre base de travail. Et, parce que nous travaillons sur un échantillon, les valeurs que nous trouverons pour a et b seront, elles aussi des approximations de la réalité : on parlera d'estimateurs.

Dès lors, on peut avoir autant d'estimateurs, que de méthodes d'estimations, et donc de valeurs. Comment savoir si les estimateurs que nous avons calculés sont performants ?

Un bon estimateur doit être sans biais, convergent et efficace !

Un estimateur sans biais nous permet d'éviter de faire des erreurs systématiques, ce qui veut dire que l'influence de la production (x) sur la consommation (y) est correctement évaluée.

Un estimateur efficace fournit les estimations les plus précises des valeurs de a et de b, ce en fonction de la taille de l'échantillon.

Enfin, un estimateur convergent nous assure que toute augmentation de l'échantillon conduira forcément à une estimation plus précise de a et de b.

Dès lors, pour que l'estimateur issu des moindres carrés soit un bon estimateur (méthode retenue dans les exercices proposés jusqu'à présent), il faudra que les données de production collectées (x) ne soient ni erronées ni aléatoires. Il faudra également que la distribution des observations soit relativement stable. La variable x ne doit pas, en effet, prendre de trop grandes ou de trop petites valeurs. Il doit être possible de calculer une moyenne et une variance sur le nuage étudié. Puis, au moment d'obtenir les résultats, comme nous l'avons déjà remarqué, les valeurs prises par le terme d'erreur au cours du temps doivent être faibles, sinon négligeables.

En comparant la figure 12, situation idéale, à la figure 14, situation ou la distribution des x (nombre d'iPhone vendus) est plus problématique, on peut se rendre compte visuellement à quoi « doit » ressembler un nuage : dans la figure 14, une régression par la méthode des moindres carrés ne sera pas pertinente.

Figure 15. Situation où la méthode des moindres carrés n'est pas adaptée

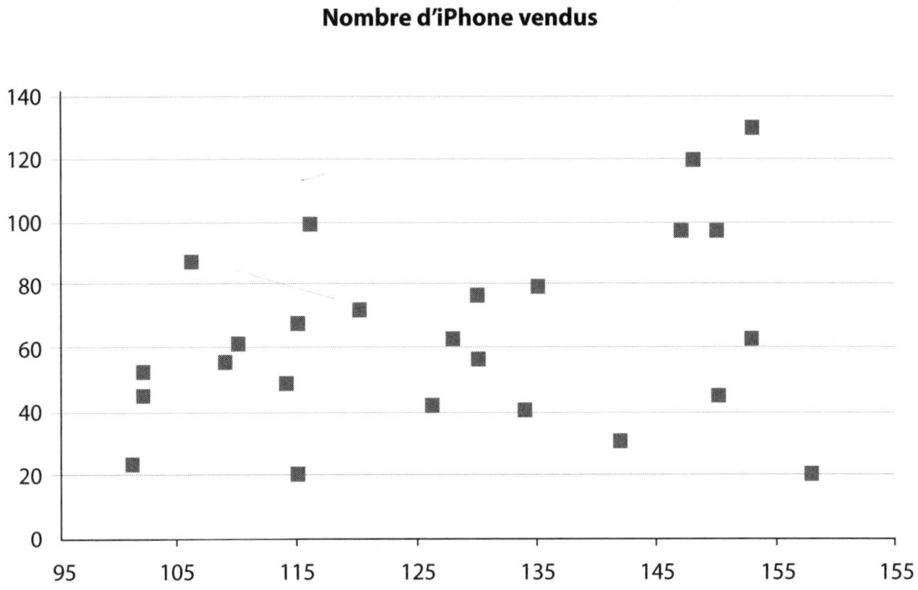

➥ PROPERTIES OF ESTIMATORS

The term estimator is used to refer to the formula that gives us a numerical value of the parameter of interest. The numerical value itself is referred to as an estimate. A good estimator will be the Best Linear Unbiased Estimator. In other words, it is the estimator that is linear and unbiased, and that has minimum variance among all linear unbiased estimators that will be BLUE.

C • Les tests à connaître

Parce que les statisticiens se trouvent régulièrement en présence de phénomènes partiellement inconnus, ou sur lesquels ils ne disposent que d'une partie de l'information, ils organisent généralement leur travail de la façon suivante :

1. Ils formulent des hypothèses théoriques sur ce qu'ils étudient.
2. Ils construisent un échantillon, qui devrait leur permettre de réaliser une estimation des paramètres non prédéterminés de leur modèle. Pour cela, il leur faut sélectionner une méthode d'estimation adaptée et obtenir de bons estimateurs.
3. Ils vérifient la qualité des estimateurs obtenus, remettent en cause les hypothèses initialement formulées, bref manipulent leurs résultats afin de s'assurer que leurs prévisions seront suffisamment solides.

Les deux sections précédentes ont été l'occasion de développer les deux premières étapes de travail du statisticien. La théorie des tests est la dernière et la plus importante des étapes : elle va permettre de finaliser l'étude engagée. Il existe à l'heure actuelle de très nombreux tests possibles. On peut citer les tests de moyenne et de comparaison des moyennes, les tests de variance et d'association (appelés tests du Khi-deux). Lorsqu'il s'agit de construire des prévisions basées sur un modèle économétrique, deux tests essentiels peuvent être utilisés : le test de Student et le test de Durbin Watson.

Le test de Student

Le test de Student a déjà été introduit dans le premier chapitre. Il permet de vérifier la validité des résultats obtenus. On parlera de significativité au sens statistique. Dans l'exercice précédent, il s'agissait de prévoir à court terme, l'évolution de la consommation d'iPhone, à l'aide du modèle économétrique (2).

Dans quelle mesure la variable *x* est-elle réellement pertinente pour expliquer *y* ?

Pour vérifier la significativité de la valeur obtenue pour *a*, on réalise un test paramétrique de Student. Deux hypothèses sont envisagées. La première, Ho, suppose que la variable *x* n'est pas statistiquement significative. Cela veut dire qu'elle n'est pas significativement différente de zéro. Si cette hypothèse est vérifiée, *x* ne disposerait donc d'aucun pouvoir explicatif sur *y*. La seconde hypothèse, appelée hypothèse alternative, suppose le contraire.

➥ Learning by doing: faire un test de Student

Au cours d'une étude, on a obtenu les résultats suivants :

$$\hat{y}_t = 0{,}252\hat{x}_t + 1{,}4$$

Une fois vérifiée la pertinence de ma méthode d'estimation, on va maintenant chercher à vérifier si la variable *x* est réellement utile pour expliquer *y*. On va donc chercher à savoir si $\hat{a}$, ici égal à 0,252 est significativement différent de zéro. Pour cela, on réalise le test d'hypothèse suivant :

H*o* : $a = 0$ dans ce cas, *a* ne dispose d'aucun pouvoir explicatif sur *y*.
H*a* : $a \neq 0$ dans ce cas, *a* dispose d'un pouvoir explicatif sur *y*.

On sait également que l'écart type de $\hat{a}$ est égal à 0,009, et que la taille de l'échantillon sur lequel a porté le calcul est de dix observations. Il ne reste plus qu'à faire le test, en calculant le fameux *t* de Student :

$$t = \frac{\hat{a}}{\sigma_{\hat{a}}} = \frac{0{,}252}{0{,}009} = 28$$

Ce *t* est supposé suivre une loi de Student à (T – *n*) degrés de libertés, T étant la taille de l'échantillon et *n* le nombre de coefficients de régression, *y* compris la constante *b*, utilisés dans le modèle linéaire. Le nombre de degrés de libertés est donc de 10 – 2 = 8, il ne me reste plus qu'à consulter ma table de Student (voir en fin de chapitre). Avec une marge d'erreur de 1 %, et 8 degrés de libertés, *t* est égal à 3,355.

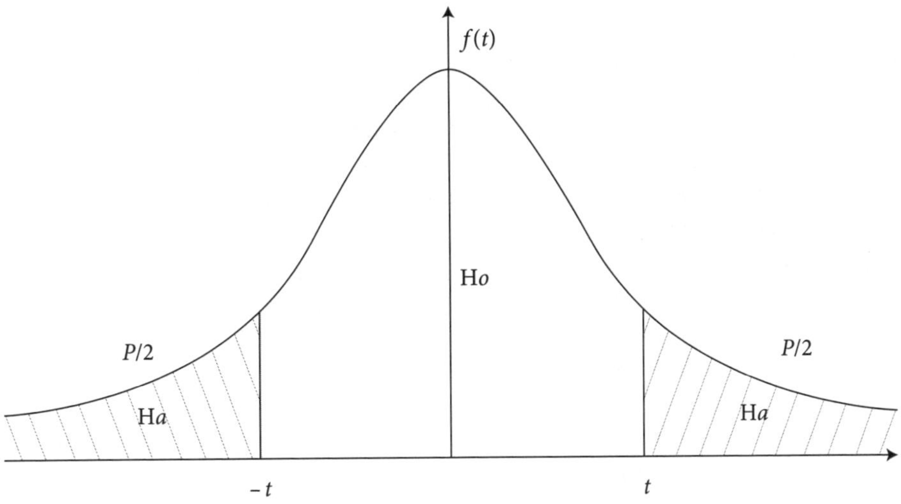

La règle de décision est alors la suivante : si le t que l'on a calculé est proche de 0, alors on va retenir l'hypothèse Ho (dans ce cas, le t calculé se trouve dans la zone blanche). Si le t que l'on a calculé est dans l'une ou l'autre des zones hachurées alors on retiendra l'hypothèse Ha. Dans le cas qui nous occupe, on retiendra l'hypothèse selon laquelle x dispose d'un pouvoir explicatif sur y (Ha car $28 > 3,355$).

Une autre solution peut aussi consister à faire le calcul qui suit :

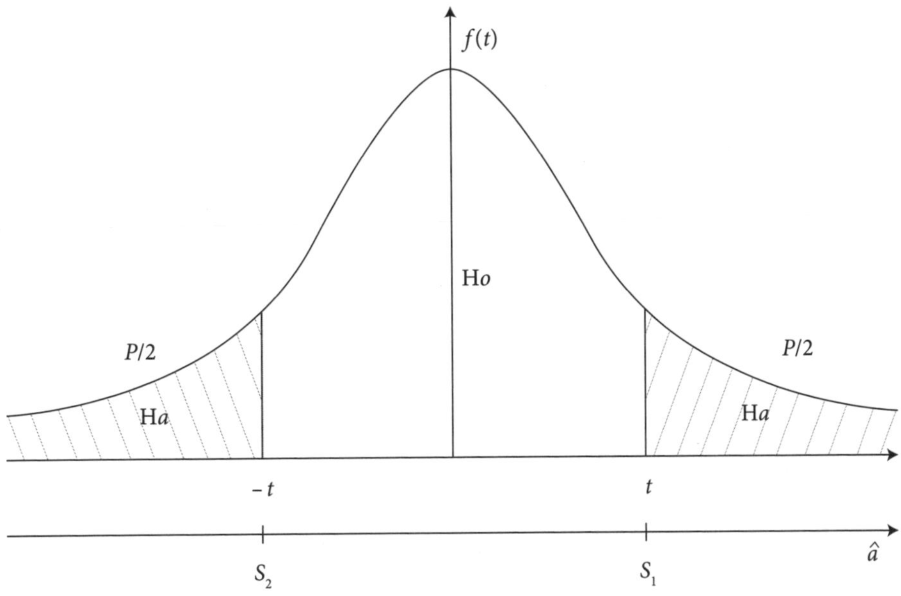

Avec $S_1 = 3,355\,\sigma_{\hat{a}} = 0,030195$ et $S_2 = -3,355\,\sigma_{\hat{a}} = -0,030195$.

Étant donné que $\hat{a}$ (0 , 252) est supérieur au seuil S_1, on retiendra l'hypothèse alternative.

Le test de Durbin Watson

Après avoir estimé notre modèle économétrique, on peut calculer les résidus (ou termes d'erreurs) associés. Comme nous l'avions précédemment expliqué, les erreurs tirées de l'estimation par les moindres carrés ordinaires sont définies comme la différence entre les valeurs observées et les valeurs estimées, soit $\varepsilon_t = y + \hat{y}$. Pour que la méthode des moindres carrés soit pertinente, il ne faut pas que ces écarts disposent d'une trop grande importance.

En réalité, il faudra même être plus exigeant : ces résidus devront être négligeables, pas uniquement parce que les valeurs qu'ils prendront sur la période étudiée seront faibles, mais aussi parce que ces valeurs ne disposeront pas de lien entre elles. En effet, si jamais il existait un lien entre les valeurs obtenues pour ces écarts, cela constituera la preuve (ou au moins introduira le doute) sur l'existence d'une dynamique explicative de *y*, qui n'aura pas été prise correctement en compte dans le modèle. On va donc réaliser un test d'auto-corrélation des résidus.

Calculer le coefficient de Durbin Watson

Le coefficient de Durbin Watson se calcule de la façon suivante :

$$d = \frac{\sum_{i=1}^{T} (\hat{\varepsilon}_t - \hat{\varepsilon}_{t-1})^2}{\sum_{i=1}^{T} (\hat{\varepsilon}_t^2)}$$

Ce coefficient oscille généralement entre 0 et 4, suivant la valeur de l'auto-corrélation existant entre les résidus. Lorsque *d* est proche de 0, l'auto-corrélation sera positive. Lorsque *d* est proche de 4, l'auto-corrélation sera négative. Enfin, lorsque *d* est proche de 2, on parlera d'indépendance des résidus.

Durbin et Watson ont montré que *d* se trouvait entre deux fonctions d_1 et d_2 :

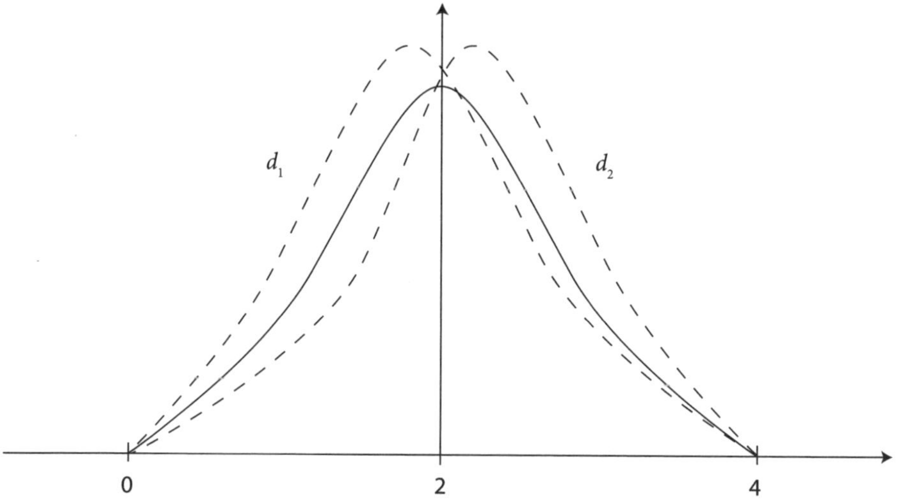

Ces valeurs sont disponibles dans la table (voir en fin de chapitre) de Durbin Watson. Elles dépendent bien entendu de la taille de l'échantillon, et du nombre $n - 1$ de variables explicatives (sans prendre en compte cette fois la constante) du modèle linéaire.
La règle de décision est la suivante :
- L'auto-corrélation sera positive si $0 < d < d_1$ et négative si $4 - d_2 < d < 4$.
- Il y aura un doute si $d_1 < d < d_2$ et pas d'auto-corrélation si $d_2 < d < 4 - d_2$.

➥ Learning by doing: faire un test de Durbin Watson

On élabore le test suivant :
H*o* : il y a indépendance des résidus. H*a* : il y a auto-corrélation des résidus.

Si d est égal à 3,31 (il y a trois variables dans le modèle linéaire et vingt observations), avec 2,5 % de marge d'erreur, on obtient dans la table $d_1 = 0{,}89$ et $d_2 = 1{,}55$.

Étant donné que $4 - d_2 < d < 4$, on retiendra l'hypothèse alternative selon laquelle il y auto-corrélation négative des résidus.
Généralement, les statisticiens ne calculent que le coefficient de Durbin Watson. Il est en effet possible d'avoir déjà une idée sur l'auto-corrélation des résidus à partir de la valeur obtenue pour d. Qui plus est, dans la règle de décision du test, il existe une zone de doute. De ce fait, cette statistique n'est pas forcément la plus fiable. Pour cette raison, les statisticiens étudient également ce qu'on appelle le corrélogramme. Ce dernier va permettre d'étudier les liaisons entre les erreurs obtenues. On va donc calculer la corrélation existant entre les différents résidus : il s'agit de mesurer les coefficients d'auto-corrélation des résidus.

Ces résultats peuvent ensuite être présentés sous forme graphique :

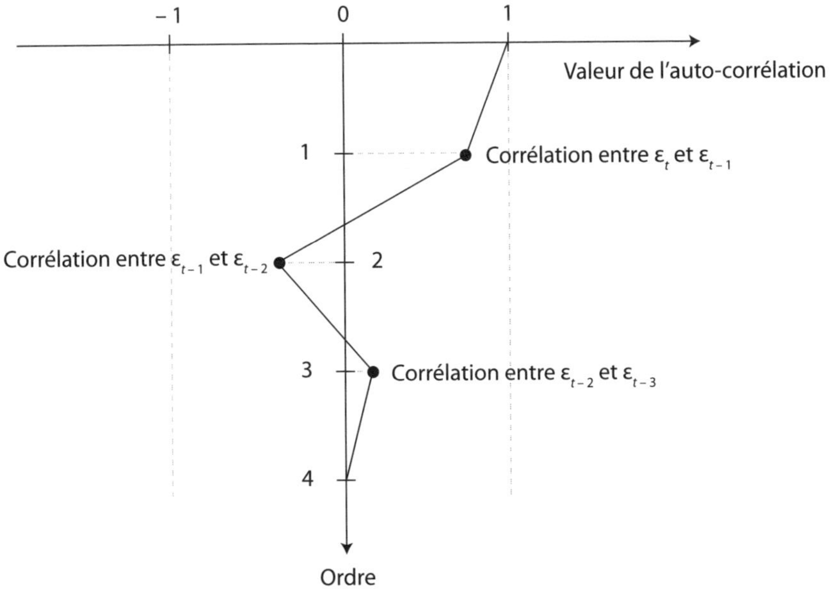

Dans ce graphique, on voit qu'il y a une auto-corrélation positive entre le résidu en t et le résidu en $t - 1$. Cette corrélation devient négative entre le résidu en $t - 1$ et le résidu entre $t - 2$. La corrélation devient nulle à l'ordre 4.

Box 36. "Toward Partial Redirection of Econometrics"

III.

Having briefly discussed the needs of the economic policy maker, let us now turn our attention to the efforts of the econometric model builder. (…) In all of these models an attempt is made to represent the economy by a set of equations for the most part linear in nature. The variables appearing in these equations are divided into two groups: endogenous and exogenous. Each of these models contains as many equations as there are current endogenous variables. Each equation, other than purely definitional equations, is imagined to hold only in a statistical sense. The equations having been set up, their parameters are estimated so as to fit the model to some existing body of data. (…)

The division of variables into endogenous and exogenous is of central importance in much of the literature in economic theory and in econometrics. Frequently the literature is far from explicit about the difference between endogenous and exogenous variables. And sometimes the distinction is merely used for the purpose of arbitrarily setting the limits of the problem under consideration. However, I think that the most commonly stated notion of exogenous variables is that they are variables which affect the economic system but are not in turn affected by it, or at least are only affected to a negligible degree by it. Whether this definition is operationally clear is perhaps open to question. (…)

The interest of econometricians has been too much preoccupied with estimating inter-relationships in the economic system to the almost complete neglect of testing hypotheses about which variables are wholly or partially exogenous to the economic system.

Source: "Toward Partial Redirection of Econometrics", G. H. Orcutt *versus* T. C. Koopmans, Orcutt-Koopmans debate, *Review of Economics and Statistics*, vol. 34, 1952.

➥ Questions for discussion: partially exogenous variables (box 36)

- Explain in what way the definition given by Orcutt of exogenous variables is not entirely the same as the one developed in this chapter.
- What is the main problem highlighted in this text?
- Looking back to box 34, compare Schumpeter's vision to the one developed in box 36.

Conclusion
Synthèse du troisième chapitre

C'est au travers des écrits de R. Lucas, T. Sargent, N. Wallace et R. Barro que **la nouvelle macroéconomie classique** (NMC) est venue bouleverser l'analyse du cycle et de la croissance au milieu des années 1970. Le cycle devient l'illustration d'un **ajustement optimal de l'économie à l'équilibre**. Dans la NMC, on se focalise avant tout sur le **marché de travail.** Les agents économiques n'y sont pas victimes, comme chez les monétaristes, d'une illusion monétaire : ils s'adapteront aux conditions de leur environnement de manière quasi-immédiate.

Comme ils élaborent des **anticipations rationnelles**, ils ne sont pas supposés se tromper de façon systématique. Le **chômage** n'est donc pas un phénomène **involontaire**. Et dans ce cadre, la politique monétaire, tout comme la politique budgétaire, ne peuvent avoir d'effets dans l'économie, sauf si ces dernières ne sont pas anticipées par les agents (mais cet effet de surprise ne pourra être que de courte durée). Ce sont donc des **chocs non anticipés** qui vont expliquer le sens pris par le cycle économique. Les prix jouent un rôle de signal essentiel dans la NMC : ils constituent la base des anticipations réalisées par les agents économiques.

À partir de 1982, on s'intéressera à l'occurrence de **chocs réels** (TCR). Le modèle fondateur de Kydland et Prescott donnera une nouvelle impulsion à l'analyse des fluctuations. Ce sont désormais les **chocs de productivités temporaires** et non anticipés qui vont justifier du sens pris par le cycle économique. Et dans cette optique, ce sont les **variations du trend** qui importent aux économistes. La modélisation et les techniques économétriques trouveront toute leur place dans ces nouvelles approches. Pour autant, l'élaboration de **modèles économétriques** ainsi que leur estimation sont sujets à débats. Les définitions retenues pour les variables, qu'elles soient endogènes ou exogènes, ou même les méthodes retenues pour l'analyse ne sont en effet que des tentatives d'**approximation de la réalité**. La science économique ne peut donc se limiter à de telles approches.

Box 37. Rational Expectations and the Role of Fiscal Policy

The policy implications stemming from the rational expectations doctrine have been concerned primarily with monetary changes and culminate in the conclusion that anticipated changes in money stock can exert no real effects upon output and employment.
On occasions, this emphasis has been carried over to the sphere of fiscal policy. Fiscal changes, it is argued, are important only insofar as they influence the money stock; accordingly, anticipated fiscal policy will be as impotent in its effects as anticipated monetary policy. This extreme monetarist interpretation of fiscal policy emphasizes the role of the budget constraint and claims that any fiscal action has financial implications; an increase in the budget deficit, for example, must be financed by an increase in the high powered money supply, an increase in the volume of bond holding or some combination of the two. (…)

Source: *Rational Expectations, an Elementary Position*, G. K. Shaw, Harvester Press, p. 93, 1984.

Encadré 38. Théorie keynésienne *versus* Nouvelle Économie Classique

	La théorie keynésienne	La Nouvelle Économie Classique
Vision	• Marchés fondamentalement instables. • État nécessaire à la stabilisation macroéconomique.	• Marchés fondamentalement stables. • État *a priori* perturbateur.
Question centrale	• Expliquer le chômage involontaire.	• Rendre compte du cycle sous l'hypothèse de marchés walrasiens.
Concepts de base	• Dichotomie entreprises/ ménages, épargne/ investissement. • Demande effective. • Liquidité et incertitude.	• Agent (représentatif) optimisant sur un horizon intertemporel. • Les marchés s'équilibrent. • Chocs monétaires ou réels.
Outils	• Chiffrement par la Comptabilité Nationale des flux circulant entre entreprises, ménages, systèmes financiers, État et extérieur… • Relations entre agrégats macroéconomiques. • Tests de modèles économétriques utilisés en simulation.	• Un modèle d'équilibre général réduit à un seul agent, mais une multiplicité de périodes. • Choix du producteur et du consommateur en présence de chocs de productivité (…). • Calibrage et simulation pour reproduire les faits stylisés.
Résultats	• Stabilité d'un équilibre de sous-emploi. • Dans ce contexte, le budget et la monnaie ont un impact réel. • Les interventions publiques facilitent les décisions privées.	• Reproduction du cycle économique sous des hypothèses de plein-emploi. • La monnaie est neutre à long terme. • Les interventions publiques altèrent les incitations privées.
Recommandation de politique économique	• L'État peut et doit agir sur la demande. • La stabilisation conjoncturelle est du ressort de l'État.	• L'État doit s'abstenir d'une politique budgétaire active. • Il faut minimiser les effets défavorables des interventions de l'État.

Source : R. Boyer, *De la « théorie générale » à la Nouvelle Économie Classique : une réflexion sur la nouveauté en macroéconomie*, L'Harmattan, 1998.

Tableau 4. Table de Student

Cette table donne la distribution de *t*, en fonction du nombre de degrés de libertés et de la marge d'erreur retenus.

Ddl \ Marge	0,90	0,50	0,20	0,10	0,05	0,01	0,001
1	0,158	1,000	3,078	6,314	12,706	63,657	636,619
2	0,142	0,816	1,886	2,920	4,303	9,925	31,599
3	0,137	0,765	1,638	2,353	3,182	5,841	12,924
4	0,134	0,741	1,533	2,132	2,776	4,604	8,610
5	0,132	0,727	1,476	2,015	2,571	4,032	6,869
6	0,131	0,718	1,440	1,943	2,447	3,707	5,959
7	0,130	0,711	1,415	1,895	2,365	3,499	5,408
8	0,130	0,706	1,397	1,860	2,306	3,355	5,041
9	0,129	0,703	1,383	1,833	2,262	3,250	4,781
10	0,129	0,700	1,372	1,812	2,228	3,169	4,587
11	0,129	0,697	1,363	1,796	2,201	3,106	4,437
12	0,128	0,695	1,356	1,782	2,179	3,055	4,318
13	0,128	0,694	1,350	1,771	2,160	3,012	4,221
14	0,128	0,692	1,345	1,761	2,145	2,977	4,140
15	0,128	0,691	1,341	1,753	2,131	2,947	4,073
16	0,128	0,690	1,337	1,746	2,120	2,921	4,015
17	0,128	0,689	1,333	1,740	2,110	2,898	3,965
18	0,127	0,688	1,330	1,734	2,101	2,878	3,922
19	0,127	0,688	1,328	1,729	2,093	2,861	3,883
20	0,127	0,687	1,325	1,725	2,086	2,845	3,850
21	0,127	0,686	1,323	1,721	2,080	2,831	3,819
22	0,127	0,686	1,321	1,717	2,074	2,819	3,792
23	0,127	0,685	1,319	1,714	2,069	2,807	3,768
24	0,127	0,685	1,318	1,711	2,064	2,797	3,745
25	0,127	0,684	1,316	1,708	2,060	2,787	3,725
26	0,127	0,684	1,315	1,706	2,056	2,779	3,707
27	0,127	0,684	1,314	1,703	2,052	2,771	3,690
28	0,127	0,683	1,313	1,701	2,048	2,763	3,674
29	0,127	0,683	1,311	1,699	2,045	2,756	3,659
30	0,127	0,683	1,310	1,697	2,042	2,750	3,646
40	0,126	0,681	1,303	1,684	2,021	2,704	3,551
80	0,126	0,678	1,292	1,664	1,990	2,639	3,416
120	0,126	0,677	1,289	1,658	1,980	2,617	3,373

Tableau 5. Table de Durbin Watson

Cette table donne les valeurs de d_1 et d_2 en fonction du nombre de variables explicatives, de la taille de l'échantillon, et d'une marge d'erreur de 2,5 %.

	1 variable		2 variables		3 variables		4 variables		5 variables	
	d_1	d_2	d_1	d_2	d_1	d_2	d_1	d_2	d_1	d_2
20	1,08	1,28	0,99	1,41	0,89	1,55	0,79	1,70	0,70	1,87
21	1,10	1,30	1,01	1,41	0,92	1,54	0,83	1,69	0,73	1,84
22	1,12	1,31	1,04	1,42	0,95	1,54	0,86	1,68	0,77	1,82
23	1,14	1,32	1,06	1,42	0,97	1,54	0,89	1,67	0,80	1,80
24	1,16	1,33	1,08	1,43	1,00	1,54	0,91	1,66	0,83	1,79
25	1,18	1,34	1,10	1,43	1,02	1,54	0,94	1,65	0,86	1,77
26	1,19	1,35	1,12	1,44	1,04	1,54	0,96	1,65	0,88	1,76
27	1,21	1,36	1,13	1,44	1,06	1,54	0,99	1,64	0,91	1,75
28	1,22	1,37	1,15	1,45	1,08	1,54	1,01	1,64	0,93	1,74
29	1,24	1,38	1,17	1,45	1,10	1,54	1,03	1,63	0,96	1,73
30	1,25	1,38	1,18	1,46	1,12	1,54	1,05	1,63	0,98	1,73
31	1,26	1,39	1,20	1,47	1,13	1,55	1,07	1,63	1,00	1,72
32	1,27	1,40	1,21	1,47	1,15	1,55	1,08	1,63	1,02	1,71
33	1,28	1,41	1,22	1,48	1,16	1,55	1,10	1,63	1,04	1,71
34	1,29	1,41	1,24	1,48	1,17	1,55	1,12	1,63	1,06	1,70
35	1,30	1,42	1,25	1,48	1,19	1,55	1,13	1,63	1,07	1,70
36	1,31	1,43	1,26	1,49	1,20	1,56	1,15	1,63	1,09	1,70
37	1,32	1,43	1,27	1,49	1,21	1,56	1,16	1,62	1,10	1,70
38	1,33	1,44	1,28	1,50	1,23	1,56	1,17	1,62	1,12	1,70
39	1,34	1,44	1,29	1,50	1,24	1,56	1,19	1,63	1,13	1,69
40	1,35	1,45	1,30	1,51	1,25	1,57	1,20	1,63	1,15	1,69
45	1,39	1,48	1,34	1,53	1,30	1,58	1,25	1,63	1,21	1,69
50	1,42	1,50	1,38	1,54	1,34	1,59	1,30	1,64	1,26	1,69
55	1,45	1,52	1,41	1,56	1,37	1,60	1,33	1,64	1,30	1,69
60	1,47	1,54	1,44	1,57	1,40	1,61	1,37	1,65	1,33	1,69
65	1,49	1,55	1,46	1,59	1,43	1,62	1,40	1,66	1,36	1,69
70	1,51	1,57	1,48	1,60	1,45	1,63	1,42	1,66	1,39	1,70
75	1,53	1,58	1,50	1,61	1,47	1,64	1,45	1,67	1,42	1,70
80	1,54	1,59	1,52	1,62	1,49	1,65	1,47	1,67	1,44	1,70
85	1,56	1,60	1,53	1,63	1,51	1,65	1,49	1,68	1,46	1,71
90	1,57	1,61	1,55	1,64	1,53	1,66	1,50	1,69	1,48	1,71
95	1,58	1,62	1,56	1,65	1,54	1,67	1,52	1,69	1,50	1,71
100	1,59	1,63	1,57	1,65	1,55	1,67	1,53	1,70	1,51	1,72

Références

F. ALLEN, S. MORRIS et H. S. SHIN, 2006, « Beauty Contests and Iterated Expectations in Asset Markets », *The Review of Financial Studies*, 19, n° 3, 719-52.

R. J. BARRO, 1973, « Are Government Bonds Net Wealth? », *Journal of Political Economy*.

D. H. BEGG, 1982, *The Rational Expectations Revolution in Macroeconomics, Theories and Evidence*, Worcester College, Oxford.

R. BOYER, 1998, « Théorie keynésienne *versus* Nouvelle économie classique, de la théorie générale à la nouvelle économie classique : une réflexion sur la nouveauté en économie », *Cahiers d'économie politique*, L'Harmattan.

D. CROUSHORE, 1993, « Introducing: The Survey of Professional Forecasters », *Business Review*, Federal Reserve Bank of Philadelphia, 3-15.

J. JEONG et G. S. MADDALA, 1996, « Testing the Rationality of Survey data using the Weighted double-bootstrapped Method of Moments », *Review of Economics and Statistics*, 78 (2), 296-302.

P. KENNEDY, 1998, *A guide to Econometrics*, Blackwell Publishers.

F. E. KYDLAND et E. C. PRESCOTT, 1982, *Time to Build and Aggregate fluctuations, Econometrica*, volume 50, number 6.

H. LAMOTTE et J. P. VINCENT, 1993, *La nouvelle macroéconomie classique*, Que sais-je, Presses Universitaires de France.

N. G. MANKIW, 1989, « Real Business Cycles : a New Keynesian Perspective », *Journal of Economic Perspectives*, volume 3, number 3.

C. F. MANSKI, 2004, *Measuring Expectations, Econometrica*, 72, n° 5, 1329-76.

D. Mc FADDEN, 1984, « Econometric analysis of qualitative response models », *Handbook of Econometrics*, vol II, Elsevier, Amsterdam.

P. MINFORD et D. PEEL., 1983, *Rational Expectations and the New Macroeconomics*, Oxford.

A. MONJALLON, 1958, *Introduction à la méthode statistique*, Vuibert.

G. H. ORCUTT et T. C. KOOPMANS, 1952, « Toward Partial Redirection of Econometrics », Orcutt-Koopmans debate, *Review of Economics and Statistics*, volume 34.

M. PARNAUDEAU, 2010, « L'instabilité récurrente des marchés financiers : les anticipations des acteurs au centre d'un système mondialisé », *Revue Française de Gouvernance d'Entreprise*, n° 7.

P. Samuelson,
- 1938, « A note on the Pure Theory of Consumer Behavior », *Economica*, 5, 61-71.
- 1948, « Consumption Theory in terms of Revealed Preferences », *Economics*, 15, 243-53.

D. Schlacther, 1990, *Comprendre la formulation mathématique en économie*, Hachette Supérieur.

J. A. Schumpeter, 1933, *The Common Sense of Econometrics*, *Econometrica*, volume 1.

S. M. Sheffrin,
- 1983, *Rational Expectations*, Cambridge Surveys of Economic Literature, Cambridge University Press.
- 1989, *The Making of Economic Policy*, Basil Blackwell.

G. U. Yule, 1926, « Why Do We sometimes Get Nonsense Correlations between Time-Series? », *Journal of the Royal Statistical Society*, volume 9.

Sitographie

• **Courbe de Phillips**
http://www.econreview.com/phillips/

Chapitre 4

Cycle et grandes crises modernes : l'analyse théorique à l'épreuve des faits

Chapitre 4

Cycle et grandes crises modernes : l'analyse théorique à l'épreuve des faits

4

Introduction

Le xxe siècle a vu se succéder des crises d'origines variées et d'amplitude variable. Jusqu'en 1929, date du premier grand krach financier international, les crises étaient de large envergure et avaient de sérieuses répercussions tant sur le plan économique des États que sur le plan strictement financier. Depuis les quinze dernières années, on assiste à des phénomènes répétitifs (en moyenne une crise tous les deux ans) concentrés sur des périodes relativement courtes. Économistes et historiens n'ont eu de cesse que de tenter d'en expliciter le déroulement, les similitudes mais aussi les différences.

Avant Keynes, les théories monétaires pures (Hawtrey) ou les théories du surinvestissement (Wicksell, Hayek) ont analysé ces phénomènes en mettant le crédit au cœur de leur argumentation. Depuis la révolution keynésienne, l'accent a été mis sur les aspects informationnels et d'anticipations à l'origine des crises financières, bancaires et de change. En effet, l'asymétrie informationnelle, les comportements mimétiques décrits par Keynes ou l'économie casino de Suzanne Strange (1998) ne sont pas le fait spécifique de la globalisation financière mais la résultante d'un comportement non rationnel des investisseurs.

L'objectif de ce chapitre est donc de présenter et d'expliciter l'origine des crises, afin de mieux comprendre quelle influence ces dernières peuvent avoir sur l'économie réelle. Ces descriptions empiriques seront reliées aux différents cadres théoriques développés dans les précédents chapitres. Trois types de crises seront envisagés et analysés : les crises financières et les crises bancaires (Section I), les crises de change (Section II), et les crises de la dette (Section III).

Tableau 6. Principales crises de l'économie mondiale durant le siècle dernier

- Crise spéculative et inflationniste généralisée en 1929.
- Krach boursier de 1987.
- Chute patrimoniale au Japon en 1990-91 couplée à une crise boursière.
- Crise immobilière et bancaire généralisée au début des années 1990 (États-Unis avec les Savings and Loans, Royaume-Uni, pays nordiques, Crédit Lyonnais...).
- Crise mexicaine en 1994-95.
- Crise des pays émergents d'Asie en 1997-98 avec dépréciations brutales des parités, chute des bourses locales, et ouverture des spreads.
- Crise de la Russie (défaut des bons du Trésor) de LTCM, des emprunteurs à risque et finalement du Brésil en 1998-99.
- Crise boursière des entreprises de nouvelles technologies de 2000 à 2003.
- Crise argentine depuis la fin 2001.
- Crise du marché du crédit et de l'information financière (*cf.* Enron...) en 2002.
- Crise Parmalat en Italie.
- Crise des *subprimes* depuis 2007.

SECTION I • Les crises financières et les crises bancaires

Les crises financières et boursières sont, paraît-il, un « éternel recommencement ». Pourtant, au-delà de leur fréquence d'apparition, beaucoup d'éléments contextuels ont dû être pris en considération au moment d'expliquer leur apparition et leur déroulement. Peu fréquentes de 1880 à 1913, elles ont été nombreuses dans l'entre-deux guerres. Après une absence quasi-totale pendant la période de Bretton Woods, elles ont réapparu dans les années 1970, et depuis n'ont cessé de se multiplier (*cf.* tableau 6).

Un des traits marquants des crises financières récentes est leur aspect fortement récessionniste (A). En 1998, le FMI avait estimé à 11,5 % l'impact des crises bancaires sur le PIB (cet impact étant mesuré par l'écart entre le taux de croissance PIB des deux ou trois années précédant la crise et le taux de croissance des deux ou trois années qui la suivent). Si leur impact sur la croissance économique est considérable, les crises bancaires sont à distinguer des crises financières (B).

A • Les crises financières

Les crises financières et/ou boursières relèvent toutes deux du fonctionnement des marchés financiers et affectent tant les sphères réelles que financières. Une bonne compréhension de ces phénomènes est d'autant plus importante que les entreprises, depuis les années 90, ont de plus en plus recours aux marchés financiers au moment de financer leurs projets d'investissement.

➥ Définir une crise boursière

> *Selon R. Boyer, M. Dehoye, et D. Plihon,* Les crises financières, *2004.*
> Un marché boursier est considéré en crise lorsqu'au cours d'une période donnée (dite fenêtre), la variation de l'indice du cours a dépassé un certain seuil, dont la valeur choisie est de 20 %, par référence aux krachs de 1929 et 1987.

Un facteur essentiel à prendre en compte pour étudier les crises boursières est la capacité des agents à avoir accès à l'information. Cette information porte sur le prix des actifs échangés, mais aussi le degré de risque associé aux transactions que l'on réalisera sur le marché. Parce que les agents n'ont pas accès à ces informations de la même façon ou dans les mêmes quantités, l'information joue un rôle crucial au moment de justifier puis d'expliquer le déroulement d'une crise.

Dans ce cadre, une première étape consiste à savoir mesurer correctement la valeur d'une action. La valeur l'action (V_0) au moment de son émission, sa valeur à la période suivante (il y aura « valorisation » de l'action : V_1), mais aussi et surtout son taux de rentabilité. Ce taux est bien entendu un taux de rentabilité espéré, puisqu'il porte sur le futur. Plus le taux de rentabilité est élevé, plus l'actif sera attractif aux yeux des investisseurs.

Encadré 39. Mesurer la rentabilité d'un actif

Le taux de rentabilité d'un actif correspond au taux de croissance de la valeur de l'actif sur une période donnée.

Partons d'un actif dont la valeur est de 100 euros en janvier 2010. En janvier 2011, cet actif donne lieu à un versement de dividende d'1 euro, et sa valeur passe à 109 euros. Le taux de rentabilité de cet actif pourra être calculé de la manière suivante :

$$(1 + 9) / 100 = 0,1 \text{ soit } 10\ \%$$

Si ce même actif, en janvier 2011, ne valait plus que 90 euros, son taux de rentabilité sera le suivant :

$$-10/100 = -0,1 \text{ soit } -10\ \%$$

En d'autres termes, si la valeur de l'actif descend en dessous de sa valeur d'émission, et que son détenteur ne l'anticipe pas, notre investisseur perdra de l'argent.

Ce petit exemple simplifié introduit un paramètre essentiel pour comprendre le fonctionnement du marché financier : le risque. Sans risque, les agents ne détiendraient qu'un seul titre : celui dont le rendement est le plus élevé. Dans un univers risqué, la recherche d'un certain rendement pour un placement va aboutir à la constitution d'un portefeuille combinant à la fois risque et rentabilité. Il s'agit de la gestion de portefeuille : on s'intéresse à la manière dont les agents vont affecter leur richesse sous formes d'actifs. Parce que les revenus qu'ils vont tirer de ces actifs sont aléatoires, leur arbitrage n'est pas facile à formaliser. Quels sont les critères sur lesquels va se baser l'agent rationnel, au moment de choisir une combinaison de biens qui n'apportent que des revenus aléatoires ?

S'il s'agit ici encore d'un problème à la Robinson (*cf.* Chapitre 3), la formalisation du choix est un peu plus compliquée. Jusqu'à présent, Robinson n'avait à choisir qu'entre son loisir et son travail (la récolte de bananes). Si sa nature rationnelle le faisait élaborer un choix réfléchi avant d'agir, il savait ce que pouvait lui rapporter la consommation d'une banane (effet de revenu : ventre bien rempli), ou un effort de plus aujourd'hui (effet de substitution intertemporel : un effort de moins demain).

Si l'île de Robinson devient un marché financier, alors ce que lui rapporte la récolte de bananes devient aléatoire. Du coup, en plus du reste, Robinson devra évaluer le risque à ce que l'effort qu'il a fourni pour récolter ses bananes ne lui apporte plus la satisfaction escomptée, ou pire, le rende malade.

Le véritable problème est donc ici de bien mesurer le risque. Dans l'univers des marchés financiers, les agents désirent constituer des portefeuilles d'actions qui leur assureront les meilleurs rendements, compte tenu de leurs préférences. Ces préférences dépendent alors aussi de leur attitude vis-à-vis du risque. Le seul « avantage » dont dispose notre agent dans cet univers risqué, c'est qu'il va pouvoir élaborer des probabilités quant à la valorisation future des actifs qu'il envisage d'intégrer à son portefeuille[1].

De façon simple, comment peut-on définir la relation qui existe entre le risque et la rentabilité ?

Un agent économique, au moment d'élaborer son portefeuille, va chercher à combiner différents titres. Sur le marché, imaginons seulement deux actifs à sa disposition : un actif sans risque (comme par exemple un bon émis par le Trésor Public, dont la rentabilité sera notée *ks*) et un actif risqué (dont la rentabilité sera appelée cette fois *km*). C'est alors le rendement du portefeuille *k* qui va intéresser l'investisseur : il s'agit bien sûr d'une rentabilité espérée. Cette dernière est fonction du rendement de l'actif sans risque, et de ce qu'on appelle une prime de risque, qui va refléter le caractère aléatoire du revenu passible d'être tiré de l'actif classique (ou risqué).

---

1. Ceux qui souhaitent approfondir leurs connaissances sur ces questions pourront le faire au travers de l'étude du modèle de Gordon-Shapiro (1956) ou de celui de Bates (1962). Ces deux modèles constituent une première approche de la question de l'évaluation actuarielle et simplifiée d'actions.

Encadré 40. La relation risque-rentabilité

On pose :
- k la rentabilité espérée du portefeuille ;
- ks la rentabilité du placement sans risque ;
- km la rentabilité espérée du marché boursier ;
- β mesurant la sensibilité de la rentabilité du portefeuille aux fluctuations des actifs sur le marché financier.

La relation risque-rentabilité s'écrit :

$$k = ks + \beta\,(km - ks)$$

$km - ks$ représente alors la prime de risque, critère sur lequel se fonde l'agent pour prendre sa décision.

Lorsque β est supérieur à 1, on considérera qu'il y a une forte volatilité sur le marché financier : ceci peut donc influer de façon importante sur la valeur de k.

4 CHAPITRE

Quelle relation existe-t-il entre l'évolution du risque et les phases successives du cycle ?

Comme nous l'avons expliqué précédemment, un cycle se caractérise par l'alternance de phases d'expansion et de phases de récession. Que se passe-t-il sur les marchés boursiers durant ces différentes phases ? Dans la phase d'expansion, les opérateurs vont avoir tendance à sous-évaluer le risque associé aux titres échangés sur les marchés. La situation conjoncturelle étant favorable, ils s'intéresseront bien davantage aux profits, et même aux surprofits qu'il est possible de réaliser dans ces périodes fastes de l'activité économique où tous les signaux sont au vert.

Dans la phase de récession, au contraire, les risques vont être surévalués. L'entrée dans une phase d'austérité conduit les agents à revoir à la baisse les potentialités de gain sur les actifs financiers, et ce de façon généralisée, même si, en réalité, seule une fraction de ces titres verra sa valeur baisser réellement.

Il s'en suit un caractère pro-cyclique de l'analyse du risque au cœur des crises financières. Sur le marché du crédit comme sur le marché monétaire, on constate une tendance pro-cyclique du montant des dettes octroyées correspondant à une prise de risque croissante en période d'optimisme sur l'avenir (*cf.* Chapitre 2, Section II).

Cette accumulation de risques accentuera la dureté de la phase de retournement, lorsque le rendement des entreprises diminuera, le crédit se contractera, conduisant la politique de la banque centrale à être plus restrictive (*cf.* Chapitre 2, Section III).

Les crises financières sont d'autant plus graves que la procyclicité du crédit entre en résonance avec celle des autres actifs (*cf.* Chapitre 2, Section III, C). Une importante distribution de crédit conduit les agents à anticiper à la hausse l'évolution du prix des actifs. Cette surévaluation a pour conséquence d'augmenter leur capacité d'emprunt. Sur le plan réel, on assiste alors à un surcroît de dépenses sur le marché des biens et services mais aussi sur les marchés financiers. Il en résultera la formation d'une bulle spéculative due à l'appréciation haussière des actifs réels et financiers. Ce point est illustré par le texte de Jean-Luc Biacabe (encadré 41). Ceci amène naturellement à discuter les caractéristiques des crises bancaires via le canal du crédit.

Encadré 41. Analyse de la crise boursière de 1998

Durant un semestre [le second de 1998], Wall Street et les autres places boursières du monde auront successivement connu une descente aux enfers puis une renaissance qui les ramène en début d'année 1999 à des niveaux proches, voire supérieurs, à ceux du début de l'été 1998.

Les mouvements boursiers depuis le milieu des années 90

Du milieu des années 90 jusqu'à la crise de l'été 1998, les cours boursiers sur les grandes places mondiales ont connu un mouvement fortement haussier, mouvement largement initié par New York. Les progressions de cours, entre le 1er janvier 1995 et le point le plus haut atteint au cours de l'été 1998, se sont échelonnées de 102 % à Londres à 148 % pour Francfort, en passant par 120 % à Paris et 143 % à New York !

Dès la fin de 1996, face à cette envolée des cours aux États-Unis, le président de la Banque centrale américaine, Alan Greenspan, avait commencé à dénoncer « l'exubérance irrationnelle » des marchés, appelant à des corrections. Pourquoi, malgré cette mise en garde, les marchés ont-ils continué leur progression ? On ne peut répondre à cette question sans brièvement rappeler comment se forme le cours d'une action ni rendre compte des débats alors en cours aux États-Unis sur la « nouvelle économie ». Très schématiquement, le cours d'une action doit refléter la valeur actualisée des bénéfices futurs d'une entreprise. Le taux d'actualisation retenu est le plus souvent le taux d'intérêt à long terme. Les anticipations sur l'activité économique, mais aussi sur l'inflation et les orientations à venir de la politique monétaire, sont donc les matériaux qui guident les prises de position des boursiers américains. C'est sur cette base qu'Alan Greenspan avait fondé (et fonde toujours) son diagnostic. Mais d'autres éléments plus structurels ou psychologiques peuvent venir interférer avec ces mécanismes. À partir du milieu des années 90, les acteurs économiques et financiers américains ont ainsi commencé à prendre conscience que le cycle économique en cours ne ressemblait pas aux précédents. Alors qu'une phase d'expansion de trois à quatre années finit toujours par dégénérer en surchauffe inflationniste, la hausse des prix restait (et reste) toujours faible malgré la baisse du taux de chômage. On en vint progressivement à considérer que les nouvelles technologies de l'information et de la communication étaient en train de modifier radicalement le mode de fonctionnement de l'économie américaine.

Associé à de faibles perspectives d'inflation, ce diagnostic a fini par générer des anticipations de hausses des profits qui ne pouvaient que soutenir les cours. Au total, et si l'on adopte ces points de vue, le mouvement haussier passé de Wall Street était rationnel, sa vitesse et son ampleur traduisant l'optimisme des opérateurs.

• • •

L'impact de la crise asiatique

Avec le déclenchement de la crise asiatique, l'évolution des cours boursiers est entrée dans une nouvelle phase. Bénéficiant de la recomposition massive des portefeuilles des fonds d'épargne, les bourses occidentales ont profité du rapatriement de capitaux jusqu'alors investis en Asie (flight to quality). Par ailleurs, la vague de désinflation initiée par les dévaluations des monnaies asiatiques et la chute du prix des matières premières a conduit à un renversement complet des anticipations sur l'évolution des politiques monétaires américaine puis européennes. Ces deux mouvements favorables ne pouvaient que déboucher sur de nouvelles progressions des valeurs boursières.

À la veille de l'été 1998, le mouvement avait pris une telle ampleur que certains observateurs commençaient même à considérer la crise asiatique comme un événement bénéfique. Éloignant les risques de surchauffe économique, elle allait permettre aux économies américaines et européennes de poursuivre sur la voie de l'expansion. C'est dans ce contexte que survint la crise boursière de la fin de l'été. Il est toujours tentant de rechercher un événement, une décision qui explique le retournement psychologique d'un marché. On sait que, dans le cas présent, c'est la menace d'insolvabilité de la Russie qui fit soudainement prendre conscience aux marchés de l'ampleur du risque « systémique ». Il est cependant clair que la Russie ne fut que la goutte d'eau dans un processus largement avancé de montée des risques, en particulier dans le secteur bancaire. Quoi qu'il en soit, près d'un an après le début de la crise asiatique (juillet 1997), les marchés boursiers occidentaux ont semblé découvrir que les grandes valeurs de la cote, en particulier dans le secteur bancaire ou les biens d'équipement, pourraient avoir à payer chèrement leurs engagements dans ces pays.

Source : Jean-Luc Biacabe, *Les Cahiers français*, n° 289, La documentation française, janvier-février 1999, pp. 41-44 (extrait).

CHAPITRE 4

➥ Questions de compréhension et de réflexion : la crise boursière 1998 (encadré 41)

- Définissez le terme « exubérance irrationnelle » des marchés.
- En quoi ce genre de mouvements peut s'avérer déstabilisant pour l'économie réelle ?
- Quels sont les autres éléments sur lesquels il est possible de se baser pour expliquer cette crise ?
- En quoi le « mouvement haussier passé de Wall Street » était-il « rationnel » ?
- Définissez le terme « *flight to quality* ».
- Pourquoi la crise asiatique a-t-elle été considérée dans un premier temps comme bénéfique pour l'économie ?
- Qu'est-ce qu'un risque « systémique » ?

B • Les crises bancaires

Boyer et Alii (2004) proposent de classer les crises bancaires en trois catégories résumées dans le tableau ci-dessous.

Tableau 7. Les trois formes de crises bancaires selon Boyer et Alii

	Catégorie 1	Catégorie 2	Catégorie 3
	Mauvaise gestion, choc exogène, microcontagion	**Cycle financier endogène et risque systémique**	**Choc macro sans précédent à l'origine de la crise bancaire**
Origines	Une mauvaise évaluation du risque se manifeste à l'occasion d'un choc local.	Prise de risque dans les périodes favorables qui se révèle lors du retournement endogène du couple crédit/prix des actifs.	Choc macroéconomique ou choix d'un régime non viable (change fixe, faible capacité exportatrice…).
Mécanisme de transmission	Contagion à travers les engagements réciproques des institutions financières.	Spirale entre marché du crédit, prix des actifs du fait du même profil de perception du risque .	Les tensions se totalisent dans le système financier même correctement géré.
Thérapie			
• **Prévention des crises**	Microsurveillance prudentielle (Bâle I, II et III).	Macrosurveillance prudentielle (Borio 2002-2003).	Détection précoce de régimes macro non viables.
• **Sortie de crise**	Faillite.	Restauration de la liquidité.	Changement d'une ou plusieurs composantes.
Références théoriques	Paniques bancaires Diamond et Dybvig (1983).	Hypothèses sur l'instabilité financière (Hyman Minsky 1975-1982).	Modèle de crise de change, 1re et 2e générations. Paul Krugman (1979).
Exemples historiques	• *Saving and Loans* (1985).	• Bulle japonaise 1980. • Crise des *subprime.*	• Crise du SME 1993. • Crises latino-américaines des années quatre-vingt. • Crise argentine

La première catégorie de crise (tableau 7) regroupe les phénomènes de panique bancaire pour lesquels ce sont essentiellement des chocs exogènes qui entraînent des problèmes de non liquidité, voire d'insolvabilité dans les établissements financiers. Le mécanisme de transmission est double : il y a propagation de la défiance entre les déposants et effet domino lié aux engagements réciproques des institutions financières. L'étude de la dernière crise des *subprimes* va nous amener à rappeler le fonctionnement classique de ces mouvements de « *banking run* ». Cela permettra également de nuancer certains mécanismes, du fait de la simultanéité d'une endémie de l'endettement et du risque systémique comme le montre l'extrait ci-dessous.

Box 42. The Great Contraction and the Subprime Crisis

The Great Contraction from 1929-1933 was the worst recession in U.S. history. Real output declined by 34%, prices by 24% and unemployment increased from 4% to 25%.

According to Friedman and Schwartz's monumental *A Monetary History of the United States* (1963), the contraction was largely due to a one-third collapse in the money supply precipitated by a series of four major banking panics which started in October 1930 and the failure of the Federal Reserve to follow its mandate and act as a lender of last resort and use open market purchases to offset them. The thousands of bank failures also led to an implosion of financial intermediation which further depressed the economy. These effects worked through deflation in both goods and asset prices. The contraction ended in early March 1933 when FDR [Franklin Delano Roosevelt] declared a one week banking holiday during which solvent banks were separated from the insolvent and only the solvent were allowed to reopen. Recovery was quickly spurred by the floating of the dollar in April 1933 and massive gold purchases by the Treasury which increased the money supply and converted deflationary into inflationary expectations. Historical research concludes that the fiscal stimulus programs of the New Deal only made a limited contribution to the recovery (Romer 1992).

Are there parallels for today? The current crisis which has led to a recession was not caused by a classic banking panic because the Federal Deposit Insurance Corporation (FDIC) instituted in 1934 effectively removed the incentives for depositors to stage runs on their banks. Instead the causes were wealth losses associated with the collapse of housing prices and a stock market crash that led to even greater wealth losses, contracted consumer spending and investment. But a banking crisis is still a key element of present problems because the interbank lending market dried up, many banks became insolvent and lending is constrained. Also the collapse of the subprime mortgage market has led to the collapse of the derivatives markets, the collapse of the shadow banking system (following a run by creditors on the uninsured investment banks) and a massive credit crunch evident in large hikes in quality spreads (similar to the 1930s) and the paralysis of some credit markets. This has led to a serious recession which in turn has exacerbated the problems of the banking system and the financial sector in general. The current recession is similar to the Great Contraction in that it is driven by shocks to the banking and financial sector, but the orders of magnitude are much less now than then: real GDP five quarters after the start of the recession is about 6% below trend. At the same stage in the Great Contraction it was 12% below trend and at its trough in 1933 it was 30% below trend.

Source: *Shadow open market committee symposium, The Great Contraction and the Current Crisis: Historical Parallels and Policy Lessons*, Michael D. Bordo, Rutgers University, April 24, 2009.

➥ **Questions for discussion: the great contraction and the subprime crisis (box 42)**

- Give the main explanations developed in the text for the Great Contraction.
- Did the same type of banking panic occur with the subprime crisis?
- What kind of parallels can be made between these two events?

Financial market and credit allocation behavior increases the instability of the whole system via the determination of nominal interest rates and reserves level (see Chapter 2, Section III, point C). If the Central Bank decreases the credit supply to commercial banks, banking institutions have no choice other than to use financial markets to obtain liquidity which induces a higher level of uncertainty.

Les banques peuvent donc, elles aussi, du fait de leurs anticipations à un retournement du cycle agir sur la conjoncture de l'économie. D'un côté créatrices de monnaies (Chapitre 2), elles sont aussi de l'autre, devenues des utilisatrices de liquidités (box 43 et figure 10). Elles peuvent donc conduire, par un excès de titrisation, à une surévaluation des titres dont le rendement excessif amènera à la spéculation et donc à l'instabilité financière.

Des phénomènes de paniques bancaires peuvent alors surgir. Du fait de l'asymétrie d'information ou parce qu'elles ont l'assurance au moins implicite d'être secourues par les autorités monétaires en cas de difficultés, les banques ont tendance à privilégier dans leur processus décisionnel la valeur « Pangloss » comme le dit Paul Krugman.

Box 43. Giving a Definition of the Pangloss Value

When granting a loan, guarantied intermediaries do not consider the expected profitability of the project but the highest profitability possible for such a project (the so called "Pangloss value") so for these intermediaries there are more profitable projects to invest in. That is why investors that receive loans from guarantied intermediaries will be willing to pay more than others for certain assets, thus pushing up the prices of those assets, generating a speculative bubble.

This process ends when the government eliminates the institutional guaranties in view of the losses born by the intermediaries. That is, there is a moment when banks are unable to make their investments profitable because they were too risky. Therefore, the borrowers cannot service their debt and institutional guaranties must come into play. Then, banks too reduce their investment so that prices of real estate and equities fall, causing higher losses in the banking system. Thus the crisis starts: withdrawal of funds, attacks on domestic currency… In short, the financial crisis, following this interpretation, would be the result of over-investment in scarcely profitable sectors favored by public guaranties. When the low profitability of these projects becomes evident, the authorities take the guaranties away, the bubble burst and the crisis erupts.

Source: "The Financial Crisis in East Asia : the Cases of Japan, China, Korea, and Southeast Asia", by Clara Garcia and Iliana Olivié, *ICEI Working Papers*, n° 11, October 1998.

Les banques favorisent alors les opérations qui offrent d'importantes perspectives de profit mais avec une probabilité très faible de réussite, donc un risque très grand. La situation perdure jusqu'au moment où les opérateurs prennent conscience de la mauvaise qualité de ces opérations.

La seconde catégorie de crises (tableau 7) concerne des crises pour lesquelles le risque systémique est grand. Du fait de la montée des risques, les banques doivent faire face à une montée des crédits impayés allant bien au-delà des provisionnements prévus à cet effet antérieurement. L'accès au crédit est de plus en plus difficile alors que des agents solvables mais non liquides auraient encore besoin d'être financés. C'est le « *credit crunch* ».

Définir le « *credit crunch* »

De façon assez classique, le « *credit crunch* » matérialise le risque associé à l'effondrement de la confiance des agents économiques à trois niveaux :

- le crédit bancaire : les établissements réduisent l'offre de crédit ;
- la défiance des établissements bancaires entre eux, rendant les opérations interbancaires difficiles ;
- la défiance des investisseurs en les institutions financières, du fait des pertes enregistrées par les établissements touchés par la crise.

C'est donc bien la dynamique de distribution du crédit bancaire, couplée à l'appréciation du prix des actifs qui conduisent à l'instabilité financière et bancaire. Sur les marchés financiers, les prix de plusieurs types d'actifs (financiers, immobiliers) sont surévalués, ce qui amène les investisseurs à s'endetter de plus en plus pour les acquérir. Cela correspond à la formation d'une bulle spéculative.

Box 44. Systemic Risk and Speculative Bubbles

European Banking's Historical Roots and Modern Challenges

During the nineties, several changes occurred and changed the banking sector. Deregulation, by permitting the entry of new actors, also increased the potential conflicts of interests that could exist among them. Moreover the favourable situation of financial markets incited investors to inject liquidity in the real sector in hope of a value creation in the long term. Unfortunately, there was a gap between the expectations in the long term and the potential gain that could exist in the short term.

(...) Deregulation, on the other hand, has only increased the level of competition. One could think that this new context would be favourable to the whole sector. But it has had negative consequences as bankers and financial intermediaries have become more eager to make short term profits than in the past.

• • •

The correlation of all these factors was at the origin of the bubble movement. At first banks benefited from the situation. Share prices were artificially high and created value for the institutions in the short term. But bankers could not ignore that a bubble always bursts and should have accepted to get out of it before the event, to protect their strategy and the ones of their clients. This was at the origin of a more serious aspect of systemic risk. Moreover, this speculative attitude of financial institutions has had strong consequences as regards the reputation and the confidence towards the banking sector. In fact, any institution that recommended very volatile shares or bonds to client, could risk losing its business. To understand better the situation, one has to bear in mind the argument followed by any banking enterprise. As long as the bubble existed, every investment was highly profitable, and no one (neither bankers, no depositors) was ready to lose out this opportunity. Keeping this hypothesis means that bankers stopped to play their supervisony role of risk screening. In that sense they have part of the responsibility of the permanence of systemic risk.

Source: Elisabeth Paulet, *Europe's Banks in today's World: the Emergence of Systemic Risk*, p. 128, 2005.

➥ Questions for discussion: the emergence of systemic risk (box 44)

- Give a definition of deregulation.
- What are the main consequences of this deregulation process?
- How can you explain the origin of a bubble movement?

Les phases de grossissement d'une bulle spéculative vont avec celles de la couverture de la dette des investisseurs. Selon H. Minsky, trois types de couverture de plus en plus risquées se succèdent : il y a premièrement la couverture « *hedge* » où la dette est entièrement couverte par les revenus des placements, il y a deuxièmement la couverture « spéculative » où les revenus ne couvrent que les intérêts et il y a troisièmement la couverture « Ponzi » – du nom d'un escroc de l'entre-deux-guerres – où la couverture de la dette est assurée par de nouveaux emprunts. Il y a encore euphorie financière quand on passe de la première à la seconde, mais l'éclatement est proche lorsque les investisseurs s'engagent dans la troisième puisque le remboursement des dettes peut les obliger à céder leurs actifs.

Commence alors une chute des prix de ces actifs (exemple du début de la crise japonaise). La fragilité financière est ainsi caractérisée par une augmentation croissante du nombre d'entrepreneurs aux positions financières risquées (Speculative et Ponzi). Cette argumentation s'inscrit dans le prolongement de l'interprétation des crises reposant sur les théories keynésiennes.

Dans la phase ascendante, l'investissement est abondant : les spéculateurs en confiance peuvent contribuer largement à l'amorce des phénomènes de bulles spéculatives.

Durant la phase descendante ou désillusion, les investisseurs voient grandir l'écart entre le rendement anticipé et celui qu'il est possible de réaliser en réalité. Enfin, la phase de dépression se caractérise par une contraction du crédit pouvant aller à ce qu'Irving Fischer appelle une « *debt deflation depression* » (*cf.* box 20).

Chez Minsky, la fragilité financière de l'économie s'explique en partie par l'utilisation de l'endettement comme instrument de concurrence. Au cœur de cette dynamique, se trouve la décision d'investir. Citons pour mémoire ce que dit Keynes à ce sujet (*cf.* Chapitre 2, encadré 22). « **Quand un mouvement de longue durée affecte à la hausse le taux d'intérêt naturel, il y a, par conséquent, une tendance prolongée de l'investissement à être inférieur à l'épargne**. (...) Aussi longtemps que l'investissement suit (ou précède) l'épargne d'un certain montant (il n'est pas nécessaire que l'écart entre les deux s'accroisse les prix vont continuer à baisser (ou à monter) sans limites ».

Les keynésiens estiment que les revers économiques sont attribuables aux instabilités caractéristiques d'une économie de marché. Un effondrement soudain de la demande de fonds d'investissement, déclenchée par une perte de confiance irrationnelle et inexplicable de la part du monde des affaires, est suivi par de nombreux cercles vicieux de baisse des dépenses et du revenu (*cf.* Chapitre 2, encadré 23).

Ce qui peut être schématisé comme suit :

Figure 16. The Propagation Process of a Banking Crisis

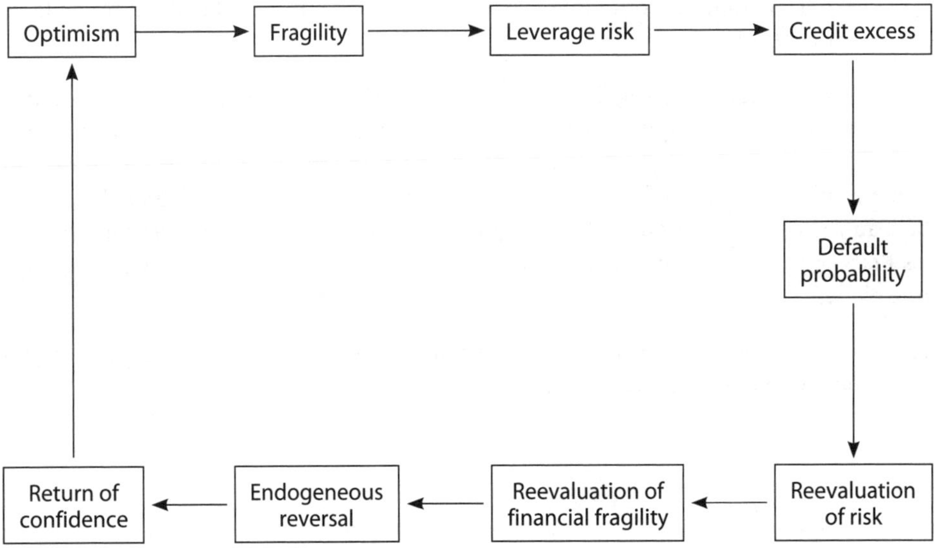

Il nous reste néanmoins à nuancer ce schéma. Les événements récents imposent désormais de rendre compte de **crises d'un nouveau genre**. Il y a en effet aujourd'hui coexistence d'une endémie du crédit et d'importants risques systémiques. La crise des *subprimes* en est l'exemple parfait (*cf.* box 45).

Box 45. The Subprime Turmoil

The turmoil has many dimensions in addition to the obvious statistics of the falling asset prices, increased foreclosures, and widening defaults spreads – the "financial revulsion" (a wonderfully descriptive term that unfortunately has fallen out of use in recent decades) marks the end of a boom in housing prices, the collapse of the young subprime mortgage market, and the demise of a recent wave of complex securitization structures engineered by Wall Street to share the risk and conserve on financial intermediaries' capital (the so-called originate-and-distribute model of financial intermediation).

Source: C. Calomiris, "The Subprime Turmoil: what's old, what's new, and what's next' in maintaining stability in a changing financial system", *Federal Reserve Bank of Kansas City Symposium Proceedings*, p. 22, 2008.

La crise immobilière a conduit à une crise financière et bancaire et par ce biais, a eu un effet désastreux sur l'économie. Un climat de méfiance, issu de l'arrêt de la machine à faire du crédit, a eu pour effet immédiat d'augmenter la préférence pour la liquidité des agents. Mais cela a eu aussi pour conséquence d'augmenter l'incertitude.

La crise 2007 a conduit à des faillites bancaires dont la plus spectaculaire fut celle de Lehmann Brothers.

Elle a mis en évidence la fragilité bancaire aux États-Unis et en Europe, fragilité due à une insuffisance de capitaux propres. En effet, pour faire face aux pertes occasionnées par la présence de produits toxiques dans leur bilan, les capitaux propres des banques n'ont pas été suffisants. Cette crise regroupe donc bien les deux colonnes du tableau 7 : elle allie crise du crédit et risque systémique. Pourtant, malgré son ampleur, les États ont réussi à contrôler et à limiter les conséquences de cette crise sur l'économie réelle.

La troisième catégorie de crises (tableau 7) concerne les mouvements spéculatifs sur les monnaies : on parle de crises de change.

SECTION II • Les crises de change

Les années 1990 et le début des années 2000 ont été marqués par différentes crises de change. Les attaques spéculatives envers les monnaies ont été nombreuses (Europe 1992-93, Mexique 1994, Asie 1998, Russie 1998, Brésil 1999, Turquie et Argentine 2001).

Les chocs ont été violents et les effets de contagion importants (en 1992 les phénomènes qui ont touché la Scandinavie ont gagné le SME ; de même la crise thaïlandaise s'est répandue en Asie).

Ces crises ne sont pas éloignées des crises décrites précédemment à la condition de faire abstraction des phénomènes monétaires internationaux, comme le montrent l'extrait ci-après et la colonne 3 du tableau 7.

Il faut aussi distinguer les crises de change portant sur les monnaies fragiles (A), des crises de change portant sur les monnaies fortes (B).

Box 46. The Asian Financial Crisis

(...) The essence of the Asian financial crisis is not different from a classical bank run (Diamond and Dybvig 1983), except that it is on an international scale. In the Diamond-Dybvig model, expectations that a bank may go under can lead to a run by depositors. The run forces the bank to liquidate its investments at a loss, pushes it to insolvency, and thus validates expectations that the bank is indeed bankrupt. Classical runs like this can be mitigated by the presence of the lender of last resort that can restore confidence in the system.

(...) International lenders, fearing a crisis, suddenly refused to roll over loans, exercised their options for early repayment and withdrew their funds from the domestic financial system. The lack of an effective lender of last resort in the international capital market made capital flight more severe and more contagious.

Source: *The Asian Financial Crisis : an East Asian Perspective*, by Jesus P. Estanislao, George N. Manzano and Gloria O. Pasadilla, *Asian-Pacific Economic Literature 2*, 1998.

A • Les crises de change des monnaies faibles

Loin de vouloir décrire l'ensemble de ces crises, il est apparu plus judicieux d'en faire ressortir les caractéristiques communes.

Quatre facteurs peuvent être retenus :

- un taux de change nominal « adossé » : les pays d'Amérique Latine par exemple ont adossé la valeur de leur monnaie au dollar alors que leurs pays étaient très loin d'atteindre les niveaux de productivités et de rentabilité de ceux des États-Unis ; ils ont dû en conséquence déprécier assez régulièrement leur monnaie ;
- des barrières pratiquement inexistantes aux mouvements de capitaux ;
- des entrées de capitaux considérables en période d'essor donc avant la crise ;
- une réglementation faible des régimes financiers nationaux dans la période précédant la crise.

Encadré 47. Taux de change fixe, taux de change réel

Le taux de change est le prix d'une monnaie exprimé en unités de monnaie étrangère. Il est utilisé sur le marché pour convertir des devises d'une économie A en devises d'une économie B et dépend des fondamentaux des deux économies : inflation croissance, déficits...
Il dépend aussi et surtout des anticipations des opérateurs, qui spéculent sur le fait qu'une des devises peut s'apprécier par rapport à l'autre. Ce taux de change peut cependant être fixé par les autorités. En régime dit de change flexible, et en l'absence de contrôle des changes, le cours s'établit en fonction de l'offre et de la demande sur les devises concernées.
Le taux de change réel entre les monnaies de deux pays s'exprime quant à lui par une mesure synthétique des prix des biens et services d'un pays par rapport à un autre pays.

Ces crises se sont également déroulées au moment le plus fort de la dérégulation financière et ont donc été provoquées par une ouverture non préparée des marchés financiers (*cf.* encadrés 48 et 49). En fait, les marchés des capitaux ne devraient s'ouvrir que lorsque les politiques économiques visant à stabiliser le système financier ont montré leur efficacité. Ce qui n'a pas été le cas pour l'Amérique Latine par exemple.

Encadré 48. Libération des mouvements de capitaux

Il est caractérisé par le décloisonnement des marchés consistant à l'éclatement des compartiments préexistants. Ce mouvement rejoint le mouvement de désintermédiation. Les opérations financières avec l'extérieur sont libéralisées. Les années 1980 ont vu naître une éclosion et le développement de multiples produits financiers extrêmement diversifiés (contrats à terme, options négociables...) qui ont facilité le décloisonnement des marchés en permettant le passage de l'un à l'autre : marchés des taux variables, des taux fixes, au comptant, à terme... Ce mouvement a été identique sur le marché des devises.

Encadré 49. Les crises de change liées à l'entrée dans l'économie casino

L'ouverture des frontières a conduit à un processus destruction-reconstruction de leur économie, la destruction étant souvent plus forte que la reconstruction. La libéralisation financière (*cf.* encadré 46) et le contrôle de l'inflation ont conduit à une forte appréciation de la monnaie en termes réels (*cf.* encadré 47). On se retrouve alors face au problème suivant : d'un côté, la libéralisation financière impose une relation plus ou moins stable de la monnaie nationale vis-à-vis du dollar, l'entrée massive de capitaux conduit à une appréciation du change réel d'autant plus que l'inflation est contrôlée ; d'un autre côté, cette appréciation de la monnaie réduit les exportations et accroît les importations pour des économies fortement orientée vers l'extérieur. Il s'en suit un déficit de la balance du compte courant.

• • •

Le dépassement de ces déficits passe par une entrée de capitaux étrangers : l'économie s'oriente vers une économie casino. Les taux d'intérêt ont tendance à croître et à creuser davantage le déficit budgétaire. L'ampleur de ces deux déficits (budgétaire et balance du compte courant) entraîne une sortie de capitaux, une baisse des cours boursiers, un effondrement de la monnaie par rapport au dollar et l'entrée dans la récession.

La logique financière introduite par le fonctionnement de l'économie casino pour ces pays fortement ouverts sur l'extérieur, sans y être préparés, a donc été la cause de la crise de change et de l'instabilité économique.

➥ DEFINING CASINO SPECULATION

According to Susan Strange (1986) Oxford: Basil Blackwell Press, *p. 60.*

Strange's thesis was that "the roots of the world's economic disorder are monetary and financial" and that the disorder has not come about by accident, but has in fact been nurtured and encouraged by a series of [US] government decisions. This has consequences at the international level both on the financial and real economies.

Les crises de change ont donc trouvé leur origine dans un contexte d'essor de flux de capitaux soit en faveur de l'Amérique Latine, soit de l'Asie.

La période précédant la crise s'est caractérisée par une forte expansion de la demande intérieure, ainsi que par des bulles spéculatives traduisant l'augmentation du prix des actifs réels et financiers.

Il s'en est suivi un accroissement de la masse monétaire et du volume du crédit, justifié par l'entrée de capitaux étrangers sur les marchés locaux. Ces afflux de capitaux ont eu lieu sur des marchés locaux peu accoutumés à de telles quantités de liquidité.

Parallèlement, compte tenu de la fixité du change nominal, l'investissement sur les marchés locaux a connu des niveaux de rentabilité importants (*cf.* Section I), investissement supporté en grande partie par un endettement en devises étrangères.

L'ensemble de ces éléments a conduit à une appréciation du taux de change, auquel il faut ajouter comme cela a été souligné précédemment, une ouverture commerciale et une demande intérieure plus forte qui ont provoqué une croissance des importations et un creusement du déficit commercial.

Il en découle un déficit du compte courant, une diminution des réserves de change qui marqueront l'entrée dans la phase descendante du cycle. Le taux d'intérêt intérieur ou domestique relativement bas dans la phase ascendante va croître, provoquant des manques de liquidité et de l'insolvabilité. Des attaques spéculatives contre les monnaies conduiront la Banque centrale à intervenir pour en rétablir la valeur sur les marchés. Ces interventions peuvent, dans les cas extrêmes, se traduire finalement par l'effondrement du régime de change.

➥ A DEFINITION OF THE CURRENT ACCOUNT

The transactions a country carries out with the rest of the world, including both trade flows and financial flows, can be summarized in an account called the **current account**.

These **transactions** are:

- First, the **exports and imports of goods and services**. Exports lead to payments from the rest of the world. Imports lead to payments to the rest of the world.
- Residents receive (**investment**) **earnings** on their holding of foreign assets, and foreign residents receive (**investment**) **earnings** from the assets they possess in the place they live.
- Countries give and receive **foreign aid**. The net value of these payments constitutes the net transfers received.

The sum of net payment to, and from the rest of the world, is called the current account balance. If it is positive, the country has a current account surplus. If it is negative, it is called a current account deficit.

Box 50. The Cases of Japan, China, Korea and Southeast Asia

The lack of supervision, combined with the institutional guarantees, allowed two facts that weakened these financial systems. Firstly, banks were indebted in the foreign currency (mainly US dollars) while they were lending in domestic currency. This implies that if the domestic currency devaluates, (...) it is more difficult for the banks to service their debt in appreciated currency. Secondly, banks were indebted in short term liabilities while they were lending on a long term basis. This increases the profitability of financial panic, given the risk of illiquidity in this kind of operation. In fact a good indicator of the vulnerability of the financial system is the ratio of short term debt to reserves. If this ratio is high, the withdrawal of funds caused by financial panic becomes more profitable.

Source: "The Financial Crisis in East Asia: the Cases of Japan, China, Korea and Southeast Asia" by Clara Garcia and Iliana Olivié, *ICEI Working Papers*, n° 11, october 1998.

➥ Questions for discussion: the East Asian crisis (box 50)

- Why were financial systems in these countries weak?
- Explain the term "profitability of financial panic".

Les chocs qu'ont connu la Thaïlande (1997) ou l'Argentine (2002) constituent de bons exemples de ces deux cas de figure, illustrés par le schéma ci-contre : les déficits persistants de la *balance des paiements* tels que décrits précédemment, une inflation interne insoutenable avec les régimes de change fixe.

This schema describes, at the international level, the systemic risk defined in Section I. A fixed exchange rate attracts foreign investment. In absence of any control, this excess of liquidity leads to an increase of uncertainty. As in the case of a national crisis, a larger appeal to financial markets increases the instability of the whole system via the determination of nominal interest rate and level of reserves (see Chapter 2, Section III, point C).

Figure 17. Systemic Crisis Resulting From an Inadequate Macroeconomic Policy

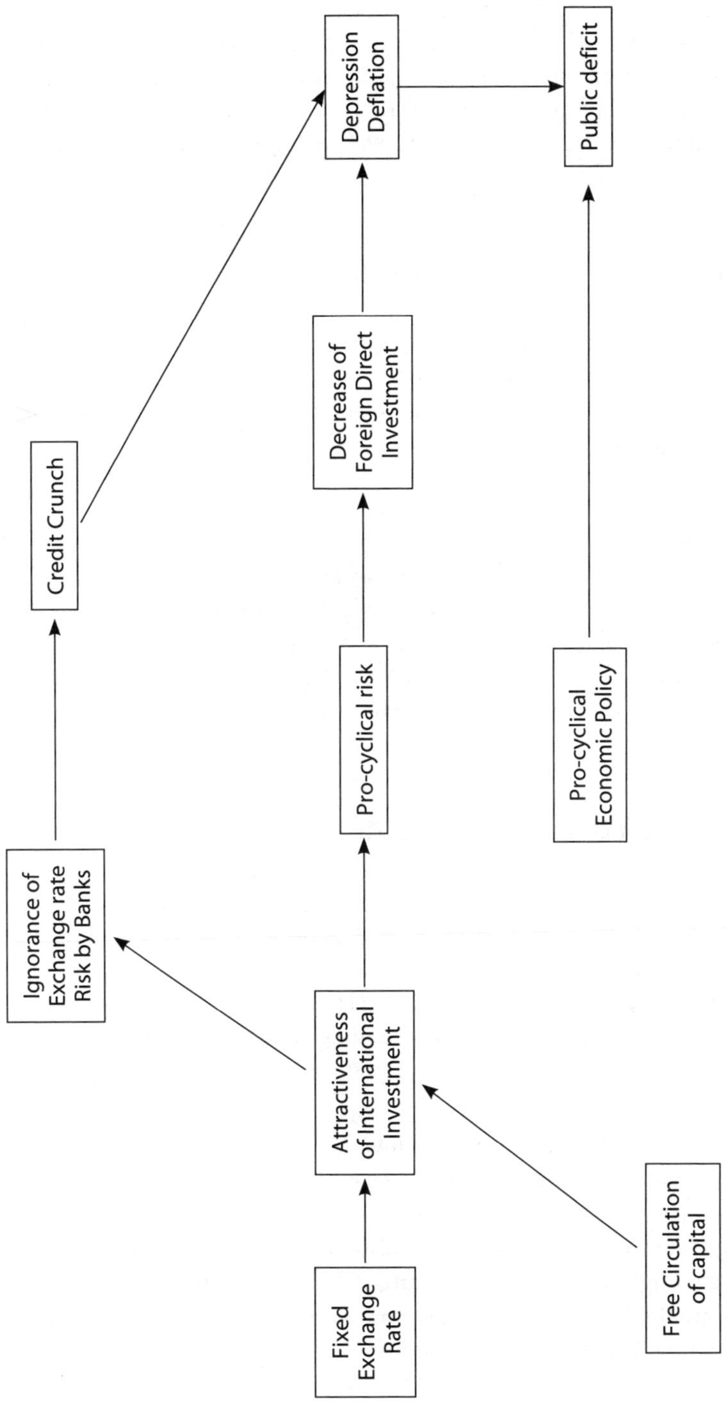

B • Les crises de change des monnaies fortes

Une situation légèrement différente caractérise les crises de change portant sur les monnaies fortes. On parle d'attaques spéculatives contre les monnaies fortes. Contrairement aux cas précédents, il s'agit de chocs affectant des pays développés dont les fondamentaux (inflation, solde extérieur) sont bons. L'illustration la plus frappante est la situation dans laquelle se sont trouvés certains pays européens et en particulier la France en 1992.

> **Définir une attaque spéculative sur une monnaie**
>
> Activité consistant à anticiper l'évolution du prix d'une devise dans l'espoir d'en retirer une plus-value. Elle consiste à acheter (vendre) une devise lorsqu'on prévoit la hausse (baisse) de son prix avec l'intention de la revendre (racheter) ultérieurement et avec bénéfice (plus-value) lorsque son prix aura effectivement augmenté (baissé).

À cette époque, les autorités françaises ne comprenaient pas pourquoi le franc était attaqué alors que l'inflation était faible et la balance courante équilibrée. Ces expériences spéculatives ont eu pour vertu essentielle de souligner les facteurs d'instabilité des marchés de change fixes mais ajustables par rapport à la monnaie internationale. Elles ont également été à l'origine de la volonté des Européens de coordonner leur politique monétaire pour aboutir à la zone monétaire commune puis à la monnaie commune pour éviter les désordres monétaires.

➥ Defining optimum currency areas (OCA)

Countries that operate under a fixed exchange rate regime or even adopt a common currency are considered to be part of a common currency area. For countries to constitute an optimum currency area, Mundell argues they need to satisfy one of the two following conditions:
- the countries have to experience similar shocks;
- if the countries experience different shocks, they must have high factor mobility.

➥ Questions for discussion (boxes 51 and 52)

- Is exchange rate variability within Mercosur a problem?
- What characteristics of countries should be considered when estimating how much exchange rate variability is economically and politically acceptable?
- How, then, might greater exchange rate stability be achieved?
- How far are the Mercosur countries from satisfying the four key preconditions for a smoothly functioning monetary union?

Box 51. Does Mercosur Need a Single Currency? Barry Eichengreen

Contributions to the literature on optimum currency areas (OCA in the literature for short) starting with Mundell (1961), point to characteristics of countries that make stable exchange rates and/or monetary unification more or less desirable. Among the most important characteristics are:

- **Asymmetric output disturbances between a given pair of countries**. The greater the asymmetry of output movements, the higher the value placed on changes in the exchange rate as an instrument of relative price adjustment. (…)
- **Dissimilarity of the commodity composition of production and trade**. When the commodity composition of production and trade is very different across two countries, sector specific shocks are likely to affect them very differently, placing a premium on exchange-rate variability. This is the determinant of preferences for exchange rate stability. (…)
- **Trade linkages**. The more two countries trade, the more they value bilateral exchange rate stability which minimizes relative price disturbances disruptive to commerce between them. (…)
- **Size**. Small countries benefit the most from the unit of account, means of payment and store of value services provided by a common currency or a stable exchange-rate link. Indeed the tendency for small countries to opt for pegged exchange rates would appear to be one of the few robust findings from the literature on choice of exchange rate regime. (…)
- **Endogeneity**. Frankel and Rose (1996) highlight the possibility endogeneity of the optimum currency area criteria. In particular, the correlation of business cycle disturbance across countries, or the level of bilateral trade, might itself be significantly affected by the extent to which governments succeed in stabilizing interest rate.

Source: Barry Eichengreen, *Does Mercosur Need a Single Currency?*, NBER n° 6821, 1998.

4 CHAPITRE

Box 52. The Asian Financial Crisis: an East Asian Perspective

Two points of view compete to explain the contagion phenomenon: one focuses on regional trade links, the other on common fundamentals. The first argues that since countries in the same region tend to have similar trade structures, a currency devaluation in one country necessarily lessens the competitiveness of other countries, and thus forces a similar devaluation in others to maintain competitiveness. Alternatively, since intra-regional trade among the affected Asian economies accounts for almost 40 per cent of their total exports, a decline in import demand in one country leads to a decline in exports in another. This argument explains why recent crisis like the Tequila and the Asian crisis have tended to be regional in their adverse effects.

Source: *The Asian Financial Crisis: an East Asian Perspective* by Jesus P. Estanislao, George N. Manzano and Gloria O. Pasadilla, *Asian-Pacific Economic Literature*, 1998.

Peut-il encore aujourd'hui y avoir des crises de change des monnaies fortes ?

Comme nous l'avons montré précédemment, la crise économique et financière conduit à un affaiblissement des monnaies des pays les plus fragilisés. Le risque d'une dépréciation de la monnaie peut également entraîner des attaques spéculatives (à la baisse cette fois). Ce genre de situation peut alors faire fuir les investisseurs étrangers et faire se renchérir le coût de la dette, lorsque celle-ci est libellée en devise étrangère. Au final, les acteurs économiques du pays, qu'il s'agisse de l'État, des entreprises ou des ménages, se retrouveront insolvables.

L'Islande illustre parfaitement ce point : les difficultés des principales banques du pays, très engagées sur le marché des *subprimes*, ont fait plonger la couronne islandaise (figure 17) et rendue nécessaire l'intervention du FMI. Même si la crise des *subprimes* n'a pas provoqué de crise de change pour nos partenaires européens, elle a néanmoins accentué les fluctuations de des monnaies de certains nouveaux entrants. C'est le cas de la Hongrie, qui a vu sa monnaie se déprécier, l'obligeant à recourir à l'aide du FMI et de la BCE.

Figure 18. Fluctuation des monnaies en Europe

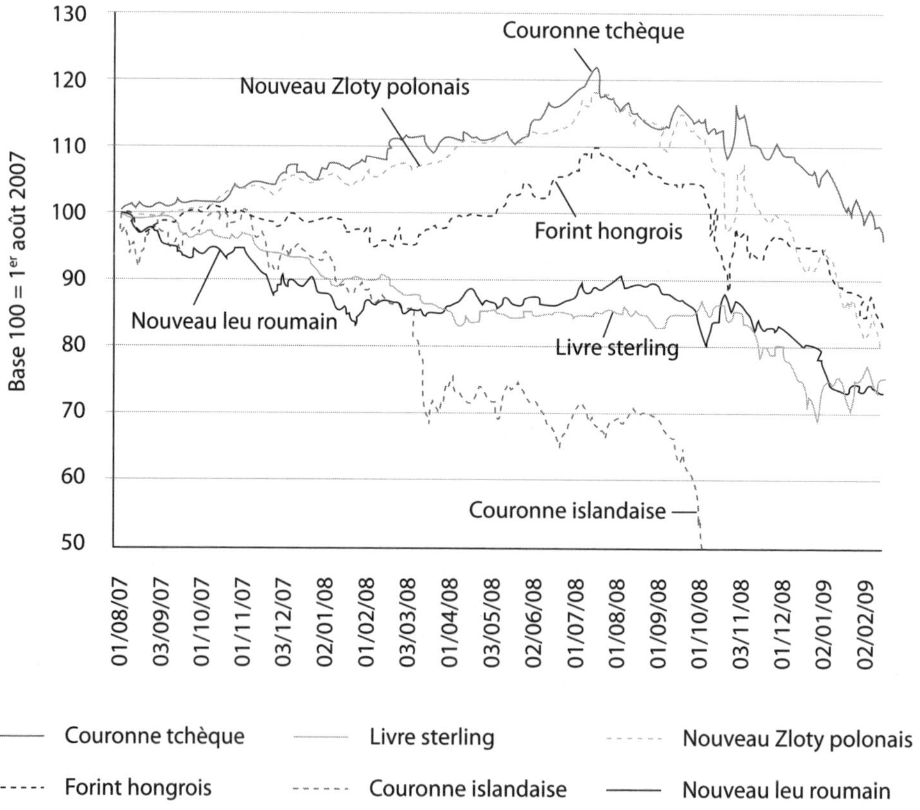

Source : Eurostat, Jean François Jamet et Frank Lirzin, 2009.

De fait, la crise a mis en évidence l'urgence de prendre en compte les facteurs macroéconomiques de ces pays pour leur permettre d'effectuer leur ancrage de manière adaptée à l'euro. Pour les pays d'Europe centrale, le contrôle de leur niveau d'inflation, de leur déficit public ainsi que le développement d'institutions financières propres limitant leur dépendance vis-à-vis de la liquidité étrangère permettra de rendre leurs économies moins sensibles aux chocs externes éventuels. Sur le plan strictement productif, l'orientation vers des activités à forte valeur ajoutée sera un moyen de dégager les ressources nécessaires à leur intégration dans l'espace économique européen.

La crise a également mis en évidence le caractère protecteur de l'euro. Justement créé pour éviter les crises de change et les dévaluations compétitives des pays européens dans les années 1970, l'euro, qui ne concurrence pas encore le dollar, a montré sa capacité à protéger des crises de change.

SECTION III • Les crises de la dette

Depuis les années 1980, les crises ont été plus fréquentes dans les pays émergents ou dans des zones économiques soumises à des facteurs de fragilité tant économiques que financiers. Afin de faire face aux défaillances du marché, les interventions publiques ont été de plus en plus nombreuses. Les agents économiques, en particulier aux États-Unis, ont eu tendance à accroître leur niveau d'endettement, permis par des taux d'intérêt relativement bas (*cf.* Chapitre 2, Section III, point B). Mais l'épargne intérieure nette ne couvrant plus l'investissement intérieur, les agents ont continué à s'endetter en faisant cette fois de l'emprunt externe. Ce même phénomène s'observe également en Europe où l'endettement externe a servi depuis les années 1990 aux États pour soutenir la demande interne. Tout ceci a conduit à un nouveau partage entre dépenses publiques et recettes publiques dans le revenu national.

Dans ce qui va suivre, nous allons décrire et analyser des formes de déséquilibre d'un genre différent : l'endettement des pays riches envers les pays pauvres.

Suite aux mécanismes précédemment évoqués, la partie du monde supposée être la plus riche, l'Europe et/ou les États-Unis, se trouve très endettée par rapport à l'autre partie du monde supposée être plus pauvre, à savoir l'Asie. Les dépenses toujours croissantes dans les économies développées rendent de plus en plus difficile le contrôle de la dette. Et, dans cette douloureuse période de sortie de crise, la question du déficit public fait d'autant plus débat. S'il faut accompagner l'économie afin de lui permettre de retrouver le chemin de la croissance, on ne peut le faire sans risquer une crise de la dette, dont les conséquences ne sont pas à prendre à la légère. Cet arbitrage empêche finalement les États d'exercer leur rôle d'accompagnateurs de l'activité économique. Pire encore, ils sont aujourd'hui contraints de subir le cycle plutôt que de le piloter. Une manière de permettre à l'État d'être acteur du développement économique peut être la fiscalité. Tout dépend alors d'un arbitrage optimal entre dette et fiscalité (A). Dans le chapitre 3, les théoriciens de la nouvelle macroéconomie ont utilisé le principe d'équivalence pour conclure à l'inutilité de la politique budgétaire. Si cette conclusion peut encore être largement débattue, le théorème de l'équivalence dispose en réalité d'un intérêt tout autre : celui de mieux appréhender l'articulation entre l'impôt et l'emprunt dans les crises de la dette (Section B).

A • L'arbitrage dette-fiscalité pour nos économies développées

Comme nous l'avons déjà souligné, la dette publique n'a cessé de croître depuis les trente dernières années. La crise des *subprimes* n'a fait qu'amplifier le phénomène.

Box 53. Debt and Subprime Crisis: a Cumulative Process

In the United States, the last decade was characterized by a combination of low interest rates and large inflows of foreign funds which helped to create easy credit conditions. Speculation in real estate and financial innovations, which enabled the banks to sell rights to mortgage payments and related credit risk to investors, through a process called securization, led to a considerable increase of systemic risk. As a consequence, the crisis caused panic in financial markets and encouraged investors to take their money out of risky mortgage bonds and to put it into commodities.

Europe was also affected by the financial crisis. Its stock exchanges suffered declines in the share prices of European corporations. Its banking system was affected by the securitization process.

What are the lessons of the last events? Despite the alerts of economists and central bankers about the dangers of global finance over the last years, investors and markets benefited from the real estate bubble until the downturn. Through the process of securitization, banks did not keep their credits on their balance sheets but transformed them into assets. Hence, they transferred credit risk to investors through mortgage-backed securities. The level of debt increased tremendously for all actors: households, companies, States. This explains how that the subprime crisis led to collateral consequences, such as a decrease in consumption for the population, a contraction of credit for the companies, and more deficit for the States willing to rescue their financial markets. Both Europe and United States have adopted a common attitude to inject liquidity into the economic system to prevent bank runs, to buy large amounts of non-performing loans to restore confidence in the financial sector. This has increased tremendously the amount of public debt both in the United States and in Europe.

The impact was not neutral as regards monetary policy. Over years, with its accommodating monetary policy (partly led by Alan Greenspan), the Fed contributed to the expansion of credit and to the emergence of the speculative building bubble. From 2000 to 2003, the Federal Reserve lowered the federal funds rate target from 6,5% to 1,0%. The increase of interest rates, in 2004 intensified the trend towards speculation and has contributed to the crisis. Since the crisis, central banks have adopted a more restrictive monetary policy to limit the effects of the crisis on the real sector, control inflation and re-establish confidence in financial markets. For the European Central Bank, the situation was less dramatic as regards interest rate fluctuations. The risk seems to be more a smoothed rate of growth, even a recession rather than a sudden increase of inflation. In a context where inflation never overshoots 3.2%, its monetary policy remains prudent.

Source: *Debt and Subprime Crisis: a Cumulative Process*, adapted from *Financial Markets and the Banking Sector*, Elisabeth Paulet, p. 197.

➥ Questions for discussion (box 53)

- In what way may “easy credit conditions” feed a financial crisis?
- Define the term “collateral consequences”.
- In what way may a restrictive monetary policy increase public deficits?

Comme le montre le graphique ci-dessous, le ratio dette publique/PIB des pays de la zone euro a varié avant et après la crise. L’élément marquant de ces courbes est que, à l’exception de l’Allemagne et du Portugal, les ratios d’endettement étaient en baisse avant 2008. La nouvelle donne en matière de déficit provient en grande partie de la récente crise financière.

Figure 19. Dettes publiques dans les pays de la zone euro (en % du PIB)

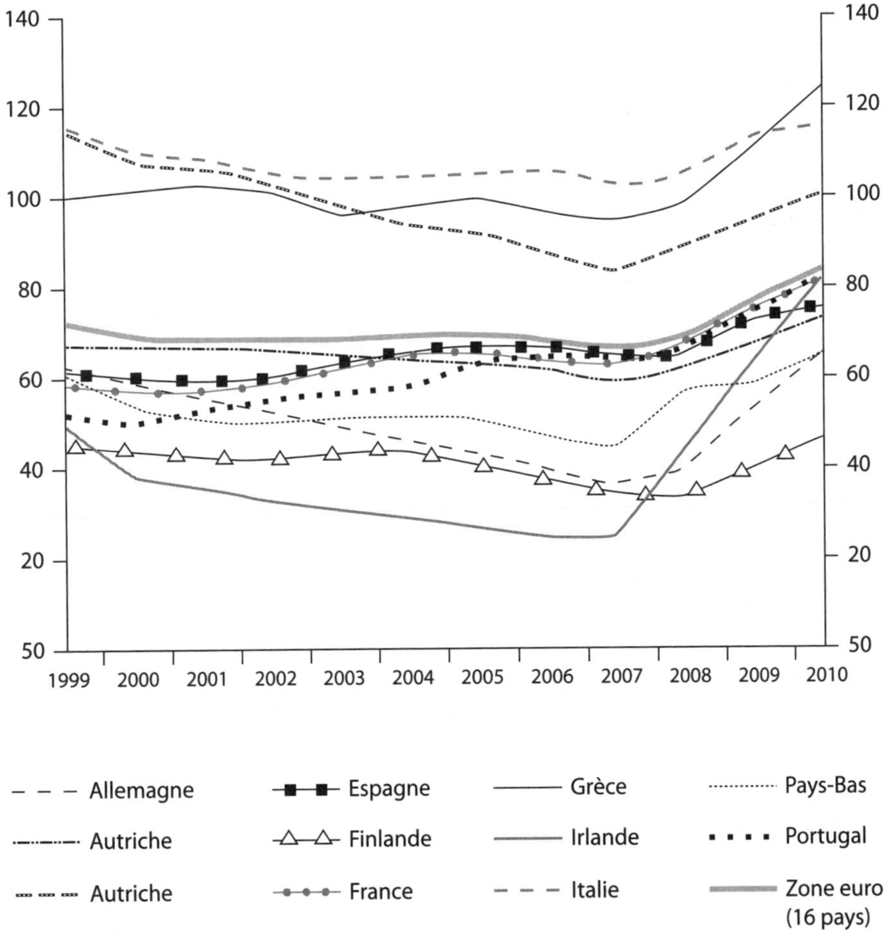

Source : Base de données AMECO, Commission européenne.

Pour certains, cette dette abyssale peut constituer en quelque sorte un mal pour un bien : elle peut s'avérer à terme bénéfique pour l'économie. Les keynésiens considèrent en effet que le déficit budgétaire peut avoir un impact positif sur la croissance. Par le mécanisme du multiplicateur keynésien (*cf.* Chapitre 2, Section II, D), une augmentation de la dépense publique aura un impact plus que proportionnel sur le revenu national et donc la demande globale.

Pour que ce mécanisme soit réellement efficace, il convient alors de disposer des capacités de production nécessaires à la satisfaction de la demande. Il s'agit aussi d'inciter les agents à consommer des produits nationaux plutôt que des biens importés. Malheureusement, les économies concernées ne se trouvent pas dans ce genre de situation. Le déficit public a simplement servi à renflouer les banques lors de la crise, ou à pallier la précarité naissante du fait de la récession (*cf.* les mesures Obama en faveur des plus pauvres aux États-Unis par exemple).

A contrario, des mesures d'austérité devraient conduire à diminuer la croissance et augmenter le poids de la dette. Ceci est à peu prêt la situation actuelle de l'Irlande, qui ne bénéficie que de recettes fiscales nouvelles très limitées (*cf.* taxe carbone, taxe additionnelle progressive de l'impôt sur le revenu) face à une croissance en berne.

La position néolibérale ne nous aide pas beaucoup non plus à décrypter cette situation. Dans ces approches, la dette publique ne peut être bénéfique, car elle n'est pas source de croissance. Selon le théorème de l'équivalence ricardienne (Chapitre 3), l'augmentation des déficits publics n'amènera les agents privés qu'à épargner plus : ces derniers s'attendent en effet à une augmentation des impôts à l'avenir. Là encore, si l'on compare le niveau d'épargne privée au niveau d'épargne publique, on constate un très fort déséquilibre tant en Europe qu'aux États-Unis. Si les Américains ont toujours eu tendance à recourir de façon excessive au crédit, et que ce phénomène n'a pas la même ampleur en Europe, il n'en demeure pas moins que l'épargne ne suffit plus à compenser le déficit public.

Enfin, toujours pour les théoriciens de la nouvelle économie classique, la croissance de la dette publique devrait mener à une augmentation des taux d'intérêt, conduisant à une baisse de la dépense privée. Cette hausse des taux n'a pas eu lieu aux États Unis, et encore moins en Europe (*cf.* Chapitre 2, Section III, B). En réponse à la crise financière, les banques centrales ont drastiquement abaissé leurs taux directeurs à un niveau proche de zéro. La politique budgétaire a été largement sollicitée, ce qui a conduit à des déficits records pour l'année 2009.

Les arguments précédents nous conduisent donc tout naturellement à la conclusion suivante : même en dehors de la période de crise récente, le déficit public n'est pas choisi mais subi. L'arbitrage dette-fiscalité n'existe pas. Les recettes des États servent plus à financer des dépenses de fonctionnement sans cesse croissantes qu'à s'orienter vers des investissements au service de la croissance. Notre seconde section va donc s'attacher à démontrer dans quelle mesure ce processus peut être inversé. En caractérisant les différents types de dettes visant à une réelle réduction des déficits publics, il est possible de « réutiliser » le théorème d'équivalence !

B • Réduction du déficit public et principe d'équivalence néo-ricardien

Globalement, la section précédente posait la question d'un État responsable et concerné autant par ses dépenses mais aussi ses recettes. Nous nous proposons ici d'aller plus loin, en analysant le pourquoi et le comment du déficit budgétaire.

Cela nous amènera à nous poser les questions suivantes :

- Quelles dépenses publiques faut-il privilégier ?
- Pour qui ? Dans quelles conditions ? Comment ? Combien ?

Comme nous l'avons montré dans le point précédent, le solde budgétaire, nécessaire pour stabiliser la dette (comprenant le remboursement du principal et des intérêts), dépend de l'écart entre le taux de croissance et le taux d'intérêt.

Plus l'écart entre taux d'intérêt et taux de croissance est élevé, plus la stabilisation de la dette requiert un excédent primaire important (c'est-à-dire un excédent des recettes sur les dépenses avant paiement des intérêts). Cette situation est conforme au contexte économique post-crise de nos économies développées.

Comment alors résoudre le problème de la dette de façon responsable ? Quels sont les outils dont disposent nos gouvernements pour ramener la dette publique dans des limites raisonnables ?

Trois solutions sont possibles :

1. Comme on l'a déjà vu, un premier moyen peut consister à faire jouer l'inflation. Le poids de la dette se verrait réduit en cas de surcroît de l'inflation. Assimilée à un impôt, l'inflation due à l'accroissement de la masse monétaire (*cf.* Chapitre 2, Section II, C et Chapitre 3, Section III) diminue la valeur réelle des engagements que les pouvoirs publics ont libellé en monnaie nationale. Donc l'inflation réduira le coût de l'emprunt. Cette éventualité n'est pas envisageable dans le contexte européen, où l'une des fonctions essentielle de la BCE est le contrôle de l'inflation.

2. Une seconde solution consiste ensuite en une politique monétaire plus restrictive, où les taux d'intérêt longs seraient plus élevés, limitant ainsi le recours à l'emprunt tout en laissant une marge de manœuvre à court terme en cas de besoins de liquidité.

3. La dernière solution est la voie dite « vertueuse », consistant à réduire le déficit par une réduction des dépenses. C'est la solution que prônent les Allemands, qui consiste à faire des économies dans le budget de l'État.

Mais dans les différentes solutions proposées, un inconvénient majeur subsiste : on s'intéresse soit à la dépense, soit aux recettes mais rarement à l'écart qui existe entre les deux et qui permettrait de réutiliser différemment le théorème d'équivalence néo-ricardien.

Pour comprendre l'enjeu de cet argument, rappelons l'origine de ce principe. Dans quel contexte Ricardo, puis Barro (*cf.* Chapitre 3) se sont-ils posé la question de l'utilité et du financement de la dette publique ?

Ricardo s'interrogeait dans ses écrits sur les différentes manières de financer la guerre. Il supposait qu'une guerre coûtant 20 millions de livres avec un taux d'intérêt de 5 %, pouvait être payée :

- soit en une seule fois ;
- soit avec un impôt perpétuel d'1 million de livres ;
- soit avec un impôt de 1,2 million de livres pendant 45 ans.

À l'issue de ses calculs, Ricardo avait conclu à l'équivalence des différentes solutions proposées. S'il ne s'agit plus aujourd'hui de financer la guerre, la dette publique ne devrait-elle pas aujourd'hui être au service du retour de la croissance par le biais de la recherche et de la mise en place d'un investissement « productif » ?

Il s'agit donc de privilégier la **dette stratégique** ou *bonne dette* qui consiste à faire une dépense aujourd'hui pour avoir plus de croissance demain au détriment de la *dette permanente* que l'on peut résumer par le fait que « l'État vit au-dessus de ses moyens » ou de la dette sociale, provenant du fonctionnement de l'État Providence.

Au cœur de tout processus d'endettement il y a une volonté d'investissement. Dans le contexte de croissance molle consécutive à la crise récente, si l'investissement est indispensable pour retrouver un niveau plus soutenu, il occasionne une dépense supplémentaire qu'il convient de contrôler et d'évaluer en fonction de nouvelles recettes.

Deux logiques doivent être envisagées :

1. des logiques de court terme pour soutenir la demande ;

2. des logiques de moyen et long termes pour soutenir l'offre.

L'effet Ricardo, à savoir l'idée que la dépense publique n'a pas d'effet multiplicateur car elle sera payée par de l'épargne privée, suppose un État politiquement faible et peu capable de stimuler les innovations. Les deux logiques évoquées précédemment obligent à envisager un nouveau *policy mix.*

➥ DEFINITION: A POLICY MIX

A Policy Mix is the combination of monetary policy and fiscal policy. In Europe, monetary policy is set by the ECB (see Chapter 2). In contrast, fiscal policy is the responsibility of the member states. Public debt levels should not exceed 60% of GDP, budget deficits 3% of GDP.

Ce nouveau *Policy Mix* pourrait davantage jouer sur la contrainte temporelle : sur le court terme, une politique accommodante classique, avec taux d'intérêt contenus permettrait aux interventions de l'État d'être efficace. Puis, à long terme, une politique budgétaire restrictive permettrait de limiter la **dette de fonctionnement**, et ce au profit de la **dette stratégique**.

Contrôler le déficit public suppose non seulement contrôler les dépenses mais aussi voir comment générer de nouvelles recettes. Pour contribuer à l'augmentation de la croissance, il convient, à court terme, d'alléger la fiscalité des agents créateurs de richesse comme les entreprises et donc d'augmenter les impôts pour les autres contribuables. Ceci passe par un soutien de la demande, et de fait, du revenu sur lequel reposera l'impôt.

Si l'ensemble des gouvernements sont d'accord sur le principe d'une réduction du déficit public, il semble indispensable de le rendre effectif, et de mieux cibler l'affectation des dépenses. Tout ceci dans le but de privilégier une *bonne dette*, destinée à l'investissement de long terme et au financement d'innovations à caractère productif.

En revanche, des dépenses vouées à garantir le fonctionnement étatique ne sont pas la priorité dans une période où le déficit public est déjà important. Il faut également veiller à ce qu'une augmentation de la fiscalité ne vienne pas amputer le revenu destiné à la consommation et/ou aux investissements. La solution peut être trouvée dans l'élaboration d'une hiérarchie des priorités économiques (innovations, nouvelles technologies…) afin de garantir aux individus un bien-être satisfaisant, et aux États, la stabilité financière et l'efficacité économique.

➥ THE BARRO TEST

The contribution of Barro, as we saw it in Chapter 3, initiated a major applied research program. Barro focused his work in 1977 on one hypothesis[1]:

H1: Only the unpredictable movement in aggregate demand affects business activity (defined as output and unemployment).

In order to verify this assumption, Barro placed the growth rate of money at the beginning of a dynamic process. According to him, this variable illustrates correctly aggregate demand growth (to see why, look back at Chapter 2, II, C).

1. Barro (1977 a and b).

FIRST STEP

Using the rational expectations hypothesis, Barro constructed a model in which the growth rate of money is explained by its past values, Federal government expenditure, and unemployment. All these variables are expressed in growth rates. The idea behind this formulation is that this equation represents all that can be "predicted". As individuals make rational expectations, they are able to predict properly the value of these variables.

For Barro, this equation is "that part of the process determining monetary growth which could have been predicted on the basis of the information available at the time". It is:

$$M_t = a + bM_{t-1} + cM_{t-2} + dDFED_1 + eCH_{t-1} \quad (1)$$

Defining explanatory variables

$DFED$ is a measure of public expenditure within the economy. But for Barro, it must be more than only a growth rate of government expenditure. It is important to take into account that the government will sometimes increase expenditure, and will sometimes reduce it. Consequently, there is a need to define a threshold: above this threshold, the government increases its expenditure in an unordinary way, and below this threshold, such expenditure will also be reduced in an unordinary way. According to Barro, when public expenditure rises above this criterion, it is more likely to be financed by measures which increase the rate of monetary growth. When expenditure equals the threshold, it will tend to be financed by standard taxation.

CH_{t-1} is the past value of unemployment in the economy. The idea here is that when unemployment is high, the government will react and allow for a more expansive monetary policy.

M_{t-1} & M_{t-2} are past (or lagged) values of the growth rate of money. The monetary aggregate on which Barro focused his analysis is M_1 (see Chapter 2 for a definition).

SECOND STEP

Barro used the OLS method to estimate equation (1):

$$\widehat{M_t} = 0{,}087 + 0{,}20\,\widehat{M_{t-1}} + 0{,}35\,\widehat{M_{t-2}} + 0{,}082\,\widehat{DFED_t} + 0{,}027\,\widehat{CH_{t-1}} \quad (2)$$

And then (see Chapter 3), he performed various tests assessing or not:

- the significance of coefficients a, b, c, d and e with a Student test;
- the auto-correlation of residuals with a Durbin-Watson test.

According to Barro, this equation is "a measure of anticipated money growth". But he was more interested in having a measure of *unanticipated money growth* (as, in theory, it is only unexpected movements in money that affect the economy).

Measuring unanticipated money growth

Barro suggested that unanticipated money growth is what rests once all anticipated money growth components have been estimated. In other words, the unanticipated money growth will be equal to the difference between actual money growth and anticipated money growth components.

This is the standard definition for residuals: the difference between observed variables and estimated ones. These residuals ensue from the estimation of (1):

$$\varepsilon_t = M_t - \widehat{M_t} \quad (3)$$

Let us now look back at the initial hypothesis proposed. In order to verify if real variables are only affected by unanticipated changes in monetary policy, Barro went on to propose another model:

$$CH_t = f + g\varepsilon_t + h\varepsilon_{t-1} + i\varepsilon_{t-2} + jMIL_t + lMINW^t \quad (4)$$

In this equation, unemployment (a real variable) is explained by unanticipated changes in monetary policy, the number of males under military command (MIL), and the minimum wage level. If this model (using OLS) is relevant, then the initial hypothesis will be retained. Using annual US data from 1946 to 1973, it worked quite well.

This result was, according to Barro, *the proof of the uselessness of government interventions*. The *Equivalence Theorem is verified*, in the sense that the only variables that explain the evolution of business fluctuations are the *residuals*: unanticipated money growth, or an *unanticipated monetary shock*, as defended by Lucas, see Chapter 3. The variable used in (4) in order to represent these business fluctuations is unemployment.

- Barro assumed that the growth rate of money illustrated aggregate demand correctly. Where does this idea come from? Is it relevant?
- Looking at the first step, define the endogenous and exogenous variables of the model.
- In a country of your choice, give a measure for *DFED*. How would you measure, and justify, the expenditure threshold on which Barro worked?
- Estimate equation (1) (tables 1 to 3). Is this model relevant? Why?
- If the model obtained is relevant, turn now to step 2. Using your own model, test the validity of H1 (your model may be inspired from Barro's equation (4)).

Table 8. Monetary Aggregate, M1

	Euro Zone
2010	4701682
2009	4492265
2008	3980630
2007	3831898
2006	3687201
2005	3422825
2004	2906423
2003	2678289
2002	2443769
2001	2222450
2000	2026316
1999	1923170
1998	1732256
1997	1565772
1996	1458323
1995	1349187
1994	1271469
1993	1218959
1992	1145941
1991	1096381
1990	1057470
1989	955094
1988	882757
1987	819628
1986	760302
1985	698400
1984	649700
1983	603069
1982	550096
1981	501057
1980	472448

Source: EUROSTAT, M1 Seasonally adjusted data (SA), millions of national currency.

Table 9. Unemployment Rates
Annual Average, SA, Eurostat

	Euro Zone	Germany	Spain	France	Italy
2010	10,0	6,8	20,1	9,7	.
2009	9,4	7,5	18,0	9,5	7,8
2008	7,5	7,3	11,3	7,8	6,7
2007	7,5	8,4	8,3	8,4	6,1
2006	8,3	9,8	8,5	9,2	6,8
2005	8,9	10,7	9,2	9,3	7,7
2004	8,9	9,8	10,6	9,3	8,0
2003	8,7	9,3	11,1	9,0	8,4
2002	8,3	8,4	11,1	8,6	8,6
2001	7,9	7,6	10,3	8,3	9,1
2000	8,2	7,5	11,1	9,0	10,1
1999	9,1	8,2	12,5	10,4	10,9
1998	10,1	9,1	15,0	11,0	11,3
1997	10,6	9,4	16,7	11,5	11,3
1996	10,7	8,7	17,8	11,5	11,2
1995	10,5	8,0	18,4	11,0	11,2
1994	10,7	8,2	19,5	11,6	10,6
1993	10,0	7,6	18,4	11,0	9,8

Table 10. Public Expenditure, Eurostat

	Euro Zone	Germany	Spain	France	Italy
2009	4548988,5	1138710,0	482650,0	1067747,0	788951,0
2008	4316081,4	1085620,0	449238,0	1028855,0	765888,0
2007	4118774,6	1059440,0	412751,0	991335,0	739972,0
2006	3957629,0	1054200,0	377876,0	952121,0	723580,0
2005	3822518,1	1050250,0	349383,0	921454,0	688367,0
2004	3700345,4	1041210,0	327015,0	883073,0	664330,0
2003	3595223,9	1049210,0	300643,0	849587,0	645243,0
2002	3457013,1	1030840,0	283597,0	815144,0	613694,0
2001	3317305,3	1005060,0	262982,0	772060,0	599587,0
2000	3045095,0	930400,0	246542,0	744253,0	550032,0
1999	3014325,3	966890,0	231202,0	719161,0	543056,0
1998	2911697,4	937644,7	220462,4	692840,6	535313,1
1997	2850779,7	922170,5	210392,4	680086,9	528948,2
1996	2865375,5	947504,9	211925,7	675370,2	520391,4
1995	2888470,6	1056675,5	202858,2	653765,0	452208,7

Data expressed in € millions (and Ecus before 1999).

Data available at:

http://epp.eurostat.ec.europa.eu/portal/page/portal/statistics/themes.

http://epp.eurostat.ec.europa.eu/portal/page/portal/government_finance_statistics/data/database.

http://epp.eurostat.ec.europa.eu/portal/page/portal/monetary_financial_statistics/data/database.

http://epp.eurostat.ec.europa.eu/portal/page/portal/employment_unemployment_lfs/data/database.

Conclusion
Synthèse du chapitre 4

The main elements developed within this last chapter are summarized in the table below.

	Predictors	Tools to avoid them	Therapies
Exchange rate crisis	• Increase of the M2/ Reserves ratio • Over-evaluation of national money	• Constitution of reserves	• Choice of the best exchange rate regime
Financial and banking crisis	• Increase of the M2/ Reserves ratio • High interest rates • Credit acceleration • Deposit insurance for developed countries • Over-estimation of assets prices	• Counter-cyclical monetary policy • Stabilization of the cycle • Reduction of leverage • Increase of interest rate	• Improvement of prudential control • Injection of liquidity after a crash • Central Bank acquires assets held by secondary banks
Debt crisis	• Gap in the public debt/GDP ratio • Concentration of debt maturity • Decrease of economic growth	• Evaluation of public finance quality • Financing of long term public debt	• Countercyclical public policy

Bibliographie

R. Barro,

- 1974, « Are Government Bonds Net Wealth? », *Journal of Political Economy*, vol. 82.
- 1977-a, « Unanticipated money growth and unemployment in the United States », *American Economic Review*, 67.
- 1977-b, « Long term Contracting, sticky prices and monetary policy », *Journal of Monetary Economics*, 3.

D. Bernheim, 1987, « Ricardian Equivalence: An Evaluation of Theory and Evidence », *NBER Macroeconomic Annual*, pp. 263-303.

D. Bernheim et K. Bagwell, 1988, « Is Everything Neutral? », *Journal of Political Economy*, vol. 96, pp. 308-338.

R. Boyer, M. Dehove et D. Plihon, 2004, *Crises financières*, Rapport, La Documentation Française.

A. Boutouzera et Y. Khenniche, 2010, « Crise financière actuelle: une tentative d'explication post-keynésienne » colloque *La crise trois ans après quels enseignements*, IUFM Auvergne, Blaise Pascal.

J. Buchanan, 1976, « Barro on the Ricardian Equivalence Theorem », *Journal of Political Economy*, vol. 84, pp. 337-342.

A. Cartapanis, 2002, « Crises Systémiques et nouvelles régulations internationales », in P. Dockès, *Ordre et Désordre de l'Économie monde*, Paris PUF, p. 275-303.

P. Diamond, 1965, « National Debt in a Neoclassical Growth Model », *American Economic Review*, vol. 55, pp. 1126-1150.

D. Diamond et P. H. Dybvig, 1983, « Bank Runs, Deposit Insurance and Liquidity », *Journal of Political Economy*, n° 91, pp. 401-414.

J. M. Keynes, *Théorie générale de l'emploi, de l'intérêt et de la demande*, Payot, 1942.

P. Krugman, 1979, « A Model of Balance of Payments Crises », *Journal of Money, Credit and Banking*, vol. 11, n° 3, pp. 311-25, August.

R. Lucas, 1972, « Expectations and the Neutrality of Money », *Journal of Economic Theory*, vol. 4, pp. 103-124.

H. Minsky,

- 1975, *John Maynard Keynes*, New York, Columbia University.
- 1982, « The Financial Instability Hypothesis: Capitalism processes and the behaviour of the Economy ».

F. Modigliani, 1961, « Long-Run Implications of Alternative Fiscal Policies and the Burden of the National Debt », *Economic Journal*, vol. 71, pp. 730-755.

F. Modigliani et A. Sterling, 1986, « Government Debt, Government Spending, and Private Sector Behavior : Comment », *American Economic Review*, vol. 76, pp. 1168-1179.

L. Orio et J. J. Quilès, 2009, *Keynes, les Enjeux de la Théorie Générale*, Cursus, Amand Collin.

D. Ricardo, 1820, « Funding System », dans P. Sraffa (1951), *The Works and Correspondence of David Ricard*o, Cambridge : Cambridge University Press.

S. Strange,
–1988, *States and Markets: An Introduction to International Political Economy*, London Printer.
– 1998, *Mad Money*, Manchester, Manchester University Press.

4 CHAPITRE

Sitographie

- **Portail de données statistiques EUROSTAT**

http://epp.eurostat.ec.europa.eu/portal/page/portal/statistics/themes

http://epp.eurostat.ec.europa.eu/portal/page/portal/government_finance_statistics/data/database

http://epp.eurostat.ec.europa.eu/portal/page/portal/monetary_financial_statistics/data/database

http://epp.eurostat.ec.europa.eu/portal/page/portal/employment_unemployment_lfs/data/database

Chapitre 5

Exercices

Sujet	N°
Économie : un peu de méthode	1
Dogme, théorie et méthode hypothético-déductive	2
Qui a dit ?	3
Du PIB aux cycles économiques	4
Différentes lectures possibles de la conjoncture	5
Comprendre la formulation mathématique en économie	6
Quelques calculs utiles	7
Les fondamentaux macroéconomiques	8
Découvrir les agrégats monétaires	9
Le petit village des irréductibles Gaulois	10
Financement de marché et financement bancaire : quiz	11
Les points communs entre Fisher, Keynes et Minsky	12
Retour sur le monétarisme	13
Découvrez votre économiste caché	14
Prévision, management et contexte économique	15
Être gouverneur d'une banque centrale	16
Au ministère de l'Économie et des Finances	17
Prévisions de chiffre d'affaires	18
Bip Bip et Vil Coyote	19
Comparer 1929 et 2007	20
Dow Jones : de la crise de 1929 à la crise des *subprimes*	21
Les problèmes engendrés par la dollarisation	22
Avantages et inconvénients des régimes de change fixe et flottant	23
Le problème de la croissance des déficits publics des économies développées	24

Exercice 1. Économie : un peu de méthode

Cochez la case qui convient.

Il s'agit d'une :	Induction	Déduction	Abduction
Cogito, ergo sum.			
Un cycle économique complet a été repéré : 1. Aux États-Unis de 1854 à 1938. 2. Aux États-Unis de 1790 à 1938. 3. En Grande-Bretagne de 1854 à 1938. 4. En Grande-Bretagne de 1790 à 1938. 5. En France de 1865 à 1938. 6. En Allemagne de 1879 à 1932. Les cycles économiques existent.			
Dubito, ergo sum.			
Le cycle économique est caractérisé par des fluctuations de l'emploi. Les fluctuations de l'emploi dépendent des préférences pour le loisir exprimées par les individus. Le cycle économique dépend des préférences pour le loisir des individus.			
Il y a 90 % de corrélation entre le PIB et les variations de stock dans l'économie, le cycle de cette économie est un cycle de Kitchin.			
2 + 2 = 4			
2, 4, 6, 8, 10…			
L'économie ne m'intéresse pas. Je ne travaille que ce qui m'intéresse. Je ne travaille pas en cours d'économie.			
Il y a 95 % de corrélation entre le PIB et les variations de l'investissement dans l'économie, le cycle de cette économie est un cycle de Juglar.			
Post hoc, ergo propter hoc.			
– Tu as vu cette baisse du taux du crédit ? – Oui, cette baisse est importante, cela indique une souplesse inhabituelle de la part de la Banque centrale, non ? – Si la Banque centrale est plus souple qu'à son habitude, cela peut traduire le fait que la situation économique est tendue pour les détenteurs de crédits : elle souhaite ainsi alléger le poids de la dette qui pèse sur leurs épaules. Ou alors, cela indique que les banques « pratiquent le crédit facile », et ça ne pourra pas durer éternellement, car cela crée de l'inflation.			
Le chômage est un choix délibéré des individus dans l'économie. Les individus de l'économie sont parfaitement normaux. Qu'il y ait du chômage dans l'économie est parfaitement normal, c'est même délibéré !			

Exercice 2
Dogme, théorie et méthode hypothético-déductive

Répondez aux questions suivantes.

1. Qu'est-ce qu'une théorie ? Qu'est-ce qu'un dogme ?

2. Quelle différence faites-vous entre une proposition et une affirmation ? Faites le lien avec la question précédente.

3. Lorsqu'il s'agit d'étudier les fondamentaux du cycle économique, une démarche dogmatique est-elle pertinente ? Pourquoi ?

4. Une démarche inductive est-elle une démarche dogmatique ?

5. Parmi ces propositions, laquelle relève du dogme et laquelle relève de la théorie ?

	Dogme	Théorie
La loi des débouchés de J. B. Say.		
Les délocalisations d'entreprises tuent l'emploi et la croissance.		
La faible compétitivité des entreprises françaises dans ce secteur semble être la principale cause des faillites et autres plans sociaux observés ces cinq dernières années.		

6. Expliquez ce qu'est une méthode hypothético-déductive. En quoi ce raisonnement peut-il permettre de faire émerger une théorie ?

7. Que faire si une théorie n'est pas validée par les faits ?

8. Si de nombreux faits valident une théorie, cela implique-t-il forcément qu'elle soit vraie ?

9. L'économie est-elle une science expérimentale ou une science de l'observation ? Pourquoi ?

Exercice 3. Qui a dit ?

Reliez les auteurs à leurs citations (il y a parfois plusieurs citations pour un seul auteur).

Citations	Auteurs
1. « L'impulsion fondamentale qui met et maintient en mouvement la machine capitaliste est exprimée par les nouveaux objets de consommation, les nouvelles méthodes de production et de transport, les nouveaux marchés, les nouveaux types d'organisation industrielle – tous ces éléments créés par l'initiative capitaliste. » •	
2. "Our approach integrates growth and business cycle theory." •	
3. « Le renouvellement et la succession des mêmes faits, dans des circonstances spéciales, dans tous les temps, dans tous les pays et sous tous les régimes, voilà ce qu'il fallait faire remarquer. » •	• W. Persons
4. "The ideas of economists and political philosophers, both when they are right and when they are wrong, are more powerful than is commonly understood. Indeed the world is ruled by little else. Practical men, who believe themselves to be quite exempt from any intellectual influence, are usually the slaves of some defunct economist." •	• J. Tobin • M. Friedman
5. « Une fois la crise déclarée, nous ne pouvons rien faire pour en sortir avant son terme naturel. » •	
6. « Post hoc, ergo propter hoc. » •	• F. A. Von Hayek
7. "A barometer showing the fluctuations of business and industrial activity may be put to many uses." •	
8. « Si la circulation de la monnaie s'accroît relativement à celle des marchandises, les prix monteront. Si au contraire elle décroît relativement, les prix baisseront. Le premier cas est celui de l'inflation relative, le second celui de la déflation relative. » •	• J. M. Keynes
9. "That wine is not made in a day has long been recognized by economists." •	• W. C. Mitchell
10. « Qu'il y ait inflation et que le niveau des prix monte, le créancier perd et le débiteur gagne. » •	
11. "These differences among business cycles arise from the fact that the business situation at any moment is the net resultant of a complex of forces among which the rhythm of business activity is only one." •	• I. Fisher
12. « Le seul moyen de conserver un volume de chômage inférieur au taux naturel est une inflation en accélération continue, dans laquelle l'inflation effective est toujours en avance sur l'inflation anticipée. » •	• F. E. Kydland & E. C. Prescott
13. « L'économiste doit être mathématicien, historien, politicien et philosophe. Il doit aborder simultanément l'abstraction et la réalité et étudier le présent à la lumière du passé en vue de l'avenir sans qu'aucun aspect de la nature des institutions ne lui échappe. » •	• J. A. Schumpeter
14. « L'inflation est comme l'alcoolisme. Lorsqu'un homme se livre à une beuverie, le soir même cela lui fait du bien. Ce n'est que le lendemain qu'il se sent mal. » •	

Exercice 4
Du PIB aux cycles économiques

À partir des données du tableau, répondez aux questions suivantes.

1. À partir des données du PIB à prix courants et de l'inflation, calculez le PIB à prix constants.

2. Puis, à partir des données du PIB à prix constants, calculez le PIB moyen sur l'ensemble de la période.

3. Calculez le taux de croissance trimestriel de la France.

4. Pour obtenir la tendance de long terme de l'économie, calculez les moyennes mobiles d'ordre 4.

5. Calculez les valeurs du cycle de croissance.

6. Représentez graphiquement le PIB à prix constants et le cycle de croissance associé.

Trimestres	PIB français à prix courants	Taux de croissance des prix (inflation)	PIB français à prix constants	Taux de croissance trimestriel	Moyenne mobile (tendance)	Cycle de croissance
2006 T1	443 581	0,6				
2006 T2	450 682	0,5				
2006 T3	453 603	0,6				
2006 T4	460 255	0,8				
2007 T1	467 209	0,7				
2007 T2	471 206	0,4				
2007 T3	477 233	0,6				
2007 T4	480 387	0,5				
2008 T1	487 534	1				
2008 T2	486 509	0,4				
2008 T3	487 942	0,5				
2008 T4	484 879	1				
PIB moyen à prix constants						

Exercice 5. Différentes lectures possibles de la conjoncture

1. Procurez-vous les données **trimestrielles** du PIB français sur la période 1999-2010.

2. Comparez le cycle de croissance français avec son taux de croissance trimestriel, calculé sur la même période :
- expliquez les différences entre l'approche conjoncturiste courante (taux de croissance) et l'approche macro-économiste (cycle de croissance) ;
- quelle est la lecture la plus adaptée, selon vous, à la crise 2007 ?

5 CHAPITRE

Exercice 6. Comprendre la formulation mathématique en économie[1]

Répondez aux questions suivantes, en donnant des exemples.

1. De façon générale, qu'est-ce qu'une variable ?

2. Qu'est-ce qu'une variable mensuelle, trimestrielle, annuelle ?

3. Qu'est-ce qu'une variable continue ?

4. Qu'est-ce qu'une variable discontinue ?

5. Quelle différence faites-vous entre une variable dépendante et une variable indépendante ?

6. Quelle différence faites-vous entre une variable exogène et une variable endogène ?

7. L'économiste Myrdal a proposé les termes de variables *ex ante* et de variables *ex post*. **À l'heure d'aujourd'hui**, la note **que vous obtiendrez demain** à l'examen d'économie est-elle une variable *ex ante* ou une variable *ex post* ?

8. Différenciez une constante d'un paramètre.

9. Une variation absolue est-elle une valeur absolue ? Pourquoi ?

10. Qu'est-ce qu'une variation relative ?

1. Voir D. Schlacther (1990).

11. Si une grandeur augmente de 30 %, une baisse de 30 % la fera-t-elle revenir à sa valeur initiale ? Pourquoi ?

12. Qu'est-ce qu'un taux de croissance moyen ?

13. Qu'est-ce qu'une équation et à quoi cela peut-il servir en économie ?

14. De la même manière, qu'est-ce qu'un système d'équations et à quoi cela peut-il servir en économie ?

Exercice 7.
Quelques calculs utiles

À partir des données du tableau, répondez aux questions suivantes.

1. Calculez la moyenne (arithmétique) des x (notée $\overline{x}$) ainsi que celle des y (notée $\overline{y}$).

2. Qu'est-ce qu'un écart type ? Donnez-en la formule.

3. Calculez l'écart type des x, ainsi que celui des y.

4. Expliquez puis appliquez la formule suivante :

$$COV_{x,y} = \sum_{i=1}^{n} (x_i - \overline{x})(y_i - \overline{y})$$

5. Calculez le coefficient de corrélation entre x et y, que pouvez-vous dire ?

Date	Consommation en euros (x)	Revenu en euros (y)	$(x_i - \overline{x})$	$(y_i - \overline{y})$	$(x_i - \overline{x})(y_i - \overline{y})$
2005	8 734	10 456			
2006	8 750	10 600			
2007	8 800	10 700			
2008	8 500	10 400			
2009	8 550	10 460			
2010	8 700	10 500			
2011	8 750	10 600			

Exercice 8. Les fondamentaux macroéconomiques : application

1. Procurez-vous les **données trimestrielles désaisonnalisées (France, période 1999-2010)** suivantes :
   - le PIB et l'indice des prix à la consommation harmonisés ;
   - la consommation finale ;
   - la formation brute de capital fixe, La variation des stocks.
2. Calculez les corrélations croisées (PIB à prix constant/consommation finale, PIB à prix constant/formation brute de capital fixe, puis PIB à prix constant/variation des stocks).
3. Quelle lecture pouvez-vous faire du cycle des affaires français ?

Exercice 9. Découvrir les agrégats monétaires

Répondez aux questions suivantes.

1. Qu'est-ce qu'un agrégat monétaire, qu'est-ce qu'un agrégat de placement ?
2. À quel agrégat appartiennent ces différents éléments (cochez la case qui convient) ?

	M1	M2	M3
Compte d'épargne logement			
Dépôts à vue			
Bons du trésor			
FCP			
Livret violet temporisé durable			
SICAVERO			
Billets et monnaie			
Livret de développement durable			
Titre de créance négociable			

Exercice 10. Le petit village des irréductibles Gaulois

« Nous sommes en 50 avant Jésus-Christ. Toute la Gaule est occupée par les Romains… Toute ? Non ! Un village peuplé d'irréductibles Gaulois résiste encore et toujours à l'envahisseur. Et la vie n'est pas facile pour les garnisons de légionnaires romains des camps retranchés de Babaorum, Aquarium, Laudanum et Petitbonum…
Dans les couloirs du Sénat, à Rome, on commence à glosser sur l'impuissance de l'Empereur face aux irréductibles Gaulois. César doit rapidement soumettre ces odieux dissidents qui le narguent. Il envoie alors au village Caius Saugrenus, qui propose d'affaiblir les Gaulois en les rendant décadents. Sa mission : briser la belle union des rebelles Gaulois, semer la discorde dans leurs rangs ».

Pour ce faire, Caius va introduire la monnaie…

1. Les Gaulois découvrent rapidement à quel point la monnaie facilite leur vie quotidienne. Ils vivent alors l'équivalent d'une globalisation financière à leur échelle. De nombreux « actifs financiers » vont désormais être à leur disposition et ils ne s'en privent pas.

Les actifs utilisés par les Gaulois...	...représentent un pouvoir d'achat (mesuré en sesterces)
Billets	50
Dépôts à vue	150
Livrets d'épargne	100
Certificats de dépôts	200
Obligations émises par les entreprises	350

Caius Saugrenus se frotte les mains et fait ses comptes. La masse monétaire en circulation dans le village gaulois est désormais suffisante pour lancer ses plans. Calculez-la, à partir des données précédentes.

M1 =	
M2 =	
M3 =	

2. Il est temps désormais de remplir sa mission. Les Gaulois, enthousiastes et de plus en plus avides, se jettent à corps perdu dans l'économie de marché. Caius distille habilement les sesterces confiés par César auprès des Gaulois. Obélix, mais aussi Ordralfabétix sont désormais de véritables entrepreneurs dans le village. Les Gaulois dépensent frénétiquement, l'argent manque, ils vont emprunter…

Caius n'accorde alors que 350 sesterces de crédits aux entreprises, et explique que cette fois-ci, il faudra rembourser la somme… Obélix et Ordralfabétix vont donc vendre des obligations aux Gaulois qui voudront bien investir dans leurs entreprises florissantes. Ils arrivent à convaincre quelques Gaulois et collectent ainsi 200 sesterces. Caius accepte avec bon cœur de prendre les 150 restants. Obélix et Ordralfabétix ont bien du mal à rester raisonnables et n'épargnent pas. En revanche, ils engagent quelques Gaulois et leur paient un salaire, sans oublier de se servir au passage…

Faites les comptes, en remplissant les bilans qui suivent :

Banques ***Caius Saugrenus***		**Entreprises** ***Obélix Ordralfabétix***		**Ménages** ***Les Gaulois***		**Banque centrale** ***César***	
Crédits accordés aux entreprises …	Dépôts confiés par les Gaulois …	Salaires versés …	Obligations …	Billets …	Salaires reçus …	Refinancement accordé …	Billets …
Obligations détenues …	Livrets confiés par les Gaulois …		Crédits …	Dépôts à vue …			
	Certificats de dépôts …			Livrets …			
	Refinancement demandé à César …			Certificats de dépôts …			
				Obligations …			

3. Comment César peut-il contrôler les activités des Gaulois ?

4. Comment Caius Saugrenus va-t-il introduire la zizanie ?

Exercice 11. Financement de marché et financement bancaire : quiz

Les questions à choix multiples qui suivent se proposent de mettre l'accent sur la différence entre un financement de marché et un financement bancaire. Identifiez les bonnes réponses.

1. La structure du capital permanent d'une entreprise moderne est essentiellement composée de dettes.
   a) Vrai
   b) Faux

2. Le risque financier est un risque additionnel supporté par les actionnaires quand l'entreprise modifie sa structure financière.
   a) Vrai
   b) Faux

3. Le taux d'intérêt réel n'est jamais supérieur au taux d'intérêt nominal.
   a) Vrai
   b) Faux

4. Sous l'hypothèse d'anticipations rationnelles des agents économiques, les arbitrages entre les différents compartiments du marché financiers sont possibles sans coûts importants.
   a) Vrai
   b) Faux

5. La structure financière de l'entreprise (fonds propres/fonds empruntés) n'est pas sensible :
   a) aux taxes.
   b) aux coûts de transactions.
   c) aux imperfections du marché.
   d) peut dépendre de tous ces facteurs.

6. Des conflits d'intérêts peuvent exister entre les actionnaires et les managers quand :
   a) le manager utilise des fonds de l'entreprise à des fins personnelles.
   b) le management sous-estime les inefficiences de gestion.
   c) le management écarte des projets rentables lorsque le risque encouru est important.
   d) dans tous les cas précédents.

7. Le principal avantage de l'émission de titres par rapport au crédit est son coût plus faible.
   a) Vrai
   b) Faux
   c) Selon les situations

8. Les banques satisfont les besoins de liquidité des entreprises grâce à leurs activités d'intermédiation.
   a) Vrai
   b) Faux

9. L'augmentation du capital d'une entreprise est-elle liée à sa rentabilité ?
a) Oui
b) Non

10. Une réduction de capital est-elle liée à l'évaluation du cours de ses actions sur le marché ?
a) Oui
b) Non

11. Obtenir des crédits à un prix inférieur aux taux de marché :
a) crée de la valeur.
b) transfère de la valeur.

12. Une société produit un bien unique. Pour des raisons de liquidités immédiates, elle cède 30 % de ces activités pour un prix égal à 30 % de sa capitalisation boursière. Le cours de bourse de ses titres est-il affecté ?
a) Oui
b) Non

13. Le choix de financement d'une entreprise crée de la valeur.
a) Oui
b) Non

14. Une entreprise est en difficulté du fait d'une faible rentabilité et d'un endettement excessif. Pensez-vous que les intérêts des obligataires et ceux des actionnaires sont les mêmes ?
a) Oui
b) Non

15. Lorsqu'une entreprise choisit de s'autofinancer, elle compare le coût des capitaux propres au taux de rentabilité marginal du capital.
a) Vrai
b) Faux

16. Une société a des activités diversifiées dans le vin, le secteur aéronautique, et les nouvelles technologies. L'impact de cette diversification sur le taux de rentabilité exigé par l'investisseur est positif.
a) Vrai
b) Faux

17. Le financement d'un projet productif par le crédit est toujours le meilleur choix.
a) Oui
b) Non

18. Les fluctuations des prix des titres ont une influence sur le financement direct d'une entreprise.
a) Vrai
b) Faux

19. La capacité d'endettement est le montant de dette optimal du point de vue de la maximisation de revenu des actionnaires et correspond au montant maximum auquel une entreprise peut faire face.
a) Oui
b) Non

Exercice 12. Les points communs entre Fisher, Keynes et Minsky

À partir du texte ci-dessous, répondez aux questions suivantes.

1. Qu'est-ce que l'incertitude pour Keynes ? Faites le lien avec les « esprits animaux ».

2. Quel est le point commun entre Fisher et Keynes ?

3. Sur quelle hypothèse se base Minsky pour expliquer la dépression cumulative ?

(...) Selon Irving Fisher, le cycle débute avec une innovation qui ouvre des perspectives nouvelles et importantes de profits. Boyer (1998) rappelle la proximité du point de départ des analyses de la dynamique de Fisher et de Schumpeter. Cette rentabilité espérée incite les investisseurs à s'engager dans cette voie et implique un endettement de leur part. Ce dernier permet aux pionniers de dégager des bénéfices qui nourrissent convoitise et optimisme. Cet optimisme amène de nouveaux investisseurs et le niveau global de l'endettement croît. Les effets de levier incitent les acteurs à s'endetter davantage tant que les résultats sont au rendez-vous.

L'apport du chapitre 12 de la *Théorie générale* (Keynes, 1936), est ici essentiel. (...) Keynes part du constat que l'environnement économique est souvent fondamentalement incertain. Dans son article de 1937, il expose clairement son point de vue : « Il me faut expliquer que par l'expression de connaissance « incertaine », mon intention n'est pas simplement de distinguer ce qui est su avec certitude de ce qui est seulement probable. (...) J'utilise le terme dans le sens où (...) il n'y a pas de fondement scientifique sur lequel on puisse formuler quelque calcul de probabilité que ce soit » (Keynes, 1937, p113-114). Aussi conclut-il qu'en ce qui concerne l'apparition et la portée de certains évènements futurs, la seule chose que l'on puisse dire est que « tout simplement, nous ne savons pas » (ibid.).

Cette caractéristique de l'environnement ne conduit néanmoins pas à l'absence de décision et à l'inaction. Keynes établit les bases de l'analyse du processus décisionnel avec les fameux « esprits animaux » : « Les décisions humaines engageant l'avenir sur le plan personnel, politique ou économique ne peuvent être inspirées par une stricte prévision mathématique, puisque la base d'une telle prévision n'existe pas ; (...) notre besoin inné d'activité constitue le véritable moteur des affaires, notre cerveau choisissant de son mieux entre les solutions possibles, calculant chaque fois qu'il le peut, mais s'effaçant souvent devant les impulsions dues au caprice, au sentiment ou à la chance » (Keynes, 1936, p.174-175).

• • •

• • •

Dans un tel contexte, les actions entreprises reposent sur des décisions subjectives dont la fiabilité peut se révéler fragile. On comprend ainsi que les agents cherchent à améliorer leurs performances en se référant à l'opinion commune et en adoptant un comportement mimétique. Le comportement moutonnier des investisseurs entretient le mouvement de hausse. Celui-ci se poursuit et s'amplifie, ce qui peut conduire à un excès d'optimisme entretenu par la réalisation des anticipations de profit, elles-mêmes liées à la hausse des prix des actifs entretenue par les achats du plus grand nombre.

L'optimisme se transforme peu à peu en un optimisme excessif dans le même temps que le surendettement remplace l'endettement. « Le surendettement, dont on a admis jusqu'ici l'existence, doit avoir eu ses conditions d'apparition. Il peut avoir pour origine de nombreuses causes, dont les plus communes semblent être les nouvelles occasions d'investir avec un gros profit en perspective, en comparaison avec les profits et intérêts ordinaires, du fait de nouvelles inventions et industries, du développement de nouvelles ressources ou de l'ouverture de nouvelles terres ou marchés. L'argent facile est la cause majeure du surendettement. Quand un investisseur pense qu'il peut faire plus de 100 % de profit par an en empruntant à 6 %, il sera tenté d'emprunter, et d'investir ou de spéculer avec l'argent emprunté ».

Développant l'analyse de Fisher, Minsky décrit également une dynamique endogène aux systèmes financiers capitalistes, dans laquelle l'innovation et la recherche de profit conduisent inexorablement au déclenchement d'une crise financière et au développement d'une dépression cumulative (*debt deflation*).

Source : « L'analyse des crises : Minsky, après Fisher et Keynes », L. Desmedt, P. Piégay et C. Sinapi, *L'économie politique*, octobre 2010.

Exercice 13
Retour sur le monétarisme

À partir du texte ci-dessous, répondez aux questions suivantes.

1. Donnez un résumé rapide de ce qu'est le monétarisme.
2. Pourquoi selon Galbraith, Friedman refusait d'admettre que la mise en pratique de ses enseignements pouvait s'avérer austère et douloureuse ?
3. Quelles sont les autres raisons du succès de l'école monétariste ? (Vous prendrez des exemples en vous référant à la période des années soixante-dix.)

Les raisons d'un succès

Qu'était le monétarisme ? Friedman l'a défini par une formule célèbre : « l'inflation est toujours et partout un phénomène monétaire ». Ce qui signifiait que la monnaie et les prix étaient liés. Mais au-delà, Friedman croyait que la monnaie était une variable politique – une quantité que la banque centrale pouvait créer ou détruire à volonté. Créez-en trop, et c'est l'inflation. Créez-en trop peu et l'économie risque de s'effondrer. Il s'en suit que la bonne quantité de monnaie devrait entraîner le bon résultat : des prix stables, avec ce que Friedman a fini par appeler le taux naturel de chômage.

L'intention et l'effet de ce raisonnement étaient de défendre une idée fondamentale sur le capitalisme : celle que les marchés libres et sans entraves sont stables par nature. Dans l'évangile selon Friedman, le gouvernement est l'unique serpent du Paradis, alors que la politique a le devoir de rester à l'écart. Tout comme c'était la leçon ordinaire de *La Liberté du choix*, il s'avère que c'est aussi la leçon profonde de tout l'édifice de la pensée de Friedman. L'ouvrage qu'il a publié en 1963 avec Anna J. Schwartz, *Une histoire monétaire des États-Unis, 1867-1960*, malgré tous ses chiffres et ses statistiques, véhicule un message simple : le marché ne s'est pas trompé, le gouvernement, si.

Friedman a réussi parce que ses travaux étaient suffisamment complexes pour donner un aspect scientifique à ses idées qui exploitaient les préjugés d'un milieu particulier. Comme l'écrivait John Maynard Keynes à propos de David Ricardo dans sa *Théorie générale de l'emploi, de l'intérêt et de la monnaie* (1936) : « Une victoire aussi absolue que la sienne a quelque chose de curieux et de mystérieux. Elle semble due à un tissu d'affinités entre sa doctrine et le milieu auquel elle était proposée. Le fait qu'elle aboutissait à des conclusions tout à fait différentes de celles auxquelles se serait attendue une personne ordinaire et peu instruite ajoutait, je pense, à son prestige intellectuel. Que son enseignement, mis en pratique, fût austère et souvent désagréable lui donnait du mérite. Que sa doctrine fût apte à soutenir une superstructure logique, vaste et cohérente, lui donnait de la beauté. Qu'elle pût expliquer beaucoup d'injustice sociale et d'apparente cruauté comme une péripétie inévitable dans la marche du progrès, et toute tentative de modifier cette situation comme susceptible (…) de faire plus de mal que de bien, convenait bien au pouvoir en place. Qu'elle justifiât dans une certaine mesure la liberté d'agir du capitaliste individuel lui valait l'appui des forces sociales dominantes soutenant ce pouvoir. »

• • •

Le succès de Friedman ressemble à celui de Ricardo, mais pas sur tous les points. Bien sûr, il a lui aussi justifié l'injustice et soutenu le pouvoir. Mais sa superstructure logique n'était ni large ni cohérente. Le discours de Friedman était d'une simplicité irritante, à la limite de l'insaisissable. Il avait recours au court terme pour certains effets, au long terme pour d'autres, passant de l'un à l'autre comme ça l'arrangeait. Lors d'une réunion de l'Association des économistes américains, à San Francisco, je l'ai vu répondre devant une caméra de télévision.

« Professeur Friedman, lui demanda le journaliste, comment l'économie va-t-elle se porter l'an prochain ?
– Eh bien, répondit Friedman, à cause de la faible croissance de la monnaie que nous avons connue l'an dernier, il va se produire une récession terrible.
– Et comment voyez-vous les prix ?
– À cause de la croissance forte de la monnaie ces dernières années, nous allons connaître une inflation terrible.
– Professeur Friedman, continua le journaliste, est-ce que l'année prochaine la famille américaine moyenne va vivre mieux ou plus mal qu'aujourd'hui ?
– La famille américaine moyenne n'existe pas, répondit Friedman. Certains ménages vivront mieux, et d'autres plus mal… »

Comme je le disais, il pouvait être difficile à suivre ! Et alors que la mise en pratique de ces enseignements avait des conséquences austères et douloureuses, Friedman refusait de l'admettre. Ses lois de croissance de la monnaie promettaient un taux d'emploi stable sans inflation. Elles n'annonçaient pas de l'austérité, mais du bonheur. Ricardo était Harpagon. Friedman ressemblait plus au joueur de flûte de Hamelin.

Source : « La faillite du monétarisme et l'illusion du nouveau consensus monétaire », J. K. Galbraith, 2008, traduit dans *L'économie politique*, janvier 2009.

Exercice 14
Découvrez votre économiste caché

Vous êtes actuellement en train de suivre un cours d'économie donné par un professeur que vous n'avez jamais eu la chance d'écouter jusqu'à présent. Comme l'introduction de son cours semble perdurer un peu, vous finissez immanquablement par vous demander quand ce cours va se terminer. Supposons que l'emploi du temps vous indique que le cours commence à 9 h 15, et qu'il se termine à 12 h 30. Parce que concentration et appel de l'estomac ne font pas bon ménage, il est communément admis que les cours se terminent au moins 10 minutes avant la fin de l'heure prévue.

1. Votre expérience des cours d'économie vous fait cependant quelque peu douter. Car si vous avez eu l'occasion de rencontrer des professeurs pour qui l'intérêt d'enseigner passe après l'heure du repas, vous savez aussi que certains passionnés pourraient ne pas voir passer l'heure juste pour le plaisir de s'écouter une ou deux minutes de plus. Comment pouvez-vous prévoir l'heure à laquelle le professeur terminera son cours ?

2. Parce que vous venez d'arriver et que vous ne connaissez pas encore assez bien le fonctionnement de l'établissement où vous vous trouvez, vous allez vous baser sur le cours de droit auquel vous avez assisté hier. Le cours d'économie devrait donc logiquement se terminer vers 11 h 45. Mais plus le professeur s'enflamme, plus vous doutez de votre scénario. Finalement, c'est plutôt sur le cours de comptabilité qu'il faudrait se baser, qui s'était terminé à 12 h 45. Passé un premier moment de désespoir, quelle sera votre prévision ?

3. Maintenant que cela fait plusieurs semaines que vous suivez assidûment les cours, vous avez acquis une petite expérience sur la question. Les cours d'économie se terminent toujours entre 12 h 10 et 12 h 20, ce qui fait une sortie en moyenne à 12 h 15. Est-ce que 12 h 15 constitue une bonne prévision, pourquoi ?

4. Nous arrivons maintenant à la fin du semestre. Vous avez constaté que le professeur d'économie a tendance à faire un cours plus long que la moyenne lorsque la semaine d'avant, son cours était plus court que la moyenne. Vous avez aussi constaté que des cours peuvent se prolonger lorsque la thématique du moment n'est pas totalement exploitée. Quel genre de modèle pourrait vous permettre de prévoir l'heure de votre sortie ?

5. L'examen est imminent. Qu'avez-vous retenu de votre cours d'économie ?

Exercice 15
Prévision, management et contexte économique

Répondez aux questions suivantes.

1. La direction générale d'une entreprise produisant des biens de consommation non durables vient de recevoir une prévision de récession économique imminente. Comment cela peut-il affecter les décisions de la direction ?

2. Y aurait-il une grande différence si la prévision avait annoncé une expansion imminente ?

3. Vos réponses auraient-elles été différentes si l'entreprise produisait un bien d'équipement lourd, pourquoi ?

4. Quelles sont selon vous les propriétés d'un bon indicateur économique ?

5. Les séries ci-dessous pourraient-elles réellement servir à faire de bonnes prévisions ?
   - La demande de catalogues IKÉA.
   - Le nombre de tickets d'autoroute pris sur l'A10 Tours-Paris.
   - Le nombre d'entreprises ayant fait faillite à Tours ce mois-ci.

6. Un trader très optimiste a remarqué que le nombre d'enfants nés dans la région sur un mois, rapporté aux cours des actions de Pampers (sur la même période) est un excellent indicateur de l'évolution quotidienne du cours du CAC40. Expliquez brièvement en quoi vous vous permettez de douter de la véracité de ses propos et surtout de la qualité de son indicateur.

7. Jusqu'à quel point peut-on dire que plus une analyse des données est poussée, plus la qualité des prévisions est améliorée ?

8. Le directeur d'un grand groupe veut vous employer pour élaborer des prévisions sur l'évolution mensuelle des stocks de la filiale x. Il n'est cependant pas très clair sur les moyens qu'il va vous donner pour réaliser cette tâche. C'est en effet le premier projet de ce genre pour le groupe. Afin d'accomplir au mieux votre mission, quels sont les points sur lesquels il faut discuter dès à présent ?

Exercice 16
Être gouverneur d'une Banque centrale

Vous êtes actuellement le gouverneur de la Banque centrale. On vous apporte les chiffres les plus récents concernant la quantité de monnaie en circulation dans l'économie (voir *Agrégats monétaires*) et la valeur du PIB du pays :

Année	Quantité de monnaie en circulation (exprimée en millions d'euros)	PIB à prix courants (exprimé en millions d'euros)
1999	2	5
2000	2,5	5,5
2001	3,2	6
2002	3,6	7
2003	3,3	7,2
2004	4	7,7
2005	4,2	8,4
2006	4,6	9
2007	4,8	9,7
2008	5	10

1. Représentez sur un graphique l'évolution de la monnaie et du PIB sur la période (1999-2008).

2. En utilisant la méthode des moindres carrés ordinaires, estimez l'équation qui suit :

$$PIB_t = a.M_t + b.$$

3. Représentez la droite obtenue sur votre graphique.

4. À quoi sert le coefficient b et que pouvez-vous dire de l'inclinaison de la droite de régression ?

5. Vous disposez, dans votre pays, d'un contrôle total de l'offre de monnaie. Votre objectif est que le PIB atteigne 12 millions d'euros en 2009. À quel niveau fixerez-vous le montant de l'offre de monnaie ? Expliquez votre démarche.

6. Vous ne contrôlez plus l'offre de monnaie dans l'économie, mais il vous reste les taux d'intérêts. Afin de mieux étudier les comportements des épargnants, vous allez construire un modèle qui est censé expliquer la quantité de monnaie épargnée par le niveau des taux d'intérêts. Pour faire vos calculs, prendrez-vous un échantillon couvrant une période où les taux fluctuent beaucoup, ou préférerez-vous prendre un échantillon dans lequel les taux restent à peu près constants ? Expliquez-vous.

Exercice 17
Au ministère de l'Économie et des Finances

Vous travaillez au ministère de l'Économie et des Finances. Dans le cadre du projet « La consommation porte la croissance économique française », vous avez construit un système d'équations regroupant trois modèles économiques. Ces modèles sont censés permettre d'étudier les comportements de consommation (C) et d'épargne (S) des ménages :

5 CHAPITRE

$$C_t = a + b\,PIB_t + \varepsilon_{1t} \qquad \text{Modèle 1}$$

$$C_t = c + d\,PIB_t + e\,C_{t-1} + \varepsilon_{2t} \qquad \text{Modèle 2}$$

$$S_t = f + g\,PIB_t + \varepsilon_{3t} \qquad \text{Modèle 3}$$

Vous obtenez les résultats suivants :

Coefficient	Valeur du coefficient		Test de Student la variable est :
$\hat{a}$	14,51		Non significative
$\hat{b}$	0,88		Significative
R^2	**0,9977**	**MODÈLE 1**	
$\hat{c}$	5,52		Non significative
$\hat{d}$	0,31		Significative
$\hat{e}$	0,65		Significative
R^2	**0,9989**	**MODÈLE 2**	
$\hat{f}$	- 14,51		Significative
$\hat{g}$	0,12		Significative
R^2	**0,8961**	**MODÈLE 3**	

1. Expliquez les trois différents modèles. À quoi servent-ils ?

2. Puisque le premier modèle dispose d'un fort coefficient de détermination (0,9977), est-il tout de même utile d'estimer le second modèle ? Pourquoi ?

3. Que nous apprennent les résultats obtenus pour le dernier modèle ?

4. La consommation porte-t-elle la croissance économique française ? Pourquoi ?

Exercice 18
Prévisions de chiffre d'affaires

Vous travaillez pour un grand groupe de la grande distribution.

Le chiffre d'affaires, exprimé en données mensuelles sur la période 2005-2009, est le suivant :

Chiffre d'affaires (2005-2009)

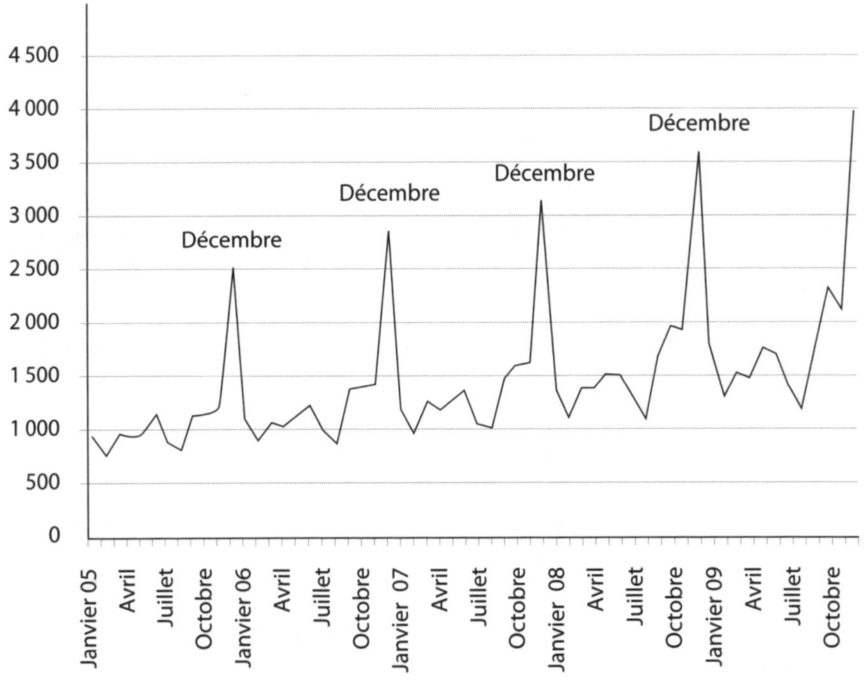

1. Quelle est votre première constatation ? Expliquez.
2. L'élaboration d'une prévision sur le chiffre d'affaire avec cette série est-elle possible en utilisant les moindres carrés. Pourquoi ?
3. Quelle serait la méthode la plus adaptée pour arriver à prévoir l'évolution du chiffre d'affaires ?

Exercice 19
Bip Bip et Vil Coyote

Vil Coyote (*Carnivorous Vulgaris*) cherche à tout prix à attraper Bip Bip (*Accelleratii Incredibus*). Mais courir après le volatile est vain ; il n'arrivera jamais à atteindre une telle vitesse. Désespéré et très affamé, il décide alors de fomenter (encore) un plan. Le trajet de Bip Bip dans le désert est souvent le même : plutôt que de lui courir après, il va donc l'attendre à un endroit précis, et lui jettera, pile au bon moment bien sûr, un énorme rocher.

Muni de son chronomètre, il récolte les observations suivantes :

Étapes du chemin suivi par Bip Bip	1	2	3	4	5	6	7	8	9	10
Kilomètres parcourus par Bip Bip (km)	10	25	35	46	78	90	100	112	130	142
Chronométrages effectués par Vil Coyote (minutes)	5	10	15	20	24	30	40	45	46	?

Bip Bip parcourt en moyenne 70 kilomètres en 26 minutes chaque matin. Mais c'est à la dernière étape du chemin, la dixième, qu'il s'arrête généralement pour observer le paysage… Cette position est cruciale : Bip Bip se trouve alors exactement en-dessous d'une montagne sur laquelle trône un énorme rocher. Tout le problème est que Vil n'a jamais chronométré le temps que mettait Bip Bip pour atteindre ce point crucial. Il lui faudrait bien des efforts, et le temps presse, il a très faim : il ne grimpera donc en haut de la falaise qu'une seule fois, pour économiser ses forces.

Vil Coyote investit alors dans le livre *Réaliser une régression linéaire par les moindres carrés : la modélisation des séries temporelles pour les coyotes*, chez ACME, qui arrive instantanément. **Vous allez l'aider à estimer le temps que met Bip Bip à atteindre l'étape 10**. Vos connaissances de la question vous ont en effet permis de repérer que le modèle sur lequel il faut travailler est le suivant :

$$KM_t = a.Chrono_t + b$$

- km représentant les kilomètres parcourus ;
- chrono le temps réalisé par Bip Bip ;
- b une constante ;
- et t les différentes étapes du chemin.

1. Calculez la valeur de a et la valeur de b.

2. Calculez la valeur de $Chrono_{10}$, si $KM_{10} = 142$.

3. Comment pouvez-vous vérifier la précision de votre calcul ?

4. Est-ce la fin de Bip Bip ?

Exercice 20. Comparer 1929 et 2007

En vous basant sur les graphiques fournis, répondez aux questions suivantes.

1. L'impact des deux crises a-t-elle été identique sur l'économie réelle ?

2. Y a-t-il eu compression du crédit ? Pourquoi ?

3. Compte tenu de vos réponses, comment qualifieriez-vous ces deux crises ?

Pour aller un peu plus loin :

4. La faillite du Creditanstalt[1] en Autriche a-t-elle eu le même impact que celle de Lehmann Brothers ? Pourquoi ?

Politiques anticycliques et dynamique production/inflation

États-Unis : masse monétaire
(100 à $t = 0$; pic conjoncturel à $t = 0$; mois en abscisse)

1. Le Creditanstalt était une grande banque autrichienne, qui finançait beaucoup d'entreprises indépendamment de leur taille et collectait les dépôts de nombreux épargnants. Elle a fait faillite le 11 mai 1931. Théoriquement, les banques en difficulté peuvent compter sur l'aide éventuelle de la Banque centrale. Or, dans les années trente, l'ampleur de la crise et de ses conséquences a été telle que le rôle de prêteur en dernier ressort des Banques centrales a été quasi inexistant.

États-Unis : production industrielle et prix à la consommation (variation en glissement annuel)

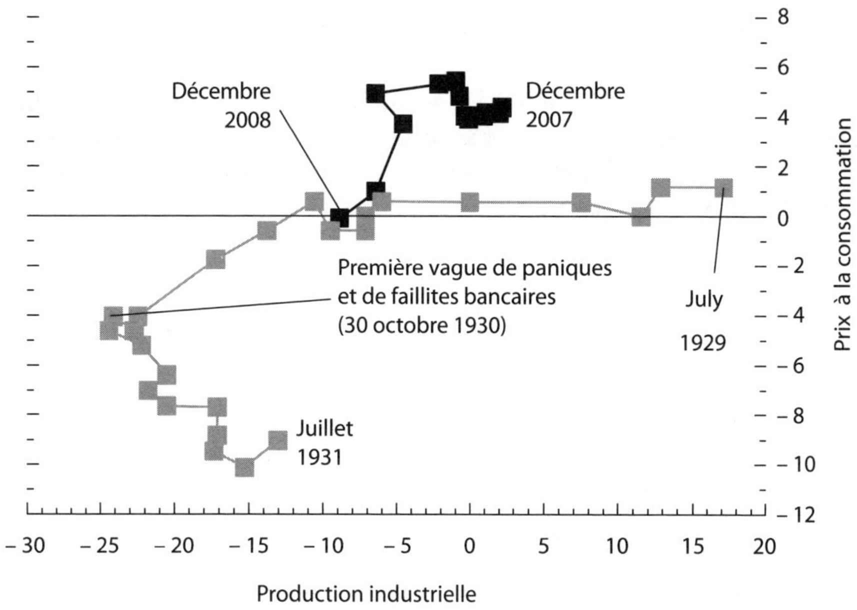

Sources : Bernanke (1983), Friedman and Schwarz (1963) et Haver Analytics.

Exercice 21. Dow Jones : de la crise de 1929 à la crise des *subprimes*

Dans le but d'établir une comparaison, l'évolution de la valeur du Dow Jones sur la période 1929-1930 a été superposée à celle couvrant la période 2007-2008. Les volumes échangés en 1929 n'étant évidemment pas ceux d'aujourd'hui, ces données ont été normalisées.

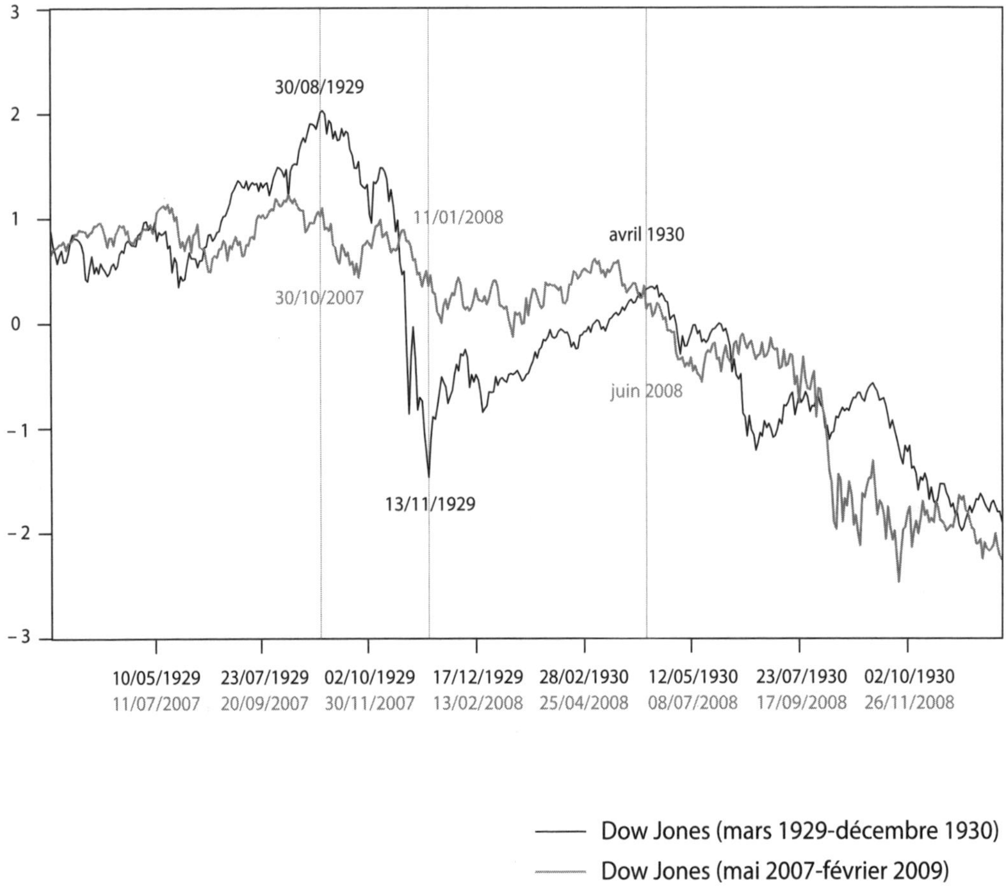

1. Qu'est-ce que le Dow Jones ? La façon dont il est calculé en 1929 diffère-t-elle de celle employée en 2007 ?

2. Étudiez le graphique ci-dessus. Que remarquez-vous ?

3. Étudiez la valeur des corrélations croisées ci dessous, qu'en concluez-vous ?

Seuils de corrélations		
	DOW 07/09	**DOW 29/30**
DOW07/09	1,000 000	
DOW29/30	0,844 828	1,000 000

4. Si l'on calcule cette fois les corrélations croisées du CAC40 avec les précédentes données, on obtient les résultats suivants :

Corrélations	**CAC 07/09**	**DOW 07/09**	**DOW 29/30**
CAC 07/09	1	0,960 927 134	0,854 148 066
DOW 07/09	0,960 927 134	1	0,844 828 210
DOW 29/30	0,854 148 066	0,844 828 210	1

Ces résultats influencent-ils votre réponse à la question précédente ?

5. Est-ce que les corrélations mesurées ici sont pertinentes ?

6. Une fois la crise constatée, si l'on avait construit un modèle afin de prévoir l'évolution du Dow Jones sur l'année 2009, en utilisant comme variable explicative ce même Dow Jones mais sur la période 1929-1930, les estimations obtenues auraient-elles été utiles ?

7. Crise de 1929 et crise 2007 sont-elles similaires aux États-Unis ?

Exercice 22
Les problèmes engendrés par la dollarisation

À partir du tableau ci-dessous, répondez aux questions suivantes.

1. Quels sont les avantages et les inconvénients d'une dollarisation de l'économie pour les pays d'Amérique Latine ?

2. Comment peut-on expliquer les différents statuts du dollar américain ?

3. Quel est le rapport entre la taille du pays et le niveau de dollarisation ?

Pays	Statut du dollar américain	% des dépôts en dollar sur la masse monétaire M3		% des dépôts en dollar sur l'ensemble des dépôts
Pays fortement dollarisés		**1991**	**1995**	**2000**
Argentine	Légal	35,1	43,9	61,0
Bolivie	Légal et habituel	76,8	82,3	85,3
Costa Rica	Habituel	37,7	31,0	45,0
El Salvador	Monnaie nationale	1,4	1,7	8,7
Pérou	Légal et habituel	59,9	64,0	73,5
Uruguay	habituel	78,5	76,1	86,8

Source : Mathieu Arès « À quand le règne du dollar ? Instabilité politique et intégration monétaire dans les Amériques », *Études Internationales*, vol. 32, n° 4, p. 752, 2001.

Exercice 23. Avantages et inconvénients des régimes de change fixes et flottants

À partir du tableau ci-dessous, répondez aux questions suivantes.

1. Comment justifier le lien, établi par les pays d'Amérique Latine, de leur monnaie au dollar ?

2. Peut-on étendre ces arguments au cas des pays européens ?

Les programmes de stabilisation des taux de change (novembre 1997-novembre 1998)

Pays	Programme démarré le :	Régime choisi :	inflation annuelle (pourcentage)			Est-ce que le régime mis en place a abouti à un crash de la monnaie ?
			Au démarrage du programme	La 3e année du programme	En 1998	
Mexique	Déc. 1987	Change fixe, puis parité glissante	143,7	29,9	18,6	Oui (déc. 1994)
Pologne	Janv. 1990	Change fixe, puis parité glissante	630,6	39,8	8,6	Non
Nicaragua	Mars 1991	Change fixe puis parité glissante	20 234,3	3,4	na	Non
Argentine	Avril 1991	Office monétaire	267	4,3	0,7	Non
Estonie	Juin 1992	Office monétaire	1 085,7	29,2	4,4	Non
Lituanie	Avril 1994	Office monétaire	188,8	8,4	2,4	Non
Brésil	Juillet 1994	Change fixe, puis parité glissante	4 922,6	6,1	0,4	Oui (janv. 1999)
Bulgarie	Juillet 1997	Office monétaire	1 471,9	na	3,2	Non

- **Parité glissante** (*crawling peg*) : le taux de change est fixe mais ajusté régulièrement en fonction de paramètres déterminés, comme par exemple l'inflation.
- **Office monétaire** (*currency board*) : c'est une autorité monétaire (comme la Banque centrale) qui se préoccupe du change. Son obligation consiste alors à « couvrir » l'intégralité de la masse monétaire de l'économie avec des réserves de change.

Ce tableau résume les régimes de changes choisis par les pays ayant subi la crise des années quatre-vingt-dix.

Exercice 24. Le problème de la croissance des déficits publics des économies développées

A • Le problème de la dette publique et du déficit commercial

La comptabilité nationale et la balance des paiements sont des outils essentiels pour la compréhension des phénomènes macroéconomiques. Ces documents reflètent en effet la structure des dépenses internationales et leurs répercussions nationales.

Dans une économie fermée aux transactions internationales, l'investissement est nécessairement financé par l'épargne intérieure, somme de l'épargne privée et publique. En revanche, en économie ouverte, les échanges avec le reste du monde n'ont pas besoin d'être équilibrés, et il est possible de prêter ou d'emprunter à l'étranger.

La différence entre les exportations et les importations d'un pays est appelée le solde du compte courant. Le solde du compte courant est égal à la différence entre le produit intérieur et l'ensemble des utilisations que les résidents font du produit. Ce qui s'écrit :

$$CC = S - I$$

Si le compte courant (ou balance courante) est excédentaire, le pays exporte plus qu'il n'importe, gagne plus qu'il ne dépense, dégage un excès d'épargne par rapport à l'investissement, et prête ce surplus à l'extérieur : un solde financier négatif traduit donc une situation de prêteur net. Inversement, une balance courante négative connaît un solde financier positif qui traduit une situation d'emprunteur net et décrit le financement du solde courant : augmentation des engagements (ou réduction des avoirs) du secteur privé vis-à-vis de l'extérieur, et/ou réduction des réserves officielles.

Question 1.

On dispose de la balance des paiements simplifiée suivante :

	Crédit (+)	Débit (–)	Solde
A. Compte des transactions courantes A_1 Biens A_2 Services			
B. Compte financier			
B_1 Flux financiers hors avoirs de réserves			
B_1 – 1 Investissements directs			
B_1 – 2 Investissements de portefeuille			
B_1 – 3 Autres Investissements			
B_2 Avoirs de réserves			

- Un déficit de la balance des transactions courantes est-il compatible avec un excédent de la balance globale (solde cumulé du compte des transactions courantes et du compte financier hors avoirs de réserves) ?
- Quel est dans ce cas le signe du solde du compte des avoirs de réserves ?
- Les avoirs de réserve ont-ils augmenté ou diminué ?

B • La position particulière des États-Unis

Les États-Unis connaissent une situation particulière avec un déficit jumeau : déficit commercial et déficit budgétaire. Cette situation, qui a débuté dans les années quatre-vingt a trois origines essentielles.

1) Une augmentation de revenu aux États-Unis : qui a contribué à accroître la demande intérieure.
2) Une croissance de la demande étrangère d'actifs américains conduisant à une hausse du taux de change du dollar et une baisse des taux d'intérêt américain.
3) Une baisse du taux d'épargne domestique nécessitant un recours à l'emprunt pour satisfaire les besoins d'investissement.

Question 2.

Compte tenu de la récession qu'ont connue les États-Unis dans les années 2000 et lors de la dernière crise des *subprimes*, comment expliquer une croissance encore plus forte de l'endettement extérieur ? En effet l'épargne domestique n'a cessé de décroître ces dernières années, les récessions ont nécessité une intervention plus importante des pouvoirs publics.

C • L'arbitrage entre fiscalité et emprunt dans le cadre des déficits publics des économies développées

Pour apprécier l'arbitrage entre dette et impôt dans la politique économique d'un pays, nous considérons le cas de trois pays : la France, l'Allemagne et les États-Unis.

Question 3.

Les positions du compte courant et du compte financier pour ces trois pays de 2002 à 2009 sont les suivantes :

Compte courant

Md $	2002	2003	2004	2005	2006	2007	2008	2009
France	19,8	14,7	12,5	– 9,1	– 11,6	– 25,8	– 64,4	– 58,4
Allemagne	41,4	47,4	128,1	142,4	189,3	254,8	245,9	168,4
USA	– 458,1	– 520,7	– 630,5	– 747,6	– 802,6	– 718,1	– 668,9	– 378,4

Source : OCDE.

Compte financier

Md $	2002	2003	2004	2005	2006	2007	2008	2009
France	- 16,4	2,3	- 7,9	- 1,3	7,3	54,1	115,2	36,6
Allemagne	- 36,4	- 69,4	- 152,3	- 162,8	- 218,9	- 300,3	- 290,9	- 197,7
US	500,4	531,1	535,4	713,8	777,7	632,3	616,8	165,1

Source : OCDE.

Décrivez ces résultats. Quels enseignements en tirez-vous ?

Question 4.

Donnez les principaux éléments représentant les dépenses et revenus de l'État.

Question 5.

Comment arbitrer entre un nouvel emprunt et un accroissement de la fiscalité pour soutenir la croissance sans aggraver le problème de la dette ?

Références

L. Desmedt, P. Piégay et C. Sinapi, « L'analyse des crises : Minsky, après Fisher et Keynes », *L'économie Politique*, octobre 2010.

J. K. Galbraith, « La faillite du monétarisme et l'illusion du nouveau consensus monétaire », 2008, traduit dans *L'économie politique*, janvier 2009.

R. Goscinny et A. Uderzo, *Obélix et compagnie*, Une aventure d'Astérix le Gaulois, Dargaud, 1976.

D. Schlacther, « Comprendre la formulation mathématique en économie », coll. « Les fondamentaux », Hachette Supérieur, 1990.

Conclusion générale

Le cœur de l'argumentation de cet ouvrage est le cycle économique. Outre les outils d'évaluation objectifs, il nous est apparu bon de fournir au lecteur des éléments d'analyse critique pour une meilleure compréhension des faits économiques passés, présents et à venir. La finalité poursuivie est donc de développer, par la connaissance des théories et des méthodes qui ont permis l'interprétation du cycle, la capacité de se projeter dans l'avenir et d'élaborer des prévisions. Dans un monde en constant changement, il est important pour des managers d'avoir les clés permettant de prendre les décisions les plus adaptées en vue de maintenir et d'accroître leur place sur le marché.

Les relations commerciales obligent les entreprises à disposer de la technologie la plus performante. Pour ce faire, les managers utilisent une panoplie de produits financiers sans cesse accrue à leur disposition en vue de réaliser leurs projets. L'activité réelle est devenue aujourd'hui indissociable de l'activité financière. Le cycle économique inclut de plus en plus de facteurs monétaires qu'il convient non seulement de maîtriser mais aussi de contrôler. Le chef d'entreprise n'est donc plus, depuis un certain temps déjà, un pourvoyeur de biens et de services, mais bien un décideur capable de prendre des décisions entrepreneuriales et financières. Il doit également éprouver son adaptabilité face aux éventuels chocs externes. La prise en compte de facteurs géopolitiques n'est donc plus un choix mais une donnée dans notre monde globalisé. Le manager d'aujourd'hui se doit de détenir les outils qui lui permettront de se projeter dans le futur pour assurer sa pérennité. C'est précisément l'objectif premier de ce travail.

Tout au long de cet ouvrage, notre but a été de doter d'un outil pédagogique et opérationnel les étudiants et les managers désireux d'améliorer leur efficacité décisionnelle dans notre monde économique global. De nos jours, même pour une entreprise de moyenne envergure (avec une taille de 50 à 500 salariés), une décision prise dans un contexte très limité peut avoir des conséquences très au-delà de son environnement immédiat. Pour s'en convaincre, on peut prendre l'exemple de l'ouverture du capital d'une société permettant aux investisseurs, quel que soit leur lieu de résidence, d'en acquérir des titres. Dans ce cadre, un manager doit développer sa capacité à prévoir les répercussions futures de ses décisions actuelles à moyen et long termes. Nous espérons que la lecture de cet ouvrage aura contribué à aider le manager en ce sens, ou à minima le conduira à mieux appréhender les différentes dimensions des problèmes économiques pour forger sa propre position.

Annexes

Lexique français-anglais

Lexique inversé

Liste des encadrés/*boxes*

Liste des figures

Liste des tableaux/*tables*

Lexique français-anglais

Actif / *Asset*
Titre négociable émis par une société conférant à son détenteur un droit d'associé à cette même société.

Actualisation / *Updating*
Principe qui permet de calculer la valeur présente (d'aujourd'hui) d'une somme qui sera perçue dans le futur. Inverse de la *Capitalisation.*

Agrégat monétaire / *Monetary aggregate*
Mesure de l'offre de monnaie.

Anticipation / *Expectations*
Hypothèse sur laquelle se fondent les agents économiques avant de prendre une décision (acheter, vendre, investir...).

Anticipation adaptative / *Adaptive expectations*
Une anticipation adaptative traduit la possibilité qu'un agent économique, au moment de prendre une décision, élabore une hypothèse qu'il adaptera en fonction des erreurs commises dans le passé.

Anticipation auto-régressive / *Autoregressive expectations*
Une anticipation est dite auto-régressive lorsque l'agent économique, au moment de prendre sa décision, élaborera une hypothèse basée sur l'estimation d'un modèle auto-régressif.

Anticipation naïve / *Naïve expectations*
Une anticipation est naïve lorsque l'agent économique, au moment de prendre sa décision, élaborera une hypothèse basée sur la valeur passée de la variable anticipée.

Anticipation rationnelle / *Rational expectations*
Selon Lamotte et Vincent, les anticipations sont des prévisions informées des événements futurs. Elles sont dites rationnelles dans la mesure où elles sont cohérentes avec les prévisions résultant d'une interprétation pertinente de la théorie économique. Autrement dit, les anticipations se forment comme si les agents, utilisant toute l'information disponible, comprenaient la théorie économique et l'utilisaient dans le cadre de leurs prévisions.

Appréciation / *Appreciation*
Augmentation de la valeur d'une devise ou d'un actif. Inverse de *Dépréciation.*

Approche déductive / *Deductive approach*
À partir d'une théorie, on élabore ses propres conclusions. Une fois élaborée une hypothèse, on en étudie les effets. Selon Peirce (1931), la déduction se contente de tirer les conséquences nécessaires d'une pure hypothèse.

Approche inductive / *Inductive approach*
À partir de ce qu'on mesure statistiquement dans la réalité, on élabore ses propres conclusions. Une fois mesurés les effets, on en tire la cause. Selon Peirce (1931), l'induction ne fait que déterminer une valeur.

Approche abductive / *Abductive approach*
L'abduction consiste en une formation dynamique de la connaissance. L'hypothèse de travail est fondée sur des observations et des connaissances antérieures qui permettent de suggérer une proposition générale. Selon Peirce (1931), l'abduction est le processus de formation d'une hypothèse explicative.

Asymétrie informationnelle / *Asymmetric information*
Différence d'accès à l'information existant entre les individus en un moment donné. Ces différences peuvent créer de l'incertitude, du fait du pouvoir que certains agents économiques, mieux informés, détiennent.

Attaque spéculative sur une monnaie forte / *Speculation on a hard currency*
Activité consistant à anticiper l'évolution du prix d'une devise dans l'espoir d'en retirer une plus-value. Elle consiste à acheter (vendre) une devise lorsqu'on prévoit la hausse (baisse) de son prix avec l'intention de la revendre (racheter) ultérieurement et avec bénéfice (plus-value) lorsque son prix aura effectivement augmenté (baissé).

Autocorrélation / *Auto-correlation*
Voir *Corrélation*.

Autofinancement / *Self-financing*
Ce sont les réserves de l'entreprise (*cash flows*), provenant des bénéfices non distribués aux actionnaires.

Balance commerciale / *Trade balance*
Différence entre le total des exportations et celui des importations, à l'échelle d'un pays.

Balance des paiements / *Balance of payments*
Il s'agit d'un document qui permet de comptabiliser l'ensemble des opérations commerciales qui ont été réalisées entre, d'un côté les résidents, et de l'autre, les non résidents. Cette comptabilisation est annuelle, et distingue les opérations financières des opérations non financières.

Balance des transactions courantes / *Balance on current account*
On retrouve dans ce document les flux de biens et de services, mais aussi les transferts. En d'autres termes, il s'agit d'un document dans lequel se regroupent la balance commerciale, le négoce international, les services, les revenus des facteurs (redevances ou brevets), ainsi que les transferts unilatéraux. Voir *Balance commerciale.*

Banque centrale / *Central Bank*
Organisme chargé de la conduite de la politique monétaire ainsi que de la stabilité du système bancaire dans son ensemble.

Banque centrale européenne / *European Central Bank*
Banque centrale de l'Union monétaire européenne.

Banque de second rang / *Secondary banks*
Banque dont le rôle principal est la collecte des dépôts provenant de l'épargne populaire et l'octroi de crédits aux particuliers (commerçants, artisans, agriculteurs). Elle est spécialisée dans « l'activité de détail » : clientèle nombreuse et petites opérations.

Baromètre économique / *Economic barometer*
Instrument servant à mesurer les variations de différents fondamentaux économiques tels que le PIB, la formation brute de capital fixe, la consommation, etc.

Biens et services / *Goods and Services*
Il faut distinguer :
- **Les biens et services marchands / *Marketable Goods and Services*** (c'est-à-dire payants) : ils sont acquis sur un marché, en échange du paiement direct du prix correspondant.
- **Les biens et services non marchands / *Non-Marketable Goods and Services*** : ils sont obtenus gratuitement en échange d'un travail personnel ou du versement des impôts à l'État ou aux collectivités. Ces derniers sont payés avec l'argent public de l'État, des départements et des communes.

Bilan / *Balance sheet*
Document comptable qui regroupe les actifs et le passif d'une banque, ou d'une entreprise.

Bulle (spéculative) / *Speculative bubble*
Hausse rapide et continue d'une société ou d'un secteur d'activité, hors de toute proportion avec la valeur économique (fondamentale). Cette hausse résulte la plupart du temps d'un comportement irrationnel des investisseurs.

Capitalisation / *Capitalization*
Méthode qui consiste à calculer la valeur future d'un capital qui aura été investi à un taux d'intérêt donné. Inverse de l'*Actualisation.*

Chômage / *Unemployment*

Mesure le nombre d'agents économiques sans travail. On distingue généralement le chômage classique résultant d'une rigidité à la baisse des salaires du chômage keynésien provenant d'une insuffisance de la demande globale.

Circuit monétaire / *Monetary circuit*

Il s'agit d'une zone de circulation de la monnaie dans laquelle ne se pose pas le problème de conversion d'une forme de monnaie en une autre. À chaque circuit correspond une forme de monnaie : monnaie centrale, monnaie divisionnaire et scripturale.

Création de monnaie / *Money creation*

Un acte de création monétaire est un jeu d'écriture qui consiste à transformer une créance en moyen de paiement.

Crédit / *Credit*

Somme prêtée aujourd'hui en contrepartie d'un remboursement ultérieur incluant le montant du capital et le versement d'un intérêt.

Crise / *Crisis*

Au sens technique correspond au point de retournement de la situation conjoncturelle globale. Elle traduit généralement le passage d'une phase d'expansion à une phase de récession.

Croissance économique / *Economic growth*

Augmentation pendant une longue période du PIB. Voir *Produit Intérieur Brut.*

Croissance zéro / *Zero growth*

État stationnaire de l'économie et de la population.

Croissance sauvage / *Vigorous growth*

Croissance forte (5 % à 10 %), déséquilibrée et prédatrice (atteintes à l'environnement et épuisement rapide des ressources naturelles).

Corrélation / *Correlation*

Le calcul de la corrélation entre deux séries notées X et Y revient à calculer le rapport de la covariance entre X et Y au produit de leurs écarts types respectifs, c'est-à-dire :

$$r_{x,y} = \frac{\sum_{i=1}^{n} (x_i - \bar{x})(y_i - \bar{y})}{\sigma_x \sigma_y}$$

Contracyclique / *Countercyclical*

Qui évolue en sens inverse du cycle économique. Inverse de *Procyclique.*

Courbe des taux / *Yield curve*
Cette courbe illustre la valeur prise par les taux d'intérêts sur un placement, en fonction de leur durée. Il existe ainsi différentes sortes de courbes de taux : tout dépend de l'émetteur, du secteur ou a lieu l'émission, et du rating associé au placement souscrit.

Cycle / *Cycle*
Mouvement de fréquence périodique et d'amplitude variable de l'activité économique
On distingue généralement :
- une phase d'expansion correspondant à une croissance du rythme de l'activité économique ;
- la crise incarnant le point de retournement de la conjoncture ;
- la récession illustrant le ralentissement voir la diminution (dépression) de l'activité économique ;
- la reprise traduisant le passage de la récession à une nouvelle phase d'expansion.

Cycle Juglar ou cycle des affaires / *Juglar cycle*
Mis en évidence dans l'ouvrage *Des crises commerciales et leur retour périodique en France, en Angleterre et aux États-Unis* (1862), Juglar caractérise ces cycles par l'existence de mouvements réguliers périodiques de l'activité économiques pour une durée allant de neuf à dix ans. Voir *Cycle.*

Cycle classique / *Classical cycle*
Cycle basé sur l'évolution temporelle du PIB. Voir *Cycle Juglar.*

Cycle de croissance / *Growth cycle*
Consiste à évaluer le plus souvent sur le long terme la différence entre le PIB observé et sa tendance de long terme.

Cycle Kitchin ou Cycle des stocks / *Kitchin cycle*
Cycle économique portant sur une période d'environ 4 ans.

Cycle Kondratieff / *Kondratieff cycle*
Cycle économique portant sur une période d'environ 50 ans.

Cycle Kuznets / *Kuznets cycle*
Cycle économique portant sur une période d'environ 20 ans.

Cycle réel / *Real cycle*
Le cycle réel, dans la nouvelle macroéconomie classique, décrit un ajustement optimal de l'économie à l'équilibre. Il s'agit, pour reprendre les termes employés par Mankiw, d'une réponse naturelle et efficiente de l'économie aux modifications de la disponibilité des technologies de production.

Datation du cycle économique / *Business cycle dating*

Il s'agit d'une chronologie permettant de délimiter l'ensemble d'un cycle économique, lorsque celui-ci est défini par l'alternance de phases d'expansion et de récession. Ces datations peuvent porter sur des données mensuelles, trimestrielles, annuelles... et le cycle économique peut y être délimité de creux en creux ou de pics en pics.

Demande / *Demand*

Quantité d'un bien ou d'un service que les agents économiques sont disposés à acheter sur un marché à un prix donné.

Demande effective / *Effective demand*

C'est la quantité d'un bien ou d'un service que les entrepreneurs s'attendent à écouler sur un marché à un prix donné. C'est une demande ex-ante qui correspond à une anticipation. Pour J. M. Keynes, le niveau d'activité économique ne dépend pas de l'offre de produit, comme le pensait J. B. Say, mais de la demande effective de biens et de services par les agents économiques. Cette demande dépend elle-même de la propension marginale à consommer.

Déficit / *Deficit*

Les déficits publics expriment un excès de dépenses publiques sur les recettes effectives.

Déficits primaires / *Primary deficit*

Les déficits primaires sont mesurés par les déficits totaux diminués des charges d'intérêt de la dette.

Déflation / *Deflation*

Baisse généralisée du niveau des prix. Inverse de l'*Inflation*.

Dépôt / *Deposit*

Somme déposée dans une banque.

Dépréciation / *Depreciation*

Diminution de la valeur d'une devise ou d'un actif. Inverse d'*Appréciation*. Voir *Dévaluation*.

Dévaluation / *Devaluation*

Une monnaie est dévaluée lorsque sa valeur, mesurée par rapport à d'autres devises, baisse. Voir *Dépréciation*.

Dispersion du savoir / *Knowledge dispersion*

Hypothèse proposée par Hayek en 1931. Parce que les anticipations des agents ne peuvent s'avérer rationnelles, pour mieux comprendre comment les individus prennent tout de même leurs décisions, Hayek propose cette hypothèse. Cela consiste en réalité à supposer que les agents n'ont pas accès à toute l'information disponible dans l'économie, mais seulement à une petite partie.

Diversification / *Diversification*

Il s'agit, au moment de construire un portefeuille d'actions, de les combiner de façon à se protéger du risque de taux. En d'autres termes, on va choisir un portefeuille d'actions de manière à minimiser le risque.

Écart type / *Standard deviation*

Voir *Variance.*

Échantillon / *Sample*

Il peut s'agir d'un sous-ensemble d'individus, supposés représentatifs, tirées de l'ensemble d'une population : la taille de l'échantillon correspondra au nombre d'individus sélectionnés. Il peut aussi s'agir d'un certain nombre de valeurs observées pour une variable (on parlera d'observations) : la taille de l'échantillon correspondra alors au nombre d'observations retenues pour l'analyse.

Éco-dormance / *Quiescence*

Concept introduit par Overstone en 1937, lorsqu'il étudie le cycle. Il s'agit d'une phase par laquelle passe le cycle économique, phase durant laquelle ce dernier est stable, ou à l'équilibre. À ne pas confondre avec une situation de stagnation de l'activité économique.

Économie d'endettement / *Debt economy*

Se dit d'une économie caractérisée par un recours massif au financement par le crédit auprès des organismes financiers. Le concept d'économie d'endettement s'oppose à celui d'économie de marché (sous-entendu des capitaux).

Effet Concertina / *Concertina effect*

On parle également d'accordéon de la production. Cet effet décrit les mouvements suivis par la production dans une économie. Il s'explique avant tout par le fait que les entrepreneurs réajustent leurs plans d'investissement au cours du temps. Ce concept a été développé par Hayek en 1931.

Effet de commerce / *Bill of exchange*

Il s'agit d'un titre de créance, qu'il est possible de négocier. On parle aussi d'effet représentatif de crédit. Voir *Crédit.*

Emprunt ou Endettement externe / *Foreign debt*

Voir *Financement externe.*

Encaisse / *Cash*

Somme des valeurs disponibles dans la caisse, par exemple, d'une banque. Si l'on précise davantage cette définition en la cherchant dans un bilan comptable, il faudra regrouper les postes « disponibilités » et « valeurs mobilières de placement ».

Encaisse de précaution – Encaisse de spéculation – Encaisse de transaction
Voir *Motif de.*

Escompte / *Discount*
Dans ce livre, le terme d'escompte désigne le crédit accordé par un établissement à son/ses clients.

Facilités permanentes / *Standing facilities*
Il existe deux types de facilités permanentes destinées à accompagner les banques dans leurs besoins. La facilité de prêt (à 24 heures), et la facilité de dépôt (à 24 heures également).

Filtre de Hodrick Prescott / *Hodrick Prescott filter*
Méthode statistique permettant d'extraire la tendance d'une série. Il s'agit de calculer une moyenne mobile infinie. Voir *Tendance, Moyenne mobile.*

Financement externe / *External financing*
Il s'agit d'un financement obtenu en dehors de sa propre épargne. Il est externe parce que fourni par une banque, ou par un fournisseur, ou par le marché financier.

Illusion monétaire / *Monetary illusion*
Chez les monétaristes, les agents économiques sont victimes d'illusions monétaires : ils considèrent leurs revenus ainsi que leurs actifs en termes nominaux plutôt que réels. Un individu victime d'illusion monétaire sera heureux si son salaire augmente de 6 %, et ce malgré le fait que l'inflation augmente dans le même temps de plus de 6 %.

Incertitude / *Uncertainty*
Voir *Risque.*

Individu représentatif / *Representative individual*
En statistique, il s'agit d'un individu à partir duquel on pourra tirer des informations généralisables à l'ensemble de la population. Lorsqu'un échantillon est représentatif, on considère ainsi que les informations qui y auront été mesurées pourront être extrapolées à la population mère. En économie, lorsqu'on peut passer d'un individu à l'ensemble de l'économie, l'individu est représentatif. Les choix que l'individu élabore dans un univers microéconomique peuvent être agrégés à l'ensemble de l'économie. Voir *Robinson Crusoé.*

Inférence statistique / *Statistical inference*
Voir *Approche inductive.*

Inflation / *Inflation*

C'est la hausse continue et durable du niveau général des prix. La déflation est, au contraire, la baisse du niveau général des prix. Ne pas confondre déflation et désinflation ; cette dernière est le ralentissement du rythme de l'inflation. Enfin la stagflation décrit la coexistence de l'inflation, d'une baisse de l'activité économique et d'un chômage élevé. Ce dernier phénomène a surtout été observé pendant les années 70. Inverse de la *Déflation.*

Instabilité financière / *Financial instability*

L'instabilité financière peut être constatée sur le marché financier lorsque les variables financières (cours de bourse, taux de change…) subissent des variations intempestives et de grande amplitude, et ce de façon durable.

Intermédiation financière / *Financial intermediation*

L'intermédiation financière décrit des situations par lesquelles les agents économiques accèdent aux capitaux, que ce soit en passant par le marché, ou par les institutions financières.

Liquidité / *Liquidity*

Aptitude à faire face à ses engagements à tout moment.

Marché monétaire – marché financier / *Money markets – Financial markets*

- **Marché monétaire** : marché où se déroulent des opérations portant sur la monnaie et des titres à court et moyen terme.
- **Marché financier** : marché où sont émis et négociés les titres.

Masse Monétaire / *Money supply*

Ensemble des moyens de paiements en circulation dans un système économique.

Multiplicateur / *Multiplier effect*

L'effet de multiplication est un processus économique visant à démontrer que l'augmentation d'une grandeur entraîne une augmentation plus que proportionnelle d'une autre grandeur. Exemple le multiplicateur d'investissement keynésien.

Modèle quantitatif ou économique / *Economic model*

Un modèle est une représentation formalisée et structurée d'un ensemble d'éléments tirés de la réalité que l'on cherche à étudier. Il ne peut être qu'une approximation : mais celle-ci doit être motivée et choisie par son concepteur.

Moindres carrés ordinaires / *Ordinary least squares*

Méthode de calcul utilisable au moment de réaliser une régression linéaire. Voir *Régression linéaire.*

Monnaie / *Money*
Intermédiaire des échanges, unité de compte et réserve de valeur.

Monnaie Centrale / *Central or Paper money*
Monnaie émise par la Banque centrale.

Monnaie divisionnaire / *Metallic money*
Monnaie circulant par le biais de pièces.

Monnaie faible ou fragile / *Soft currency*
Monnaie dont la valeur se déprécie souvent.

Monnaie fiduciaire / *Fiduciary money*
Monnaie regroupant les billets de banque et la monnaie métallique.

Monnaie forte / *Hard currency*
Monnaie dont la valeur a tendance à rester stable ou à s'apprécier.

Monnaie scripturale / *Bank credit*
Monnaie circulant par le biais de jeu d'écritures entre les comptes. Elle regroupe la monnaie électronique, les chèques et les virements.

Motif de transaction / *Transaction motive*
Correspond aux besoins en monnaie des agents. Voir *Préférence pour la liquidité.*

Motif de spéculation / *Speculation motive*
Lié à la spéculation sur l'achat ou la vente d'actifs. Voir *Préférence pour la liquidité.*

Motif de précaution / *Precautionary motive*
Lié à l'incertitude portant sur l'avenir. Voir *Préférence pour la liquidité.*

Moyenne / *Average*
Il s'agit de la somme des valeurs prises par la variable, divisée par le nombre de valeurs prises et observées par cette variable (on fait la somme de tous les x_i jusqu'à n, et on divise le tout par n) :

$$\bar{x} = \frac{\sum_{i=1}^{n} x_i}{n} = \frac{x_1 + x_2 + \ldots + x_i}{n}$$

Moyenne mobile / *Moving average*
Consiste à calculer la moyenne sur des périodes glissantes. On calculera ainsi des moyennes de différents ordres. L'ordre étant le nombre de périodes sur lesquelles la moyenne va être calculée. Voir *Moyenne.*

OPCVM / *Mutual fund - Investment fund*

Un organisme de placement collectif en valeurs mobilières (OPCVM) va placer des fonds, sous formes de valeurs mobilières, et en assurer la gestion. Voir *Valeurs mobilières.*

Opérations d'open market / *Open market operations*

Intervention de la Banque centrale sur la quantité de liquidité en circulation en vue de contrôler le volume de crédit octroyé par les banques.

Optimisation / *Optimization*

Optimiser, en économie, consiste à chercher des solutions optimales à un problème. Parmi l'ensemble des solutions possibles, et en fonction des objectifs poursuivis, quelle est la solution (ou quelles sont les solutions) préférable à toutes les autres ? On peut par exemple maximiser sa production sous contrainte de coûts ou minimiser ses coûts sous contrainte d'un certain niveau de production. Voir *Robinson Crusoé.*

Parité de pouvoir d'achat / *Purchasing power parity*

Cette idée a été proposée par G. Cassel en 1918. Ce dernier établit un lien entre d'un côté le taux de change, et de l'autre le niveau des prix. Si le niveau des prix varie d'un pays à l'autre, alors cela se traduira aussi par une variation du taux de change à long terme.

Principaux indicateurs économiques européens / *Principal European Economic Indicators - PEEIs*

Eurostat (portail en ligne de données statistiques européennes) propose une liste d'indicateurs considérés de première importance au moment d'élaborer les politiques économiques et monétaires en Europe. Voir *Tableau de bord.*

Produit intérieur brut courant ou constant / *Current or Constant gross domestic product*

Afin de pouvoir comparer les niveaux de richesse de différents pays le PIB doit être exprimé dans une même monnaie. Une première méthode peut consister à convertir le PIB en dollars des États-Unis, ou en euros : il s'agit du PIB courant. Toutefois, dans la mesure où, d'une année à l'autre, les différentiels d'inflation peuvent être importants, afin d'avoir une idée plus juste de l'accroissement de la richesse dans un pays, on peut retirer l'impact de l'inflation : on obtient alors le PIB constant.

Produit national brut / *Gross National Product*

Le produit national brut mesure la richesse nationale produite par les entreprises françaises sur le territoire national et à l'étranger. L'activité des firmes étrangères implantées en France n'est pas prise en compte. À l'inverse, le produit intérieur brut mesure la richesse produite sur le territoire français que les entreprises soient françaises ou étrangères. Dans ce cas l'activité des firmes françaises implantées à l'étranger n'est pas comptabilisée.

Parité fixe / *Flexible fixed – Flexible exchange rate*

Le taux de change est parfaitement flexible quand les autorités monétaires n'interviennent pas sur le marché des changes. Cette hypothèse est peu réaliste. Dans la plupart des pays, les parités sont régies par un système hybride, dit de changes flottants administrés, où les banques cherchent à contrôler les fluctuations de leur monnaie sans toutefois maintenir les parités fixes.

Politique monétaire / *Monetary policy*

Intervention des autorités monétaires portant sur la masse monétaire, le taux d'intérêt ou le volume du crédit visant à obtenir des modifications sur le fonctionnement de l'économie à court moyen et long terme.

Préférence pour la liquidité / *Liquidity preference theory*

Théorie selon laquelle les agents économiques souhaitent détenir de la monnaie pour trois motifs : le motif de transaction, le motif de précaution, et le motif de spéculation.

Prêteur en dernier ressort / *Lender of last resort*

Rôle de soutien exercé par la banque centrale aux banques en difficultés (en cas de problèmes de liquidités ou de solvabilité).

Prix nominal - Prix réel - Prix relatif - Prix constant / *Nominal price - Real price - Relative price - Constant price*

Le prix nominal est exprimé en monnaie courante. Le prix réel est représenté par la quantité de travail nécessaire pour acquérir un bien. Le prix relatif d'un bien *a* par rapport à un bien *b* est mesuré par le rapport entre les prix nominaux des biens *a* et *b*. L'évaluation à prix constant permet d'évaluation du prix d'un bien en volume en faisant abstraction de tout phénomène de fluctuations de prix courants.

Processus cumulatif / *Cumulative process*

Décrit le processus par lequel passe la production d'une économie. Ce processus passe par un mécanisme d'impulsion, de propagation et de bouclage. C'est un terme utilisé par Wicksell en 1898 pour caractériser le cycle économique.

Procyclique / *Pro-cyclical*

Qui évolue dans le sens du cycle économique. Inverse de *Contracyclique*.

Policy Mix

Combinaison de la politique monétaire et de la politique budgétaire.

Post hoc, ergo propter hoc

À la suite de cela, donc à cause de cela.

Régression linéaire / *Linear regression*
Pour étudier les liaisons possibles entre deux séries statistiques, on peut réaliser une régression linéaire. Il s'agit de calculer une représentation simplifiée et approximative de la liaison sous la forme d'une droite. Voir *Moindres carrés ordinaires.*

Refinancement / *Refinancing*
Cela peut concerner le réapprovisionnement, par la Banque centrale, de fonds aux banques commerciales ou au Trésor. Mais il peut également s'agir d'un rachat de crédit.

Règle de Taylor / *Taylor rule*
Cette règle a été proposée par Taylor, de façon à accompagner l'élaboration d'une politique monétaire adéquate.

Relation d'agence / *Agency relation*
C'est au travers d'une relation d'agence que se rencontrent les agents à besoin de financement et les agents à capacité de financement.

Résidus / *Résiduals*
Les erreurs tirées de l'estimation par les moindres carrés ordinaires sont définies comme la différence entre les valeurs observées et les valeurs estimées.

Réserve Fédérale / *FED*
Banque centrale américaine.

Réserves obligatoires / *Required reserves*
Il s'agit d'une obligation, pour les établissements de crédit, de maintenir des avoirs sous forme de dépôt à la Banque centrale. Ces dépôts ne sont pas rémunérés.

Risque / *Risk*
Un risque exprime le fait qu'il y ait une probabilité de réussite ou d'échec. F. Knight a proposé en 1921 une distinction entre un univers risqué, dans lequel on va pouvoir mesurer ces probabilités de réussite ou d'échec, et un univers d'incertitude, dans lequel il n'y a pas la possibilité de mesurer de telles probabilités.

Risque de change / *Currency risk*
Risque relatif aux fluctuations des monnaies sur le marché des changes.

Risque de crédit / *Credit risk*
Un risque de crédit porte sur la capacité à rembourser de l'emprunteur. Le risque de crédit sera élevé lorsque la capacité à rembourser sera faible.

Risque général / *Overall risk*
Défini par le risque d'une variation de prix provoqué par une fluctuation du niveau des taux d'intérêt dans le cas de titres de créances ou d'instruments dérivés de tels titres, ou par un mouvement général du marché des actions dans le cas de titres de propriété ou d'instruments dérivés de tels titres.

Risque de marché / *Market risk*
Il y aura un risque de marché lorsque le taux d'intérêt ou lorsque le cours des actions est amené à changer brutalement. Plus ces deux variables sont volatiles, plus le risque de marché sera grand. La diversification ne permet pas de se protéger contre ce risque. Voir *Diversification*.

Risque de taux / *Interest rate risk*
C'est un risque contre lequel on peut se protéger en pratiquant une diversification. Il porte sur le prix d'un actif financier.

Risque systémique / *Systemic risk*
Risque qu'une banque insolvable entraîne l'insolvabilité des autres banques du système. On parle également de défaillance systémique des banques, ou d'effet domino.

Robinson Crusoé / *Robinson Crusoe*
Robinson est un personnage fictif utilisé généralement pour expliquer la manière dont un individu représentatif élabore ses décisions, dans la théorie économique. Voir *Individu représentatif*, *Optimisation*.

Série chronologique ou temporelle / *Time series*
Une série temporelle regroupe l'ensemble des valeurs observées pour une variable au cours du temps.

Service de la dette / *Debt service*
Il s'agit du montant requis pour payer les intérêts et le remboursement de la dette, lorsque celle-ci arrive à échéance.

Sémiologie statistique / *Statistical semiology*
L'étude des symptômes économiques.

Significativité statistique / *Statistical significance*
On parle également de seuil de signification. Lorsqu'on travaille sur un échantillon de données, il devient nécessaire de fixer de façon quantitative le degré de confiance que l'on peut accorder aux résultats que l'on aura calculé. Dans la même logique, on peut également s'autoriser une certaine marge d'erreur. Une marge d'erreur de 5 % implique que le seuil de signification des calculs n'est plus que de 95 %.

Solvabilité / *Solvency*

Aptitude à supporter des pertes sur les crédits consentis sans mettre en cause le remboursement des dépôts.

Spéculation / *Speculation*

Opération qui consiste à vendre ou acheter un titre afin de bénéficier d'un différentiel de prix positif dans le futur.

Tableau de bord conjoncturel / *Economic dashboard*

Il peut s'agir :

- d'un tableau dans lequel on dresse l'état des lieux et les prévisions à court/moyen-terme de différents fondamentaux économiques. Ce tableau peut être réalisé en utilisant par exemple les indicateurs economiques principaux retenus par Eurostat (PEEI) ;

Tableau de court/moyen terme

	Trimestre en cours	Trimestre prochain
Variable 1	Sigle ou valeur (%)	Sigle ou estimation
PEEI : Investissements	...	...

- d'un tableau permettant de faciliter la prise de décision dans l'entreprise. Ce tableau va permettre de contrôler l'adéquation des résultats obtenus aux objectifs préalablement fixés, et ce bien entendu en respectant le budget initial. Cet outil dit outil d'aide à la décision permet à un entrepreneur de détecter rapidement les points forts et les points faibles sur lesquels intervenir.

Taux d'intérêt / *Interest rate*

Il peut s'agir du taux de rémunération des dépôts, ou du coût du crédit.

Taux d'intérêt nominal / *Nominal interest rate*

Taux d'intérêt qui ne prend pas en compte l'inflation.

Taux d'intérêt naturel / *Natural interest rate*

Taux d'intérêt proposé par Wicksell en 1898. Il s'agit du taux qui correspondrait aux réelles capacités d'une économie à se développer. Tout le problème consiste à le mesurer. Le débat n'est pas encore clos à ce sujet. On parle parfois aussi du taux d'intérêt qui n'accélère pas le rythme de l'inflation, le NAIRU.

Taux d'intérêt réel / *Real interest rate*

Taux d'intérêt corrigé de l'inflation.

Tendance / *Trend*
Une tendance est l'allure générale à long terme du mouvement d'une variable. On parle aussi de tendance séculaire.

Test d'hypothèse / *Hypothesis test*
À partir des informations tirées d'un échantillon, il est possible d'élaborer une hypothèse, appelée généralement hypothèse nulle. En se basant sur cette hypothèse, on va calculer le résultat auquel on doit s'attendre si elle est vraie. Si ce qu'on a observé dans la réalité (dans notre échantillon) diffère de ce résultat, on va chercher à comprendre cette différence. Est-ce le hasard (on parlera d'un hasard d'échantillonnage) ? Afin de le savoir, on recherche la probabilité que cette différence de résultat soit dépassée dans des échantillons de la même taille. Puis, une fois explicitée la règle de décision, on déterminera si l'hypothèse nulle peut être retenue ou non. Voir *Test de Student* et *Test de Durbin Watson.*

Test de Durbin Watson / *Durbin Watson test*
Test permettant de déterminer ou non la présence d'une auto-corrélation des résidus. Voir *Test d'hypothèse.*

Test de Student / *Student test*
On peut utiliser un test de Student pour vérifier la significativité d'un seuil de corrélation obtenu entre deux variables, ou encore pour vérifier du pouvoir explicatif d'une variable sur une autre. Voir *Test d'hypothèse.*

Titre / *Asset*
Voir *Actif.*

Titrisation / *Securitization*
Fait d'incorporer une créance dans un titre.

Union douanière / *Customs union*
Forme d'intégration économique qui consiste à éliminer les barrières aux échanges entre les économies concernées et à instaurer un tarif extérieur commun (TEC).

Valeur mobilière de placement / *Investments*
Il s'agit de titres, que les entreprises utilisent de façon à en tirer des revenus à court-terme.

Variable endogène / *Endogenous variable*
Au moment de construire un modèle, on va chercher à repérer les variables à expliquer des variables explicatives. Une variable endogène est une variable à expliquer. C'est en d'autres termes, une variable qui est fonction d'autres variables. On dit aussi qu'une variable endogène prend naissance (voir Schlacther, 1990) à l'intérieur du système que l'on cherche à étudier. Ces variables sont endogènes du fait d'un choix arbitraire formulé par l'économiste. Voir *Variable exogène.*

Variable exogène / *Exogenous variable*

Au moment de construire un modèle on va chercher à repérer les variables à expliquer des variables explicatives. Une variable exogène est une variable explicative. C'est en d'autres termes, une variable qui va servir à expliquer une autre variable. On dit aussi qu'une variable exogène prend naissance (voir Schlacther, 1990) à l'extérieur du système que l'on cherche à étudier. On parle aussi de variables prédéterminées, ou de variables autonomes, lorsque ces dernières sont données et fixes. Voir *Variable endogène.*

Variance / *Variance*
Écart type / *Standard deviation*

La variance permet de mesurer les fluctuations d'une variable. Pour calculer ces fluctuations, on calcule la moyenne des carrés des écarts à la moyenne :

$$V(X) = \frac{\sum_{i=1}^{n} |x_i - \overline{x}|^2}{n}$$

et l'écart type est la racine carrée de la variance : $\sigma_x = \sqrt{V(X)}$.

Lexique inversé

Abductive approach	Approche abductive
Account	Compte
Adaptive expectation	Anticipation adaptative
Agency relation	Relation d'agence
Appreciation	Appréciation
Asset	Actif
Asymmetric information	Asymétrie informationnelle
Auto correlation	Auto-corrélation
Autoregressive expectation	Anticipation auto-régressive
Average	Moyenne
Balance of payments	Balance des paiements
Balance on current account	Balance des transactions courantes
Balance sheet	Bilan
Bank credit	Monnaie scripturale
Bill of exchange	Effet de commerce
Business cycle datations	Datation du cycle économique
Capitalization	Capitalisation
Cash	Encaisse
Central Bank	Banque centrale
Central money	Monnaie centrale
Classical cycle	Cycle classique
Concertina Effect	Effet Concertina
Constant GDP	PIB constant
Correlation	Corrélation
Counter-cyclical	Contracyclique
Credit	Crédit
Credit risk	Risque de crédit
Crisis	Crise
Cumulative process	Processus cumulatif

Currency risk	Risque de change
Customs union	Union douanière
Cycle	Cycle
Debt economy	Économie d'endettement
Debt service	Service de la dette
Deductive approach	Approche déductive
Deficit	Déficit
Deflation	Déflation
Demand	Demande
Deposit	Dépôt
Depreciation	Dépréciation
Devaluation	Dévaluation
Discount	Escompte
Diversification	Diversification
Durbin Watson test	Test de durbin Watson
Economic barometer	Baromètre économique
Economic dashboard	Tableau de bord conjoncturel
Economic growth	Croissance économique
Economic model	Modèle quantitatif
Effective demand	Demande effective
Endogenous variable	Variable endogène
European Central Bank	Banque Centrale Européenne
Exogenous variable	Variable exogène
Expectation	Anticipation
Fed	Réserve fédérale
Fiduciary money	Monnaie fiduciaire
Financial instability	Instabilité financière
Financial intermediation	Intermédiation financière
Financial market	Marché financier
Fixed/flexible exchange rate	Parité fixe ou flexible
Gross National Product	Produit national brut
Growth cycle	Cycle de croissance

Hard currency	Monnaie forte
Hodrick Prescott filter	Filtre de Hodrick Prescott
Hypothesis test	Test d'hypothèse
Inductive approach	Approche inductive
Inflation	Inflation
Interest rate	Taux d'intérêt
Interest rate risk	Risque de taux
Investments	Valeur mobilière de placement
Juglar cycle	Cycle Juglar
Kitchin cycle	Cycle de Kitchin
Knowledge dispersion	Dispersion du savoir
Kondratieff cycle	Cycle Kondratieff
Kuznets cycle	Cycle Kuznets
Lender of last resort	Prêteur en dernier ressort
Linear regression	Régression linéaire
Liquidity	Liquidité
Liquidity preference theory	Préférence pour la liquidité
Market risk	Risque de marché
Metallic money	Monnaie divisionnaire
Monetary aggregate	Agrégat Monétaire
Monetary circuit	Circuit monétaire
Monetary illusion	Illusion monétaire
Monetary market	Marché monétaire
Monetary policy	Politique monétaire
Money	Monnaie
Money creation	Création de monnaie
Money supply	Masse monétaire
Moving average	Moyenne mobile
Multiplier effect	Multiplicateur
Mutual Fund	OPCVM
Naïve expectation	Anticipation naïve
Natural interest rate	Taux d'intérêt naturel

Nominal interest rate	Taux d'intérêt nominal
Nominal price/ Real price / Relative price/ Constant price	Prix nominal/Prix réel/ Prix relatif/Prix constant
Open market operations	Opérations d'open market
Optimization	Optimisation
Ordinary least squares	Moindres carrés ordinaires
Overall risk	Risque général
Policy mix	Policy mix
Precautionary motive	Motif de précaution
Primary deficit	Déficit primaire
Principal European Economic Indicators	Principaux indicateurs économiques européens
Pro-cyclical	Procyclique
Purchasing power parity	Parité de pouvoir d'achat
Quiescence	Eco-dormance
Rational expectations	Anticipation rationnelle
Real cycle	Cycle réel
Real interest rate	Taux d'intérêt réel
Refinancing	Refinancement
Representative individual	Individu représentatif
Required reserves	Réserves obligatoires
Residuals	Résidus
Risk	Risque
Sample	Echantillon
Secondary banks	Banques secondaires
Securitization	Titrisation
Self financing	Auto financement
Soft currency	Monnaie fragile
Solvency	Solvabilité
Speculation	Spéculation
Speculation motive	Motif de spéculation
Speculation on a hard currency	Attaque spéculative sur monnaie forte

Speculative bubble	Bulle spéculative
Standard deviation	Écart type
Standing facilities	Facilités permanentes
Statistical inference	Inférence statistique
Statistical semiology	Sémiologie statistique
Statistical significance	Significativité statistique
Student test	Test de student
Systemic risk	Risque systémique
Tariff union	Union douanière
Taylor rule	Règle de Taylor
Times series	Série chronologique
Trade balance	Balance commerciale
Transaction motive	Motif de transaction
Trend	Tendance
Uncertainty	Incertitude
Unemployment	Chômage
Updating	Actualisation
Vigorous growth	Croissance sauvage
Yield curve	Courbe des taux
Zero growth	Croissance zéro

Liste des encadrés/*boxes*

Liste des figures

Liste des tableaux/*tables*

Imprimé en France par la Nouvelle Imprimerie Laballery
dépôt légal mai 2011 – collection 08 – édition 01 – 14/6255/5
N° d'impression : 104102